존 맥스웰의 리더십 수업

The 5 Levels of Leadership
Copyright © 2013 by John C. Maxwell
All rights reserved.

This edition published by arrangement with Center Street, New York, New York, USA.
All rights reserved.

Korean translation copyright © 2015 by Nexus Co., Ltd.
Korean translation is published by arrangment with Hachette Book Group, Inc.
through Imprima Korea Agency.

이 책의 한국어판 저작권은 Imprima Korea Agency를 통해
Hachette Book Group, Inc.와 독점 계약한 (주)넥서스에 있습니다.
저작권법에 의해 한국 내에서 보호를 받는 저작물이므로 무단 전재와 무단 복제를 금합니다.

존 맥스웰의 리더십 수업

지은이 존 맥스웰
옮긴이 이형욱
펴낸이 임상진
펴낸곳 (주)넥서스

초판 1쇄 발행 2015년 3월 5일
초판 6쇄 발행 2020년 1월 17일

2판 1쇄 발행 2020년 10월 15일
2판 4쇄 발행 2024년 4월 1일

출판신고 1992년 4월 3일 제311-2002-2호
주소 10880 경기도 파주시 지목로 5
전화 (02)330-5500 팩스 (02)330-5555

ISBN 979-11-90927-45-1 13320

출판사의 허락 없이 내용의 일부를
인용하거나 발췌하는 것을 금합니다.

가격은 뒤표지에 있습니다.
잘못 만들어진 책은 구입처에서 바꾸어 드립니다.

www.nexusbook.com

―― 어떻게 [최고의 리더]가 되는가 ――

존 맥스웰의
리더십 수업

존 맥스웰 지음 | 이형욱 옮김 | 현대경제연구원 리더십센터 감수

넥서스BIZ

감사의 글

이 책을 EQUIP(www.iequip.org)과
이 리더십 단체의 일원인 모든 사람에게 바친다.
EQUIP의 5대 법칙은 다음과 같다.

1. 세계적 사고를 한다.
2. 우리의 리더십 전략을 평가한다.
3. 자원을 만들어 낸다.
4. 협력 트레이너와 동반자, 기부자를 개발한다.
5. 리더들을 훈련시킬 리더들을 훈련한다.

당신의 노력으로 수많은 독자가 훈련을 받고 있다. 감사드린다.

또한 나의 작가인 찰리 웨첼,
나의 소셜 미디어 매니저인 스테파니 웨첼,
나의 선임 비서인 린다 에거스에게도 감사의 마음을 전한다.

Contents

005　**감사의 글**

Warming up 리더십 전략을 가져라
012　실제적인 리더십 도구를 배워라
016　5단계 리더십의 로드맵
022　5단계 리더십의 통찰
035　당신의 리더십 단계는?

1단계 지위 리더십
050　지위 리더십의 긍정적 측면
060　지위 리더십의 부정적 측면
077　1단계 최선의 행동
086　지위 단계에서의 리더십 법칙
090　2단계로의 상승을 돕는 신념
096　1단계를 통한 성장 가이드

2단계 관계 리더십
105　관계 리더십의 긍정적 측면
116　관계 리더십의 부정적 측면
128　2단계 최선의 행동
144　관계 단계에서의 리더십 법칙
148　3단계로의 상승을 돕는 신념
152　2단계를 통한 성장 가이드

3단계 성과 리더십

- 161 성과 리더십의 긍정적 측면
- 174 성과 리더십의 부정적 측면
- 181 3단계 최선의 행동
- 199 성과 단계에서의 리더십 법칙
- 205 4단계로의 상승을 돕는 신념
- 209 3단계를 통한 성장 가이드

4단계 인재 개발 리더십

- 219 인재 개발 리더십의 긍정적 측면
- 235 인재 개발 리더십의 부정적 측면
- 247 4단계 최선의 행동
- 265 인재 개발 단계에서의 리더십 법칙
- 270 5단계로의 상승을 돕는 신념
- 276 4단계를 통한 성장 가이드

5단계 구루 리더십

- 286 구루 리더십의 긍정적 측면
- 293 구루 리더십의 부정적 측면
- 300 5단계 최선의 행동
- 312 구루 단계에서의 리더십 법칙
- 316 다른 사람의 4, 5단계로의 상승 돕기
- 329 5단계 최고 리더를 위한 가이드

- 335 **옮긴이의 말**
- 338 **Notes**

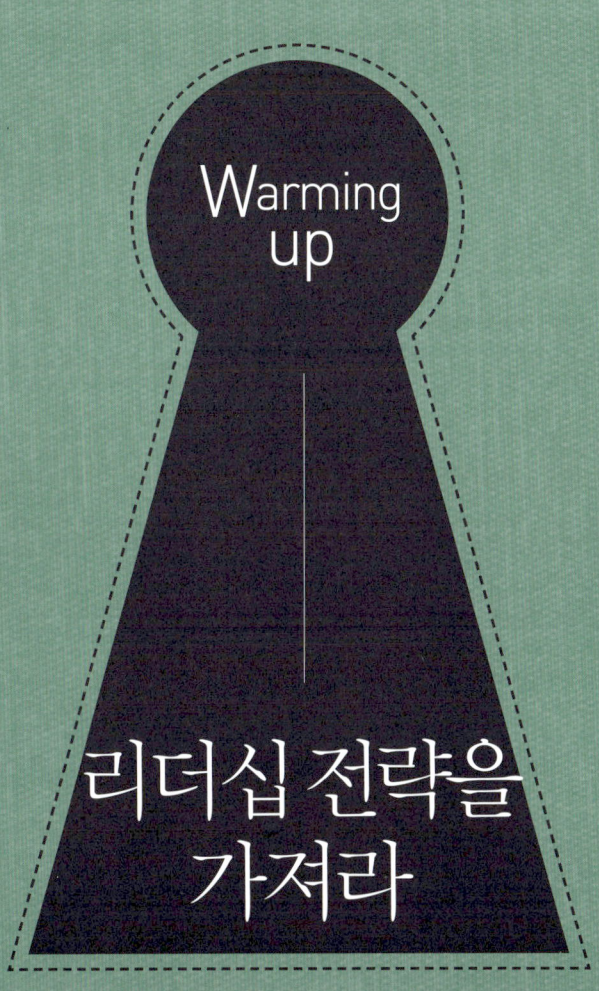

리더십은 내가 가장 큰 열정을 쏟고 있는 영역이다. 리더십 교육도 마찬가지이다. 나는 30년 넘게, 1년에 80일 정도의 시간을 누군가에게 리더십을 가르쳐 주는 일에 사용한다. 지난 몇 년 동안 나는 여섯 개 대륙에서 리더십을 가르쳤다. 주제는 무궁무진하다. 왜냐하면 모든 일이 리더십에 의해 좌우되기 때문이다. 세상에 긍정적인 영향을 미치고 싶다면 더 나은 리더십에 대해 배우는 것이 도움이 될 것이다.

미국 육군 사관 학교에서 마이크로소프트에 이르기까지 그리고 세계 모든 나라에 이르기까지 그 어떤 주제보다 더욱더 자주 요청받는 것이 '5단계 리더십'이다. 이는 리더십의 효과를 설명하고, 리더가 되는 법에 대한 전략을 제공하는 강의이다.

앞서 말했듯 모든 일은 리더십에 의해 좌우된다. 이러한 나의 신념은 1976년에 굳어졌고, 그때부터 오늘에 이르기까지 나의 리더십 여행이 이어지고 있다. 나는 여행을 시작하면서 사람들에게 이러한 질문을 던졌다.

"리더십을 어떻게 정의할 수 있을까요?"
"어떤 사람을 '리더'라고 부르나요?"
"리더십은 어떤 식으로 작용하는 건가요?"

하지만 불행하게도 이러한 질문에 대한 사람들의 일반적인 대답은 그다지 도움이 되지 않았다. 어떤 사람들은 리더십 지위를 얻는 것을 리더십과 동일하게 생각했다. 그러나 나는 좋은 지위를 가졌지만 좋지 않은 리더와 아무 지위도 가지지 않았지만 훌륭한 리더를 많이 봐 왔다.

어떤 사람들은 리더십에 대해 이렇게 말한다.

"설명은 못하겠지만, 보면 알아."

물론 그럴 수도 있다. 하지만 그런 말은 리더십 방법론을 배우려는 사람들에게 큰 도움이 되지 않는다.

일찍이 내가 도달한 결론은 '리더십은 곧 영향력이다.'라는 것이다. 사람들이 타인에게 자신의 영향력을 증대시킬 수 있다면, 그들을 더욱 효과적으로 리드할 수 있다. 리더십의 효과는 시간이 지날수록 내 머릿속에서 더욱 구체화되기 시작했다. 그 생각을 개발하는 데 5년이라는 시간이 걸렸고, 그 결과물이 바로 '5단계 리더십'이다. 사람들은 내가 5단계 리더십을 제시할 때마다 항상 이렇게 물었다.

"이 주제에 대한 책을 언제 출간할 거예요?"

그래서 결국, 그들의 질문에 대한 답으로 이 책을 내놓았다.

실제적인 리더십 도구를 배워라

■■■ 누구나 자신의 책장에 리더십에 관한 책이 한 권쯤은 꽂혀 있을 것이다. 왜 당신은 리더십 책을 읽는가? 물론 효과가 있기 때문일 것이다. 5단계 리더십은 소기업에서부터 《포춘》이 선정한 100대 기업에 이르기까지 다양한 회사에서 리더들을 훈련하는 데 사용되어 왔고, 비영리 단체들이 자원봉사자들을 리드하는 데 도움을 주었다.

뿐만 아니라 나는 120개 이상의 나라에서 5단계 리더십에 대해 가르쳤다. 내가 5단계 리더십에 대해 말할 때마다 사람들은 질문을 하며 귀를 기울였다. 덕분에 5단계 리더십은 더욱 견실해졌고, 더욱 심오하게 발전되었다. 5단계 리더십은 많은 사람에게 여러 가지 이점을 제공한다.

5단계 리더십은 리더십의 분명한 그림을 제공한다

사람들은 리더십을 어떻게 이해하고 있을까? 천부적 재능이 없는 사람들에게 리더십은 불가사의일 수 있다. 그들에게 있어서 누군가를 리드하는 일은 어두운 복도를 걷는 것과 다를 바 없다. 그들은 가고 싶은 곳이 어디인지는 알고 있지만 앞이 보이지 않아 문제가 어디에 있는지, 함정이 어디에 있는지는 알지 못한다.

학계 사람들에게 리더십은 하나의 이론적인 연습, 즉 연구하고, 공부하고, 엄격한 논쟁을 벌일 가치가 있는 변수를 지닌 방정식과 같다. 하지만 5단계 리더십은 눈으로 분명히 확인할 수 있어 누구나 쉽게 배울 수 있다.

5단계 리더십은 리드하기를 명사가 아닌 동사로 규정한다

리더십은 지위가 아니라 과정이다. 사람들이 '리더십'과 '관리'라는 용어를 호환하여 사용하던 때가 있었다. 하지만 오늘날에는 서로 다른 것으로 인식한다. 관리는 관리하고자 하는 대상들이 제자리에 머물고 있을 때 가장 효과적이지만, 리더십은 그렇지 않다.

리더십은 절대 정적이지 않다. 끊임없이 변하는 사람들과 그들의 역학 관계를 다룬다. 리더십의 도전은 변화를 만들고 성장을 촉진하는 것이라고 할 수 있다. 이후에 자세히 설명하겠지만 사람들 간의 역학 관계는 리더십의 다음 단계로 올라갈 때에 나름대로의 변화를 요구한다.

5단계 리더십은 리드하기를 이해 가능한 단계들로 세분화시켜 준다

리더십이라는 주제는 사람들을 주눅 들게 하고 혼란스럽게 만든다. 리더십은 어디에서 출발하는 것일까? 우리는 무엇부터 해야 하는 것일까? 어떤 과정들을 사용해야 하는 것일까? 다른 사람들에 대한 영향력은 어떻게 얻을 수 있을까? 성과를 올리는 팀을 어떻게 개발할 수 있을까? 어떻게 하면 따르는 자들이 나름대로의 권한을 가진 리더가 되도록 도울 수 있을까? 5단계 리더십은 이해 가능한 단계들을 사용하여 이러한 질문들에 대답한다.

5단계 리더십은 리더십 개발을 위해 분명한 전략을 제공한다

리더십으로의 여정을 생각할 때마다 사람들은 대체로 진로에 대해 상상한다. 하지만 그들이 정작 생각해야 할 것은 자신의 리더십 개발이다. 좋은 리더십은 자신의 발전이 아니라 팀의 발전에 관한 것이다. 5단계 리더십은 리더십 성장을 위한 명확한 단계들을 제공한다. 사람들을 잘 리드하고 당신의 팀원들이 효과적인 리더가 될 수 있도록 도와주면, 성공적인 진로는 보장된다.

5단계 리더십은 리더십의 모범 사례, 원리, 가치를 하나로 이어 준다

나는 5단계 리더십을 개발했을 때, 각각의 단계가 효과적인 리드를 가능하게 하는 모범 사례라고 생각했다. 나는 시간이 흐르면서 그 단계들은 사실 원리라는 것을 깨달았다.

차이를 말하자면 모범 사례는 어느 한 상황에는 적용되나 다른 상황에는 적용되지 않을 수도 있는 행동을 말한다. 원리란, 물리 법칙만큼 신뢰할 수 있는 객관적 사실이다. 예를 들어 솔로몬이 "유순한 대답은 분노를 쉽게 하여도 과격한 말은 노를 격동하느니라."(잠언 15장 1절-옮긴이)라고 말했을 때 그는 보편적이고 영원한 하나의 원리를 기술한 것이다. 원리는 우리가 지혜로운 결정을 내리게 하는 지도와 같은 역할을 하므로 상당히 중요하다. 우리가 원리를 받아들여 내재화시키면, 그것은 우리 가치의 일부가 된다. 5단계 리더십은 매일 나와 우리의 리더십 삶에 영향을 미치고 있다.

5단계 리더십의 로드맵

■■■ 이제 5단계 리더십에 대해 더욱 자세하게 다룬다. 당신은 각 파트마다 해당 단계의 긍정적 측면과 부정적 측면, 해당 단계에서 취할 최선의 행동과 다음 단계로의 상승을 돕는 신념, 해당 단계가 어떻게 리더십의 법칙과 관련되는지 알게 될 것이다.

당신이 이미 리더십의 법칙에 익숙하다면, 그 법칙들이 각 다섯 단계에 어떻게 연관되는지 알게 되므로 이해의 폭이 넓어질 것이다. 만약 이 법칙을 처음 접한다 할지라도 걱정하지 말라. 당신은 각 법칙 뒤에 있는 기본 개념과 법칙의 적용 방법을 쉽게 이해할 수 있을 것이다. 또한 각 단계별 성장 가이드에 대해 배우게 될 것이다.

각 단계마다 성장 가이드가 있지만 그 이전에 다섯 단계의 전체적인 내

5단계 구루 리더십
오랜 기간에 걸쳐 검증된 탁월한 리더십과
인품을 통해 존경을 받는 수준

4단계 인재 개발 리더십
구성원들을 리더로 성장시켜 함께 조직을 이끌어 가는 수준

3단계 성과 리더십
조직의 성과 창출을 통해 사람들이 따르게 하는 수준

2단계 관계 리더십
신뢰 구축을 통해 사람들이 자발적으로 따르게 하는 수준

1단계 지위 리더십
주어진 지위를 이용하여 사람들을 따르게 하는 수준

용과 단계들이 서로 어떻게 연결되는지 거론하며 각 단계에 대해 통찰하고자 한다.

1단계 | 지위 리더십

지위 리더십은 리더십 중에서 가장 낮은 단계이자 입문 단계이다. 지위형 리더가 가진 유일한 영향력은 직함에서 나온다. 지위형 리더십은 지위와 직함이 부여하는 권리를 바탕으로 이루어진다. 지위를 가지는 것이 잘못된 일은 아니다. 그러나 지위를 이용하여 사람들을 따르게 하는 것은 잘못된 일이다. 지위는 단지 영향력의 빈약한 대체물이라고 할 수 있다.

1단계에만 머무는 사람은 상사일 수는 있지만 리더는 아니다. 그들에게는 부하는 있지만 팀원은 없다. 그들은 규칙과 규정, 회사 방침, 조직도에 의존하여 사람들을 통제한다. 하지만 사람들은 상사의 명시된 권한 내에서만 그들을 따르고, 그들이 요구하는 일만 한다. 지위형 리더가 과외의 일이나 시간을 요구할 때 사람들은 잘 따르지 않는다.

지위형 리더는 대부분 자원봉사자나 젊은이들, 고학력자들과 함께 일하는 데 어려움을 겪는다. 이런 유형의 사람들은 매우 독립적이기 때문에 지위형 리더의 영향력이 잘 통하지 않는다. 지위는 누구나 얻을 수 있기 때문에 지위 리더십은 성취를 위한 실력과 노력을 필요로 하지 않는 유일한 단계라고 할 수 있다.

2단계 | 관계 리더십

관계 리더십은 전적으로 관계에 근거한다. 이 단계의 핵심은 사람들이 자발적으로 따르도록 하는 것이다. 당신이 누군가를 좋아하고 그를 가치 있는 사람으로 대할 때, 당신은 이미 그 사람에 대한 신뢰를 쌓기 시작한 것이다. 신뢰를 쌓으면 집이든, 직장이든 환경은 훨씬 더 긍정적으로 바뀔 가능성이 크다.

2단계 리더들의 관심사는 단순히 자신의 지위를 유지하는 것이 아니라 사람들을 알아 가는 것, 즉 사람들과 잘 지내는 법을 찾아내는 것이다. 리더는 자신을 따르는 사람들이 어떤 사람인지 알게 되고, 따르는 사람들 역시 자신의 리더가 어떤 사람인지 알게 된다. 그들은 상호 간에 견고하고 지속적인 관계를 쌓아 간다.

사람들을 리드하지 않으면서 좋아할 수는 있지만, 좋아하지 않으면서 잘 리드할 수는 없다. 이에 대해서는 이후에 더욱 자세하게 다룰 것이다.

3단계 | 성과 리더십

성과 리더십 단계에서 맞닥뜨릴 수 있는 위험 가운데 하나는 리더가 이 단계에 머물고 싶은 유혹을 받게 된다는 것이다. 그러나 훌륭한 리더들은 그저 유쾌한 작업 환경을 만드는 것에 그치지 않는다. 그들은 반드시 일을 완수해 낸다. 이것이 바로 그들이 결과에 근거하여 3단계로 올라갈 수밖에 없는 이유이다. 성과 리더십 단계에서 리더들은 영향력과 신뢰를 얻게 되고, 사람들은 리더들이 조직에 기여한 일을 확인한 뒤에 그들을 따르기 시작한다.

리더들이 3단계에 도달할 때에 여러 가지 긍정적인 일이 일어나기 시작한다. 작업이 완성되고, 사기가 올라가며, 이익이 늘어난다. 또한 이직률이 줄어들며, 목표가 성취된다. 이 단계에서는 다른 사람들을 리드하고 움직이는 일이 즐거워진다.

전설적인 미식축구 선수인 조 나마스(Joe Namath)는 이렇게 말했다. "이기면 모든 것이 좋다."

3단계에서 리더들은 변화의 동인이 될 수 있다. 그들은 어려운 문제들과 맞붙고 까다로운 사안들에 맞설 수 있으며 변화를 가져올 어려운 결정을 내릴 수 있다. 더불어 사람들을 또 다른 효과성의 단계로 인도할 수 있다.

4단계 | 인재 개발 리더십

리더들이 가진 권위는 다른 사람들의 역량을 향상시키는 능력으로 인해 더욱 위대해진다. 이것이 4단계에서 리더들이 하는 일이다. 리더들은 자신을 따르는 사람들에게 자신이 가진 지위, 관계, 생산성을 투자하고, 그들이 스스로의 힘으로 리더가 될 수 있도록 돕는다. 그 결과가 재생산이다. 4단계 리더들은 스스로를 재생산하는 것이다.

3단계의 성과 리더십은 일부 게임에서 이길 수 있게 해 주지만 인재 개발 리더십은 대회 전체에서 우승을 거머쥐게 만들어 준다. 4단계에서는 항상 두 가지 일이 일어난다. 첫째, 팀워크의 수준이 많이 향상된다. 이는 사람들에 대한 높은 투자가 관계를 심화시키고, 사람들이 서로를 더 잘 알아가도록 도와 그들의 충성심을 강화하기 때문이다. 둘째, 실적이 증대된다. 팀에 리더가 많아져 그들이 팀원 각자의 실적 향상을 돕기 때문이다.

4단계 리더들은 자신이 리드하는 사람들의 삶을 변화시킨다. 따라서 사람들은 자신의 리더가 개인적으로 도움을 준 일에 고마워하며 리더를 따른다. 이런 관계는 평생을 가기도 한다.

5단계 | 구루 리더십

　리더십 단계 중에 가장 높고 가장 어려운 단계가 바로 구루 단계이다. 대부분의 사람이 1단계에서 4단계까지 오르는 것은 학습할 수 있지만, 5단계는 노력과 기술, 의지뿐 아니라, 고도의 재능이 있어야 도달할 수 있다. 천부적인 재능이 있는 리더들만이 최고 단계인 5단계에 이를 수 있다. 그렇다면 5단계 리더들은 어떤 일을 할까? 그들은 사람들을 키워 그들이 4단계 리더가 될 수 있도록 만든다.

　존경받을 만하고, 상냥하고, 생산적인 사람들은 다른 사람들에게 영향력을 행사하며 비교적 쉽게 따르는 사람들을 얻는다. 하지만 자신의 뜻대로 리드하기 위해 그들을 성장시키는 것은 결코 쉬운 일이 아니다. 대부분의 리더는 그와 관련한 일을 하지 않는다. 그 일은 단순히 누군가를 리드하는 것보다 훨씬 더 많은 노력을 요하기 때문이다.

　하지만 5단계 리더들은 결국 사람과 조직을 키워 낸다. 그들은 다른 리더들이 만들지 못하는 기회를 만들어 내며 자신이 하는 일에서 유산을 남긴다. 그들의 성품과 인격을 접한 사람들은 자연스럽게 그들을 따른다. 다시 말해, 그들의 리더십은 긍정적인 평판을 얻는다. 결과적으로 5단계 리더들은 그들의 지위와 조직 그리고 때로는 그들이 속해 있는 업계를 뛰어넘어 영향을 미친다.

5단계 리더십의 통찰

■■■ 각 단계별 특징을 충분히 파악했을 것이다. 이제 각각의 단계가 서로 어떤 관련을 갖고 있는지 이해하기 위해 노력해 보고자 한다.

1. 한 단계 올라가더라도 이전 단계를 버려서는 안 된다

지금까지 각 단계를 살펴보며 기초적 특징을 배웠다. 단계별 리더들이 계단을 올라가는 것처럼 한 단계를 버리고 다음 단계로 올라간다고 생각할 수도 있다. 하지만 한 단계를 성취했다고 해서 그 전 단계를 버려서는 안 된다. 계속 단계를 쌓아 나가야 한다.

당신이 어떤 리더십 지위를 얻고 당신이 주목하는 사람들과 관계를 쌓아 나가게 되었다고 가정해 보자. 이때 관계를 위해 현재 가지고 있는 당신의 지위를 버리겠는가? 분명 그렇지 않을 것이다. 사람들과 관계를 쌓고 더 높은 성과 단계로 올라간다 하더라도 그동안 쌓아 놓은 관계를 버리거나 무시해서는 안 된다. 만일 당신이 이를 간과하면, 1단계로 되돌아가게 될 수도 있다.

리더들은 한 단계와 다른 단계를 맞바꾸지 않는다. 오히려 한 단계 위에 새로운 단계를 추가한다. 그것이 단계를 구축하는 과정이다.

2. 당신은 팀원 모두와 같은 단계에 있지 않다

리더십은 역동적이며, 관계에 따라 변한다. 5단계 리더십도 마찬가지이다. 직장에서 혹은 가정에서 당신은 5단계 중 각각 다른 한 단계에 속할 것이다. 직장에서 어떤 사람에게는 지위만 인정받아 1단계에 놓일 수도 있고, 반면에 당신이 투자하며 키워 온 사람에게는 4단계에 놓일 수도 있다. 만약 당신이 가정에서 좋은 부모였다면, 아이들에게 4단계에 놓일 수도 있고, 반면에 가족 행사에 늘 빠지는 부모였다면, 1단계에 놓일 수도 있다.

팀장으로서 비전을 제시하고 동일한 정보를 제공해 주었는데, 팀원들이 다양한 반응을 보이는 모습을 본 적이 있는가? 그렇다면 다양한 반응을 보이는 이유가 무엇이라고 생각하는가? 듣는 사람들의 배경이 다르기 때문에? 지적 수준이 다르기 때문에? 교육이나 경험 수준이 다르기 때문에? 인품이 다르기 때문에? 이 모든 것이 원인이 될 수 있지만 가장 큰 영향을 미치는 요인은 당신이 개개인에게 행사하는 리더십의 단계이다. 사람들은 당신이 그들에게 행사하는 리더십의 단계에 근거하여 당신에게 반응한다.

특정 단계의 리더십을 획득하는 것은 학위를 따는 것과도, 운동선수가 기록을 세우는 것과도 다르다. 리더십은 따거나 버리는 종류의 것이 아니라 당신의 능력을 입증하기 위해 매일매일 경주해야만 하는 것과 같다.

유일한 예외가 구루 리더십이다. 5단계에 오른 리더들은 그저 개인적 상호 작용이 아니라 평판 때문에 그 단계에 합당한 신뢰를 얻는다. 그러나 어떤 단계에서도 자동적으로 늘 그 단계에 머무를 수 없다는 사실을 주목해야 한다. 당신은 개개인으로부터 당신의 리더십 단계를 따내야 하지만, 그 단계는 언제든지 올라갈 수도 있고 내려갈 수도 있다.

3. 단계가 올라갈수록 리드하기가 더 수월해진다

한 가지 고무적인 것은 리더십 단계를 올라갈수록 사람들을 리드하는 것이 더욱 쉬워진다는 것이다. 한 단계 올라갈 때마다 사람들을 더 효과적으로 리드하게 되는 것은 높은 단계로 올라갈수록 영향력이 더 증가하기 때문이다. 당신의 영향력이 증가하면 더 많은 사람이 당신을 쉽게 따른다. 영향력이 제한적이면, 리더십도 제한된다. 영향력이 커지면, 효과성도 커진다. 이것은 상식이다. 그런데 한 가지 부정적인 것은 리더십의 상위 단계로 오르는 것이 쉽지 않다는 것이다. 그것이 쉽다면, 5단계 리더가 되지 못할 사람이 어디 있겠는가.

4. 높이 올라갈수록 단계를 성취하는 데 더 많은 시간과 헌신이 필요하다

리더십 지위를 얻는 것(1단계)과 리드할 사람과의 관계를 쌓는 것(2단계) 중에서 어느 것이 더 어려울까? 답은 뻔하다. 사람들과 긍정적인 관계를 맺는 데는 시간과 노력, 헌신이 필요하다. 2단계에서 3단계로 올라가는 것은 어떨까? 친구를 사귀는 것보다 지속적으로 성과를 얻는 것이 더 어려워 보인다. 당신이 인재를 개발해서 좋은 리더가 되게 만드는 4단계로 올라가는 것은 더욱 어려우며 훨씬 많은 시간이 걸린다. 리더를 만들어 그 리더로 하여금 다른 리더를 개발하게 만드는 5단계 리더가 되는 데는 평생이 걸릴 수도 있다.

오래전에 톰 윌슨의 만화 〈지기(Ziggy)〉를 본 적이 있다. 만화의 주인공은 성공으로 가는 길에 서 있었다. 그는 이런 문구가 써 있는 간판을 보았다.

멈춰서 통행료를 준비할 것

이 말은 리더십의 5단계를 올라가려는 모든 사람에게 좋은 충고가 될 수 있다. 정상에 오르는 데 쉬운 길은 없다. 그리고 올라갈 때마다 그 대가를 지불해야 한다. 한 단계 올라가려 할 때마다 당신은 더욱 헌신하고, 더 많이 주어야 하고, 더 많은 힘을 써야 한다. 당신의 사람들도 마찬가지이다. 그 누구도 최소한의 것을 내어 주고 위대한 것을 성취할 수 없다. 그 어느 팀도 희생 없이, 최선을 다하지 않고 챔피언이 될 수 없다.

5. 단계 상승은 느리게 진행되지만 하강은 순식간에 일어날 수 있다

이미 말했듯이, 리더십 단계를 오르는 데는 시간이 걸린다. 종종 내게 이렇게 묻는 사람들이 있다.

"제가 5단계 리더가 되기 위해선 어느 정도의 시간이 걸릴까요?"

그러면 나는 항상 이렇게 대답한다.

"당신이 생각하는 것보다 훨씬 더 오래 걸릴 거예요."

세우는 일은 허무는 일보다 늘 더 많은 시간을 요한다. 여러 가지 일이 제대로 되어야 더 높은 단계로 올라가지만, 때로는 한 가지 일만 잘못되어도 누군가를 넘어지게 할 수 있다. 어떤 사람과 좋은 관계를 맺는 데는 상당히 오랜 시간이 걸리지만, 반대로 어떤 일로 그 사람의 신뢰를 잃으면, 그 관계는 눈 깜짝할 사이에 영원히 깨질 수도 있다.

리더십 단계에서 얼마나 빨리 추락할 수 있는지를 생각하면 상당히 불안할 것이다. 하지만 나는 당신이 다음 글에서 위안을 얻기 바란다. 일단 당신이 더 높은 단계로 올라갔다면 그 밑의 단계들은 안전망 역할을 해 줄 것이다. 당신이 더 많은 단계를 올라갈수록 당신의 리더십은 더욱 안전해질 수 있다.

예를 들어, 당신이 3단계에서 당신이나 당신 팀의 성과를 해치는 나쁜 결정을 내린다면, 당신이 그동안 닦아 놓은 관계가 당신을 해고의 위험에서 구할 수 있다. 안전망이 없는 유일한 단계는 가장 낮은 지위 리더십 단계이다. 이 단계에서는 잦은 실수를 저질러서는 안 된다. 바로 이러한 것이 리더십 단계를 높여야 하는 이유이기도 하다.

6. 더 높이 올라갈수록 보상이 더 크다

더 높은 단계의 리더십으로 올라가기 위해서는 더 많이 베풀어야 할지도 모른다. 하지만 얻는 것 또한 많을 것이다. 리더로서 당신의 투자 대비 보상은 단계가 오를수록 증가한다. 2단계에서는 신뢰와 리드할 권리를 얻고, 3단계에서는 조직에 성과를 추가한다. 또한 4단계에서는 한 명의 리더를 조직에 추가할 때마다 그 리더가 이끄는 팀의 모든 힘을 전체의 팀에 추가하기 때문에 성과를 증대시키고, 5단계에서는 당신이 리더를 양성하는 리더들을 조직에 추가시키고 이러한 리더들은 조직을 이끌어 갈 다음 세대 리더들을 지속적으로 양성하기 때문에 기하급수적인 성장과 성과를 거둘 수 있다.

조직 내 리더의 자질이 좋을수록 조직 구성원 모두의 자질도 더 좋아진다. 성과가 높으면 공감대가 높아지고, 사기가 진작되며, 추진력이 강해지고, 이익이 증가한다.

7. 상승폭이 클수록 더 큰 성장을 요한다

더 높은 리더십 단계로 올라갈 때마다 리더는 더 많은 기술을 갖추어야 한다. 그러므로 각 성장 단계는 리더의 역할에 한층 더 발전을 요구한다. 하지만 다행인 것은 성취된 각 단계의 리더십은 리더가 다음 단계로 성장할 수 있는 디딤돌 역할을 한다는 것이다.

이것이 어떻게 작용하는지 생각해 보자. 리더는 새로운 단계로 성장하기 위해 위험을 감수한다. 낮은 단계에서의 위험은 작고, 극복하기도 쉽다. 예를 들어, 1단계에서 2단계로 올라가려면 리더는 위험을 무릅쓰고 관계를 쌓아 나가야 한다.

리더가 더 높은 단계에 이를 때, 위험은 더욱 커진다. 예를 들어, 3단계에서 리더는 팀을 결집시켜 보다 높은 목표를 성취하려다가 실패할 수도 있다. 이 일로 리더는 신용을 잃을 수도 있고, 기세가 꺾이거나 팀 구성원들의 의욕을 상실시킬 수도 있다.

그런데 고무적인 것은 보다 높은 단계에서 위험을 맞게 되어도 당시에 개발했던 기술은 자연스럽게 확장될 수 있다는 것이다. 제3자는 리더를 보고 이렇게 말할 수도 있다.

"와, 저 사람! 엉뚱하게 큰일을 저질렀군"

그러나 제3자는 리더 내면에 일어난 성장을 보지 못했을 수도 있다. 다음 위험을 떠맡게 될 즈음에 그 리더는 성장하여 다음 단계에 들어선다.

리더로서 성장하려면 성장에 대한 강한 의지와 리더십 경험이 결합되어야 한다. 만약 사람들이 다음 단계에 대한 계획적인 학습과 준비 없이 경험에만 의존한다면 그들은 리더로 발전하지 못할 것이다. 반면에 그들이 이론적으로만 준비하고 위험과 보상, 시련과 오류를 통한 경험을 전혀 겪지 않는다면, 그들 역시 발전하지 못할 것이다.

성장하기 위해서는 이 두 가지와 어느 정도의 재능이 필요하다. 그러나 당신은 자신이 가진 재능이 얼마나 되는지 통제할 수 없다. 다만 그 재능으로 무슨 일을 할 것인지를 통제할 수 있을 뿐이다.

대학에 소속된 운동선수들이 프로로 전향하려고 할 때 이러한 역동성을 찾아볼 수 있다. 대학 선수들은 모두 일정한 재능을 가졌다. 선수들이 성공할 수 있도록 돕는 것은 계획적인 성장과 경험이다. 그러나 대학 시절의 경험에만 의존하는 선수들은 성공하지 못한다. 또한 이론적이고 신체적인 준비는 갖추었으나 실제 경기 경험이 전혀 없는 선수들도 성공하지 못한다. 성공하려면 둘 다 갖추어야 한다.

당신이 천부적인 리더십 재능을 가졌다면, 아마 성장에 대한 열정도 가지고 있을 것이다. 무언가를 이루고 싶다면 그렇게 하면 된다. 희망을 잃지 말라. 고도로 계획적인 리더십 학생이 됨으로써 많은 부분을 보충하고, 그럼으로써 모든 기회를 이용할 수 있다. 어떤 식으로든 어느 한 단계에서의 성공은 당신이 모든 단계에서 성공하는 데 도움이 된다는 것을 기억하라. 그러므로 지금 당신이 서 있는 단계에서 성공하도록 노력하라. 그것이 당신의 미래를 위한 준비이다.

8. 단계를 오르지 않으면 당신과 주변 환경이 제한된다

《리더십의 21가지 불변의 법칙(The 21 Irrefutable Laws of Leadership)》에 이런 문장이 나온다.

> 리더십 능력은 한 사람의 유효 수준을 결정한다.

요컨대, 일을 처리하는 당신의 능률과 다른 사람들을 통한 당신의 일 처리 능력은 언제나 당신의 리더십에 의해 제한된다. 당신의 리더십이 10중 4라면, 당신의 유효 수준은 4를 넘지 못한다. 또한 이 책에는 이런 문장도 나온다.

> 사람들은 본래 자신보다 더 강한 리더를 따른다.

이는 당신이 4에 머무른다면, 결코 3보다 나은 리더를 끌어당기거나 붙들어 두지 못한다는 의미이다.[1] 리더십의 부담 중 하나는 우리가 나아갈 때, 우리가 리드하는 사람들도 나아간다는 것이다. 우리가 잠재력에 도달하면 다른 사람들도 그들의 잠재력에 도달하는 환경이 만들어진다. 리더들이 다음 단계로 올라가지 못하고 멈춰 있을 때 다음과 같이 두 가지 질문을 해 볼 필요가 있다.

"그들은 개선될 수 있을 것인가?"
"그들은 개선될 것인가?"

어떤 사람들은 절대 개선될 수 없다. 그들은 자신의 한계에 도달한다. 문제는 역량이 아니라 선택과 태도이다. 만약 사람들이 기꺼이 개선을 선택하고 태도를 바꾼다면 한계는 사라진다.

오늘 당신의 리더십 능력에는 제한이 없다. 당신은 과거를 바꿀 수는 없지만 미래는 바꿀 수 있다. 당신은 앞으로의 리더십 능력에 관한 선택권을 가지고 있다. 당신이 리더십의 단계들을 오르는 법을 배운다면, 리더십 능력은 서서히 개선될 것이고, 그것은 당신의 전반적인 리더십 역량에 긍정적인 영향을 미칠 것이다. 그러나 리더로서 성장하지 않겠다는 선택을 내린다면, 상황이 개선될 확률이 없기 때문에 현재 당신이 있는 단계에 적응하는 것이 낫다.

9. 당신이 지위나 조직을 바꾸면 리더십 단계도 바뀐다

리더들이 이직을 하고 새로운 그룹의 사람들을 리드하기 시작할 때 무슨 일이 일어날까? 그들이 같은 단계의 리더십에 머무른다고 생각했다면 오산이다. 새로운 사람들을 리드할 때마다 당신은 매번 같은 과정을 다시 시작한다. 사람들은 당신이 자신들과 일정 기간 함께 일하지 않았다면 4단계 인재 개발 리더로 인정하지 않는다. 당신이 그 호칭을 따내야 한다. 2단계와 3단계도 마찬가지이다.

그러나 고무적인 것도 있다. 만약 당신이 어떤 다른 그룹의 사람들과 함께 4단계에 도달했다면, 그곳에 도달하는 법을 이미 알고 있다는 의미일 것이다. 그리고 이미 경험을 해 보았기 때문에 이전보다 훨씬 더 빨리 윗 단계로 오를 수 있을 것이다.

새로운 그룹의 사람들과 함께 과정을 통과할 때마다, 당신은 거기에 훨씬 더 능숙해질 것이다. 그렇게 여러 번 하고 나면, 다른 사람들과 함께 그것을 다시 해야만 하는 상황에 맞닥뜨려도 실망하지 않는다. 예를 들어, 25년 동안 나는 종교계에서 사람들을 리드했다. 그동안 나는 4개의 다른 조직에서 일했고, 각 조직에서 그곳 사람들과 함께 리더십 단계들을 거쳐야 했다. 다행히도 그 세계에서 나는 많은 사람, 심지어 그 특정 조직의 구성원이 아닌 외부의 사람들과 함께 4단계에 도달할 수 있었다.

그러나 내가 비즈니스 분야에서 리더십을 가르치기 시작했을 때는 모든 것이 달라졌다. 나는 많은 사람과 1단계부터 다시 시작했다. 하지만 두려워하거나 실망하지 않았다. 나는 기꺼이 내 능력을 보여 주었고, 다시 여러 단계를 통해 나의 갈 길로 올라갔다. 그리고 15년이 지난 지금, 나는 관계를 개발하고, 그 세계에서 성과를 얻고, 리더들을 개발함으로써 얻은 신뢰를 즐기고 있다.

지위형 리더는 다시 시작하기를 꺼린다. 그들은 리더십을 과정이 아닌 목표로 생각하며 현재의 상태를 계속 유지하려고 한다. 그들의 희망은 그것을 한 번 이루고 끝내는 것이다. 좋은 리더들은 기꺼이 자신이 거쳤던 길을 되돌아가 리더십을 다시 획득하는데, 이는 그들이 리더십 인생이란 언제나 그들에게 한 번 이상 바닥에서 다시 시작하라고 요구한다는 것을 알기 때문이다.

10. 당신은 혼자서 단계들을 올라갈 수 없다

내가 좋아하는 명언을 하나 소개한다.

'당신의 리드를 따르는 사람이 없다면, 당신은 그저 산책을 하고 있는 것뿐이다.'

이 명언은 리더십의 본질을 담고 있고, 5단계 리더십에 대한 가장 중요한 통찰을 보여 준다. 리더로서 성공하려면 다른 사람들이 당신을 따라 단계를 오르도록 도와줘야 한다. 사람들이 당신을 따르지 않는다면, 당신은 1단계에서 2단계와 3단계로 올라갈 수 없다. 또한 당신을 따르는 사람들이 리더가 되지 못한다면 당신은 4단계에 도달할 수 없다. 그리고 만약 당신이 개발하는 사람들이 다음 세대 리더들을 개발하는 4단계에 속해 있지 않다면 당신은 5단계를 성취할 수 없다.

전체 과정은 다른 사람들을 포함하며 그들을 돕는 데 초점을 맞춘다. 퀘이커 교도의 리더인 C. W. 페리(C. W. Perry)는 이렇게 말했다.

"리더십이란 사람들을 현재 위치에서 받아들여 그들을 어딘가로 데려가는 것이다."

이것이 바로 5단계 리더십에 관한 모든 것이다.

다음 단계로 올라갈 때

나는 이제 당신이 5단계 리더십과 그것의 기능에 관한 기초 지식을 가졌다고 믿는다. 지금쯤 당신은 "나와 내 주변 사람들은 현재 어느 단계에 있지?"라고 자문해 볼 것이다. 이는 내가 5단계 리더십을 가르칠 때마다 모든 사람이 가지고 있던 궁금증이었다.

5단계 리더십을 이해하고, 당신이 각각의 사람들과 어느 단계에 있는지 안다면 당신이 그들을 어떻게 리드해야 하는지 알 수 있다. 좋은 리더는 모든 사람을 같은 식으로 리드하지 않는다. 왜냐하면 모든 사람은 다르고, 당신은 그들 모두와 같은 리더십 단계에 있지 않기 때문이다. 효과적인 리더는 다음에 근거하여 팀원들과 상호 작용한다.

- 자신이 특정 팀원과 어느 리더십 단계에 있는지
- 그 팀원은 리더가 어느 리더십 단계에 있을 것으로 인식하고 있는지
- 팀원들이 자신의 리더십 개발 단계 중 어디에 와 있는지

이 요인들은 당신이 자신의 리더십을 평가하고 그것을 개발하려고 할 때 작동하기 시작한다. 나는 모든 사람이 리더십 개선 능력을 가지고 있다고 생각한다. 리더가 된다는 것은 불가사의한 주제가 아니다. 매우 실제적인 접근이 가능하며, 모든 사람이 보다 높은 단계의 리더십으로 올라갈 수 있는 잠재력을 가지고 있다.

당신의 잠재력은 어떤가? 당신은 3, 4, 5단계 리더가 될 능력과 열망을 가지고 있는가? 그것을 알아낼 방법은 한 가지밖에 없다. 리더십 도전을 수

용하고, 성장하기 위해 최선의 노력을 기울이며, 과감하게 리더십에 뛰어들어라. 당신이 기꺼이 도전에 응한다면, 결코 후회하지 않을 것이다. 왜냐하면 세상에 대한 긍정적인 영향력을 증대시키고 다른 사람들의 가치를 높이는 데 당신의 리더십 능력을 증대시키는 것보다 더 좋은 방법이 없기 때문이다.

나는 이 책이 각 단계의 성장 지침서로서 당신이 과정을 통과하여 올라가는 데 도움을 줄 것이라고 믿는다. 그러므로 잘 읽고, 잘 성장하기 바란다. 내 친구 지그 지글러(Zig Ziglar)가 말했듯이.

"정상에서 만납시다."

당신의 리더십 단계는?

■■■ 이 장은 5단계 리더십과 관련된 여정에서 당신의 위치를 이해하도록 돕기 위해 총 4개의 설문지로 구성했다. 나는 당신이 다음 장으로 넘어가지 말고 당신의 최근 단계를 평가하는 데 시간을 할애하기를 권한다.

Test1과 Test2를 완성하는 데는 많은 시간 투자가 필요하지 않을 것이다. Test3은 다른 사람들을 포함하기 때문에 시간이 좀 더 걸릴 수도 있지만, 이 역시 그냥 넘기지 않았으면 한다. Test3의 주목적은 Test2에서 당신의 직관과 자기 인식이 옳았는지 입증하는 것이다. 이 과정을 거치면 당신이 당신의 팀과 어디쯤 와 있는지에 대한 통찰을 얻게 될 것이다.

이 기초 작업을 하고 나면, 당신이 이 책의 나머지를 읽고 공부해 나갈 때에 당신의 리더십 성장에 있어 훨씬 더 나은 입지를 굳힐 수 있을 것이다.

Test1. 리더십 단계의 특성

　Test1은 당신의 전반적인 리더십에 적용된다. 다음 10개의 진술을 읽어보고 당신이 옳다고 생각하는 항목 옆에 체크 표시를 하라. 처음 떠오른 대로 답하라. 어떤 문항도 건너뛰어서는 안 되며, 다시 돌아가 답을 바꾸어서도 안 된다.

| 1단계 |

- ☐ 나는 나를 위해 일하는 사람들에게 내가 리더임을 상기시킬 필요가 없다.
- ☐ 나는 나를 위해 일하는 사람들을 단지 그의 직무나 역할 면에서가 아닌 한 개인으로 생각한다.
- ☐ 나는 거의 매일 일하러 가기를 기대한다.
- ☐ 나는 나에게 주어진 지위가 보호받아야 할 영역이 아니라 배울 기회라고 인식한다.
- ☐ 나를 위해 일하는 사람들은 그들이 맡은 직무를 초월하여 기꺼이 일한다.
- ☐ 나는 사람들과의 문제를 다루는 것이 리드하는 일의 일부라고 생각하고, 그것을 일의 일부로 받아들인다.
- ☐ 나는 리더십에 대해 더 많이 배워 더 좋은 리더가 되려는 소망을 가지고 있다.
- ☐ 나는 내 직업을 성취해야 할 일의 관점에서 생각하고, 내가 그 과정에서 성취하고자 하는 진로와 지위에는 크게 연연해하지 않는다.
- ☐ 나의 주된 목표 중 하나는 나를 위해 일하는 사람들을 지원하는 것이다.
- ☐ 많은 사람이 나와 함께 일하는 것이 수월하다는 것을 알고 있다.

위 진술 중에서 8개 이상의 항목에 표시했다면, 당신은 이미 1단계 리더로서 자리를 잡고 있으며, 더 높은 단계로 이동하기 시작했을 가능성이 크다. 그러나 만약 당신이 8개 미만의 항목에 표시했다면, 당신은 아직 1단계를 숙달하지 않은 것이다. 그렇다면 바로 1단계가 당신이 개인적인 리더십 개발을 시작해야 할 곳이다. 왜냐하면 당신은 아직 당신이 숙달한 최저 단계에 머물고 있기 때문이다.

| 2단계 |

- ☐ 내가 속한 부서나 책임을 맡은 영역의 외부 사람들이 내 의견을 존중하고 나에게 자주 조언을 구한다.
- ☐ 나는 나의 강점과 약점을 잘 알고 있으며, 내 업무에서 약점을 잡히는 일이 드물다.
- ☐ 나는 진심으로 대부분의 사람을 좋아하며 그들을 도와주고 싶은 마음을 가지고 있다.
- ☐ 나는 나를 위해 일하는 사람들과의 상호 작용에 있어서 매우 일관되며 차분하다.
- ☐ 내가 우리 팀 사람들에게 무언가를 말할 때, 그들은 늘 나를 신뢰하기 때문에 그 말을 믿을 것이라고 생각한다.
- ☐ 나는 나를 위해 일하는 모든 사람과 견고하게 관계를 발전시킨다.
- ☐ 나와 함께 일하는 사람들은 나를 호감이 가고 유쾌한 사람이라고 생각한다.
- ☐ 오류를 수정하거나 문제를 처리하기 위해 팀원들과 솔직한 대화를 해야 한다고 판단하면 오랜 시간이 경과하기 전에 대화를 하고, 끝까지 노력을 기울인다.
- ☐ 나는 직원들이 일한 대가로 현재 받고 있는 급여 이상을 바란다고 생각한다. 대부분의 사람은 격려를 바라고, 나는 그들을 진심으로 격려한다.
- ☐ 나는 나를 위해 일하는 모든 사람과 관계를 형성한다.

위 진술 중에서 8개 이상의 항목에 표시했다면, 다음 단계로 넘어가라. 그렇지 않다면, 당신이 아직 2단계를 숙달하지 못했으며 아직 2단계 리더처럼 생각하지 않는다는 것을 의미하기 때문에 Test1의 나머지 부분을 나중을 위해 남겨 놓는 것이 좋을 것이다.

만약 지금 Test를 완성하고자 결심했다면, 비록 당신이 2단계에서 8개 이상의 항목을 표시했다 할지라도, 당신이 아직 2단계에 도달하지 못했기 때문에 그보다 높은 단계의 리더십에 오를 수 없다는 것을 알아야 한다. 이는 당신이 다음 단계의 질문에 답할 때에도 적용된다.

| 3단계 |

- ☐ 나는 내 일에서 대상과 목표를 일관되게 맞춘다.
- ☐ 훌륭한 직원들이 늘 나나 내 팀과 함께 일하고 싶어 한다.
- ☐ 사람들은 나를 내 분야의 전문가로 보고 나에게 무언가를 배우고자 한다.
- ☐ 나는 일관되게 스스로 더 높은 목표를 설정하고 성취한다.
- ☐ 내가 일에서 거둔 성과는 종종 팀을 더 높은 단계에 이르게 한다.
- ☐ 나는 내가 하는 모든 일에 최선을 다한다.
- ☐ 나는 다른 사람들이 내가 하는 일을 지켜보고 그것을 본보기로 따른다는 생각에 기분이 좋다.
- ☐ 나는 문제 해결사로 알려져 있으며, 종종 어려운 과업을 완수한다.
- ☐ 내가 하는 일은 날마다 매우 일관성이 있다.
- ☐ 나에게는 스스로 매우 높은 단계에서 일하도록 돕는 체계와 과정이 있다.

위 진술 중에서 8개 이상의 항목에 표시했다면, 다음 단계로 넘어가라. 그렇지 않다면, 테스트 결과는 당신이 아직 3단계를 숙달하지 못했으며 아직 3단계 리더처럼 생각하지 않는다는 것을 의미한다.

| 4단계 |

- ☐ 나는 우리 팀의 모든 구성원을 훈련하고 개발하는 일을 정기적이고 일관되게 계획하며, 그에 맞게 실천한다.
- ☐ 마감일이 임박하고 긴급한 일이 발생했다 하더라도 나는 훈련 및 개발 일정을 결코 취소하지 않는다.
- ☐ 나는 사람들에게 능력껏 일할 수 있도록 책임과 권한을 부여하면서 지속적으로 위험을 감수한다.
- ☐ 나는 미래의 유망한 리더들을 지도하는 데 매달 상당한 시간을 할애한다.
- ☐ 나는 내가 리드하는 모든 사람의 장단점을 세밀하게 알고 있다.
- ☐ 나는 개개인의 요구에 맞춰 사람들을 훈련하고, 개발하고, 조언한다.
- ☐ 나는 역량과 재능, 잠재력을 가진 사람들과 전략적이고 중요한 멘토링 시간을 갖는다.
- ☐ 나는 사람들의 적성을 발견하기 위해 그들의 보직을 전환시켜 본 적이 있다.
- ☐ 나는 공식적인 인사 평가 기간 외에도 사람들에게 계속해서 피드백을 준다.
- ☐ 내 팀이나 부서는 조직 내에서 가장 훈련이 잘 되었다는 평을 받는다.

위 진술 중에 8개 이상의 항목에 표시했다면, 다음 단계로 넘어가라. 그렇지 않다면, 테스트 결과는 당신이 아직 4단계를 숙달하지 못했으며 아직 4단계 리더처럼 생각하지 않는다는 것을 의미한다.

| 5단계 |

- ☐ 나는 털어놓기 어려운 진실을 나에게 말하라고 격려하여 정기적으로 그렇게 하고 있는 사람들의 이름을 거론할 수 있다.

- ☐ 나는 나의 조직 내에 핵심 가치를 주입하기 위해 나의 영향력을 사용하고 있다.

- ☐ 우리 조직의 진로는 나 혹은 내가 속한 팀에 의해 설정된다.

- ☐ 나는 미래 리더를 키우는 리더들을 많이 개발해 냈다.

- ☐ 나는 리더십 여정을 함께 걸어가고 있는 소규모의 리더 그룹과 상호 교제를 즐기고 있다.

- ☐ 나는 아직 내가 하는 경기의 정상에 있으며, 내가 행사할 수 있는 긍정적인 영향력은 강하다.

- ☐ 나는 내가 현재 맡고 있는 자리를 떠나려고 결정할 경우, 내 자리를 맡아 줄 준비가 된 사람의 이름을 한 명 이상 거론할 수 있다.

- ☐ 나는 조직 외부에서도 영향력을 가지고 있다.

- ☐ 내가 속한 특정 업계 외부인들이 나에게 리더십 조언을 구한다.

- ☐ 나는 나 자신이나 내 조직보다 더 큰 대의명분을 위해 나의 영향력과 자원을 사용하고 있다.

리더십에 있어 당신은 당신이 숙달한 최저 단계에 와 있다고 볼 수 있다. 내가 당신에게 상기시켜 주고 싶은 것은 비록 당신이 높은 단계에서 좋은 점수를 받았다 할지라도, 만약 더 낮은 단계에서 낮은 점수를 받았다면 실제 당신의 리더십이 더 낮은 단계에 있다는 것이다. 이것이 바로 당신이 리더십을 향상시키기 위해 다른 사람들과 일할 때 주의해야 할 점이다.

Test2. 팀원 개별 평가(리더의 관점)

다음 문항을 읽고 당신이 직접 관리하는 각 사람에 대해 '예.' 혹은 '아니요.'로 답하시오. (Test2를 완성하고 나서 Test3로 넘어갈 것)

팀원 개별 평가

팀원 이름 : _____   날짜 : _____

| 1단계 |

그는 당신을 자신의 리더로 인정한다.	예 아니요
그는 당신을 현재 보유한 리더십 지위에 적합하다고 동의할 것이다.	예 아니요
그는 당신이 자신의 지위를 개인적 승진을 위해 이용하는 특권이 아니라 리더십 테이블에서 당신의 자리를 얻는 기회로 간주한다.	예 아니요

| 2단계 |

당신은 업무는 물론, 그의 가족 및 사생활에 대한 사항들을 알고 있다.	예 아니요
당신은 그의 장단점을 알고 있다.	예 아니요
당신은 그의 희망과 꿈을 알고 있다.	예 아니요
당신은 그가 자신의 일에서 성공하도록 헌신적으로 돕는다.	예 아니요
그는 당신을 신뢰하고 당신은 그를 신뢰한다.	예 아니요

| 3단계 |

그는 당신의 전문 능력과 자질을 존경한다.	예 아니요
그는 당신의 조언과 전문적 의견을 듣고 싶어 한다.	예 아니요
그는 당신의 영향력 때문에 생산성이 좋아졌다.	예 아니요

그는 당신의 리더십 때문에 팀의 생산성이 좋아졌다는 것을 인정할 것이다.   예 아니요

그는 당신의 팀이 조직의 비전과 목표에 기여했음을 인정할 것이다.   예 아니요

| 4단계 |

당신은 그에게 구체적인 훈련을 실시하여 성과 개선에 도움을 주었다.   예 아니요

당신은 그에게 조언을 하거나 그를 개발 과정에 투입하여
그가 더 나은 리더가 되도록 도왔다.   예 아니요

당신이 그에게 리드할 수 있는 기회를 주거나 훈련했기 때문에
그는 지금 다른 사람들을 리드하고 있다.   예 아니요

그는 지속적인 충성과 지지를 보내며, 항상 당신에게 유리하게 말한다.   예 아니요

| 5단계 |

당신의 도움 덕분에 그는 다른 사람들을 리드할 뿐 아니라
자신이 리드하는 사람들을 훈련하여 다른 리더들을 개발하기도 한다.   예 아니요

그는 당신이 사임할 경우 매우 높은 성공 가능성을 가지고
당신의 역할을 맡을 수 있을 것이다.   예 아니요

그는 당신의 옹호자이며, 다른 리더들에게 당신을 지지하여
당신이 그들을 만나기도 전에 그들의 존경을 얻게 만든다.   예 아니요

| 평가 |

당신은 이 평가로부터 두 가지를 배울 수 있다. 첫째, 당신은 당신의 답을 바탕으로 리더십의 5단계 중 팀원 개개인과 당신이 어느 단계에 있는지 이해할 수 있다. 어느 단계에서 '예.'보다 '아니요.'의 답을 더 많이 했다면, 당신은 사람들과의 관계에 있어서 아직 그 단계에 도달하지 못한 것이다. (대신, 당신은 그보다 더 낮은 단계일 것이다.) 당신이 배울 수 있는 두 번째 사항은 '자신을 향상시키기 위해 무슨 일을 해야 하는가.'이다.

Test3. 리더십 평가(팀원의 관점)

당신에게 직접 보고하는 사람들에게 당신을 위해 다음 질문지를 기입하도록 요청하라. 그들이 익명으로 작성해도 좋다. 이 평가를 위해 당신이 Test2 평가를 위해 사용했던 것과 같은 기준(설문 내용)을 사용하라.

비록 당신이 매우 훌륭한 리더라 할지라도 당신을 1단계 외에 어떤 단계에도 두기를 거부하는 직원이나 자원봉사자가 한 명쯤은 있을 수 있다는 사실을 유의하라. 당신은 그 사람의 마음을 얻어 2단계로 이동한 후에 계속해서 리더십 단계를 높여 갈 수 있지만, 그 사람이 당신에게 마음을 내어 주리라는 보장은 없다.

리더 평가

리더 이름 : _____   날짜 : _____

각 문항을 읽고 위에 이름이 기재된 리더에 대해 '예.' 혹은 '아니요.'로 답하라. 정답이나 오답은 없다. 본 평가는 당신과 해당 리더의 상호 작용을 위해서만 고안되었다. (당신이 원한다면 본 평가를 익명으로 진행해도 된다.)

| 1단계 |

당신은 그를 당신의 리더로 인정한다.   예 아니요

그는 현재 보유한 리더십 지위에 적합하다.   예 아니요

그는 리더십 지위를 자신의 승진을 위해 사용하는 특권이 아니라
리더십 테이블에서 자리를 얻은 기회로 간주한다.   예 아니요

| 2단계 |

그는 업무 외 당신의 가족 및 사생활에 관심을 가지며,
정기적으로 당신에게 그에 관해 질문한다. 예 아니요

그는 당신의 장단점을 알고 있다. 예 아니요

그는 당신의 희망과 꿈을 알고 있다. 예 아니요

그는 당신이 일에서 성공을 거두도록 헌신적으로 돕는다. 예 아니요

당신은 그를 신뢰하고 그는 당신을 신뢰한다. 예 아니요

| 3단계 |

당신은 그의 능력과 자질을 존경한다. 예 아니요

당신은 그의 조언과 전문적 의견에 의지한다. 예 아니요

당신은 그의 영향을 받아 생산성이 좋아졌다. 예 아니요

당신이 속한 팀은 그의 리더십 때문에 생산성이 좋아졌다. 예 아니요

당신과 당신이 속한 팀은 조직의 비전과 목표에 기여한다. 예 아니요

| 4단계 |

당신은 그로부터 당신의 성과 개선에 도움을 준 구체적인 훈련을 받았다. 예 아니요

그는 당신에게 조언을 해 주거나 당신을 개발 과정에 투입하여
당신이 더 나은 리더가 되도록 도왔다. 예 아니요

당신은 그가 제공한 기회와 훈련 덕분에 최근에 다른 사람들을 리드하고 있다. 예 아니요

당신은 그를 믿으며, 자동적으로 그에게 유리하게 말한다. 예 아니요

| 5단계 |

당신은 그의 도움과 영향력 덕분에 다른 리더들을 훈련하고 개발하고 있다. 예 아니요

당신이 리더가 되도록 그가 도왔기 때문에
매우 높은 성공 가능성을 가지고 그를 대신하여 리더 역할을 맡을 수 있다. 예 아니요

그는 당신의 삶을 변화시켰으며, 당신은 다른 리더들과 더불어
그를 지지하는 옹호자이다.   예 아니요

평가가 완료되면 이 자료를 페이지 상단에 기재한 리더에게 제출하라.

나의 현재 리더십 단계 평가

	Test1 표시한 개수	Test2 각 단계의 개수	Test3 각 단계의 개수	지배적인 단계
1단계				
2단계				
3단계				
4단계				
5단계				

당신은 다음 지시 사항을 수행함으로써 당신의 리더십에 대한 '스냅 사진'을 얻을 수 있다.

1. Test1이라고 명시된 세로 단에 평가의 각 단계에서 당신이 사실로 동의했던 항목의 개수를 기록하라.
2. Test2라고 명시된 세로 단에 당신과 함께 각 단계에 있는 팀원들의 숫자를 그들에 대한 당신의 평가에 근거하여 기록하라.
3. Test3이라고 명시된 세로 단에 팀원들의 관점에서 각 리더십 단계에

당신을 배치한 사람들의 숫자를 기록하라.

4. 이제 각 단계의 숫자를 더하라. 어떤 리더십 단계의 숫자가 가장 많은가? 십중팔구 숫자가 가장 많은 단계가 현재 당신 팀원 대부분과의 리더십 단계를 가리킨다. (과학적 타당성이 있는 것은 아니며, 단지 당신에게 스스로에 대한 통찰을 제공해 주는 도구일 뿐이다.)

이 평가를 염두에 두고 계속해서 책을 읽어 나가라. 이 책의 각 파트 마지막에 있는 성장 가이드는 당신의 리더십 기술 향상을 돕고 당신의 사람들과 함께 더 높은 리더십 단계로 상승하는 것을 도와줄 것이다.

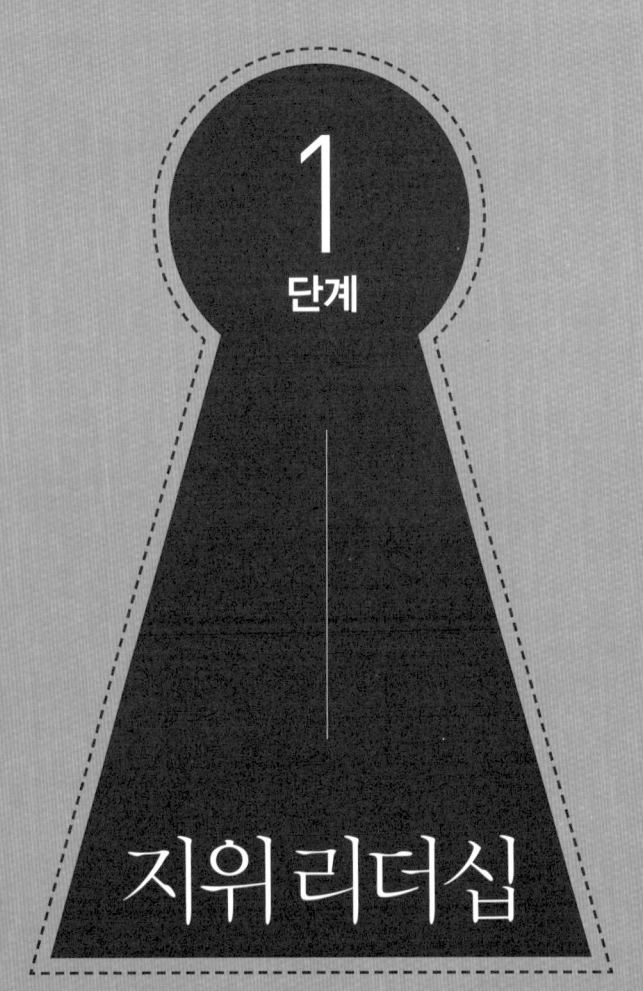

1단계

지위 리더십

가보는 것은 좋지만 거기에 머무르고 싶지는 않을 것이다

리더십은 전통적으로 지위 리더십과 함께 시작한다. 대부분의 사람은 직업을 얻고, 직업에 따라 직함을 얻는다. 노동자, 판매원, 웨이터, 사무원, 경리, 지배인 등이 바로 그것이다. 지위는 모든 리더십 단계의 출발점이다. 또한 그것은 리더십의 발판이 되어야 할 바닥 층이자 기초이다. 진정한 영향력은 이 기초 위에서 개발되어야 한다.

한때 사람들은 누군가를 리드하기 위해 지위에 크게 의존했다. 이는 당시 가족 내 위계적 리더십 지위가 아버지에서 아들로(때로는 딸에게로) 계승되었다는 사실을 고려하면 놀랄 일이 아니다. 왕자는 왕이 되었고, 그들의 결정은 좋든 싫든 법이 되었다. 하지만 그러한 시대는 지나갔다. 아직도 왕과 여왕이 군림하는 나라도 있지만, 영국과 같은 군주 국가에서도 군주는 백성들의 승인을 받아 통치하며, 실제 리더들은 선거로 선출된다. 지위는 당신에게 기회를 주지만 따르지 않을 때 심각한 불이익이 주어지는 체제가 아니라면 지위에 수반되는 실제적인 힘은 매우 적다.

리더십 지위를 가지는 것은 문제가 되지 않는다. 어떤 사람이 리더십 지위를 얻는 경우는 대개 권한을 가진 사람이 그 사람에게서 재능과 잠재력을 보았기 때문이다. 그리고 직함이나 지위와 더불어 다른 사람들을 리드할 권리와 어느 정도의 권위가 따라붙는다.

지위는 좋은 출발점이다. 모든 리더십 단계와 마찬가지로 지위에도 좋은 면과 불리한 면이 있다. 지위 단계 리더십의 좋은 점을 보면서 시작해 보자.

지위 리더십의
긍정적 측면

■■■ 인생의 모든 시기에 긍정적 측면과 부정적 측면이 있는 것처럼, 리더십의 모든 단계에도 긍정적 측면과 부정적 측면이 있다. 당신이 리더십을 처음 접하고 지위를 얻는다면, 축하할 것들이 있다. 이제 그중 네 가지 사항에 대해 이야기하겠다.

1. 리더십 지위가 주어지는 것은 리더십 잠재력을 가졌기 때문이다

리더십 지위에 입문하는 사람들은 대개 권한을 가진 다른 이에 의해 지위가 부여되거나 임명된다. 그렇다면 그 안에 내포된 의미를 생각해 보라. 대개 권한을 가진 자가 보기에 새로운 리더가 어느 정도의 리드 잠재력을 가졌다는 것을 의미한다. 이는 좋은 소식이다. 그러므로 당신이 만약 리더십 입문자이고 리드하는 자리에 초대받았다면, 권한을 가진 누군가가 당신을 믿고 있다는 사실을 기쁘게 받아들여야 한다.

나는 나에게 처음으로 리더십 지위가 주어졌을 때를 기억한다. 고등학교에 다닐 때, 농구 코치는 나를 우리 팀 주장으로 지명했다. 그때 얼마나 즐거웠는지 모른다. 코치가 나를 신뢰한다는 것을 알았을 때의 그 느낌은 아직도 생생하다.

코치는 나를 주장으로 지명한 뒤에 다른 선수들에게 내가 긍정적인 태도로 열심히 연습하는 모범 선수라고 말했다. 그러나 나중에 나를 따로 불러 주장의 자리는 나에게 나의 리더십 능력을 보여 줄 무대를 제공할 뿐이라고 설명했다. 주장 자리는 선수들이 나를 따르도록 보장하지 않았다. 코치는 내게 지위에는 책임감이 따른다는 사실을 말해 주고 싶었던 것 같다.

최상의 리더들은 정치나 연공, 경력이나 편의가 아니라 리더십 잠재력에 근거하여 사람들을 리더로 승격시킨다. 멋진 리더였던 전설적인 UCLA 농구 코치인 존 우든(John Robert Wooden)은 언젠가 내게 자신은 시즌 경기를 몇 차례 치르고 난 뒤에 주장을 지명한다고 말했다. 그는 어떤 선수가 기량을 향상시켜 그 영광을 차지할 것인지 상당히 기대된다고 했다. 그는 종종 자신의 팀원들에게 이렇게 말하곤 했다.

"네가 뭘 할 것인지 내게 말로만 하지 말고, 행동으로 보여다오!"

새로운 리더십 지위를 얻었는가? 그렇다면 당신의 리더십 여정에 첫걸음을 내디딘 것을 환영한다. 당신은 이제 테이블에 한 자리를 가졌고 '리더십 게임'의 일원이 되도록 초대받았다. 당신은 자신의 의견을 표명하고 결정을 내릴 기회를 가지게 될 것이다. 당신의 첫 번째 목표는 당신에게 주어진 지위를 받을 만한 자격이 있다는 것을 당신의 리더와 팀원들에게 보여주는 것이다.

2. 리더십 지위는 권위를 인정받았음을 의미한다

어떤 사람이 지위와 직함을 받을 때, 거기에는 대개 일정한 수준의 권위와 힘이 따른다. 초기에는 그 힘이 매우 제한적일 것이다. 그러나 너무 걱정하지 말라. 스스로를 입증하면 더욱 많은 힘을 부여받게 될 것이다.

나의 첫 번째 공식적인 리더십 지위(농구팀 주장)를 회고해 보면, 나는 새로운 특권을 받았다. 나는 경기가 시작되기 전에 센터 코트에서 심판과 상대 팀의 주장을 만나 진행될 경기에 대해 논의했고, 경기 도중에 타임아웃을 부를 수 있었으며, 작전 회의를 할 때 코치에게 내 의견을 제시하기도 했다. 또한 매 경기 전후에 라커 룸에서 팀원들에게 주의 사항을 이야기했다. 나의 직함은 나에게 인정과 권위를 가져다주었다. 그러나 나는 그와 더불어 인정과 권위에 제한이 있음을 알게 되었다.

《보병 저널(Infantryman's Journal)》에서 이런 문장을 본 적이 있다.

> 부하들의 마음속에서 그의 임명이 승인을 받을 때, 그제서야 그는 비로소 리더가 된다.

새로운 리더로서 당신은 팀을 향상시키고 당신이 리드하는 사람들을 돕기 위해 받은 권위를 지혜롭게 사용해야 한다. 그렇게 하면 당신의 사람들은 당신에게 훨씬 더 큰 권위를 주기 시작할 것이다. 그제서야 비로소 당신은 단순한 지위가 아니라 리더십을 획득하는 것이다.

3. 리더십 지위는 리더로서의 성장을 향한 초대이다

리더십 지위를 얻는 것과 그것의 요구 조건을 채우는 것 사이에는 늘 관련성이 있다. 한 가지 주요 조건은 개인적인 성장이다. 나는 일찍이 "누구든 많이 받은 자에게는 많은 것이 요구된다."라는 말을 즐겨 사용하시던 아버지에게 이에 대해 배웠다. 아버지는 이렇게 말씀하셨다.

"사람이란 각자 인생에서 많은 것을 받는다. 또한 그것을 최대한 활용할 수 있도록 배우고 성장할 책임이 있다."

리더십의 5단계를 통한 여정은 당신이 지속적인 발전에 전념할 때에만 성공할 수 있다. 만약 당신이 지위가 리더를 만든다고 믿는다면 당신은 좋은 리더가 되기 어렵다. 혹시 아무것도 하지 않고 그저 소처럼 풀이나 뜯어 먹으며 살고 싶지는 않은가. 즉 성장하여 당신이 될 수 있는 최고의 리더가 되려고 애쓰기보다 현재에 안주하여 지위가 주는 이익만 누리려고 하지는 않는가.

나는 강의를 진행할 때 이런 질문을 자주 던진다.

"조직의 유효성을 높이기 위해 당신이 변화시킬 수 있는 한 가지가 무엇인가?"

사람들은 대개 다음과 같이 P로 시작하는 단어들을 나열한다. 제품(products), 홍보(promotions), 정책(policies), 절차(processes), 가격 책정(pricing), 인재(people) 등. 하지만 다음과 같이 가장 중요하고 효과적인 대답을 하는 사람은 드물다.

"저요! 우리 조직을 개선시키기 위해 저를 변화시키겠습니다."

좀처럼 듣기 힘든 이 대답이 바로 성공의 열쇠이다. 리드하고 싶다면 성장할 필요가 있다. 조직을 개선시킬 유일한 길은 리더들을 성장시키고 개선시키는 것이다. 영향력을 행사하고 싶다면 당신 자신부터 변화하라.

조직에 가장 큰 해를 끼치는 리더들은 자신은 다 이루었다고 생각하는 사람이다. 일단 자신이 바라던 지위나 직함을 얻으면 그들은 성장을, 쇄신을, 개선을 멈춘다. 그리고 자신의 권리에 안주하고 모든 것을 막아 버린다.

당신의 목표를 키움으로써 리더십에서 이 기회를 최대한 활용하라. 그리고 계속 성장하기 위해 분투하라. 좋은 리더는 늘 배우는 사람이다. 효과적인 리더가 되려면 당신이 받은 리더십 지위는 성장으로의 초대일 뿐이라고 생각해야 한다. 만약 당신이 평생 학습자가 된다면, 시간이 흐를수록 영향력을 더욱더 증대시킬 수 있을 것이다. 그리고 크든 작든 당신의 리더십 잠재력을 최대한 활용할 것이다.

4. 잠재적 리더가 자신의 리더십을 형성하고 정의하도록 한다

리더십 지위를 가지도록 초대받은 사람들의 가장 큰 잠재적 장점은 그것이 그들에게 어떤 종류의 리더가 되고 싶어 하는지 결정할 기회를 준다는 점이다. 그들이 받은 지위는 정의될 수는 있으나, 그들이 어떤 리더인지는 쉽게 정의되지 않을 것이다.

당신이 처음으로 리더가 될 때, 당신의 리더십 페이지는 비어 있을 것이다. 당신은 자신이 원하는 어떤 방식으로든 그 페이지를 채워야 한다. 어떤 종류의 리더가 되고 싶은가? 자극이 와야만 반응하거나 태만하게 리더십 스타일을 개발해서는 안 된다. 이에 대해 정말 진지하게 생각해 보아야 한다. 전제 군주가 되고 싶은가, 팀을 만드는 사람이 되고 싶은가? 사람들 위에 군림하고 싶은가, 그들을 끌어올리고 싶은가? 명령하고 싶은가, 질문하고 싶은가? 당신은 자신이 원하는 리더십 스타일을 개발할 수 있다.

리더 투 리더(Leader to Leader) 연구소의 설립자이자 이사회 의장인 프랜시스 헤셀바인(Frances Hesselbein)은 이렇게 말했다.

"리더십은 당신이 무엇을 하는가보다 당신이 누구인가가 훨씬 더 중요하다. 만약 당신이 리더십을 자신의 개인적인 이익을 위한 요술 주머니나 카리스마를 뽐내는 것으로 여긴다면 사람들의 비웃음을 사게 될 것이다. 그러나 당신의 리더십이 내면의 기질과 성실한 열망으로부터 흘러나온다면 당신은 사람들에게 당신의 조직과 그 임무에 가담해 달라고 정당하게 요청할 수 있다."

특정 리더십 지위를 갖게 된다면 당신이 개발하고 싶은 리더십 스타일에 대해 생각해 볼 필요가 있다. (만약 당신이 숙달된 리더라면 당신은 물론 당신의 리드 방식을 재평가하고 변화시킬 수 있다. 그러나 당신은 직원들의 옛 경험에 반하여 일하거나 그들의 기대를 저버려야 할 것이다.) 당신이 앞으로 나아가면서 무엇을 고려해야 할까? 세 가지 사항을 소개하겠다.

첫째, 나는 누구인가?

좋은 리더십은 자신의 정체성을 아는 리더들과 더불어 시작한다. 마이크 에브라쇼프(Mike Abrashoff) 선장은 저서 《당신의 배(It's Your Ship)》에서 이렇게 거론했다.

힘든 경험을 통해 내가 배운 것이 있다면, 진정한 리더십이란 먼저 당신 자신을 이해하고 나서 그것을 활용하여 훌륭한 조직을 만들어야 한다는 것이다. 리더들은 자신의 조직 구성원들이 자유롭게 그들의 재능을 최대한 발휘하게 해야 한다. 그러나 사람들의 잠재력을 제한하는 대부분의 장애물은 리더가 만들어 내며, 리더 자신의 두려움, 이기적인 필요, 비생산적인 습관에 의해 생긴다. 리더들이 자신을 이해하기 위해 자신의 생각과 감정의 깊은 곳을 탐구할 때, 변화가 일어날 수 있다.[1]

둘째, 나의 가치관은 무엇인가?

마크 트웨인은 '정직의 가치'에 관한 강연회에서 이렇게 말했다.

"어렸을 적에 거리를 걷다가 수박을 가득 실은 수레를 우연히 발견했다. 수박을 좋아했던 나는 수레 쪽으로 몰래 기어가 수박 한 통을 훔쳤다. 그러고는 근처 골목으로 도망가 수박을 한 입 깨물었다. 그런데 그 순간, '이건 아닌데.'라는 생각이 들었다. 망설일 것도 없이 나는 수레로 되돌아가 수박을 제자리에 놓고, 잘 익은 놈을 다시 집어 들었다."

나는 엔론(Enron, 미 텍사스 휴스턴에 본사를 둔 에너지 회사-옮긴이)의 붕괴, 정치 지도자들의 실패와 같이 금융 업계에서 우리가 목격했던 모든 문제와 더불어 수레에 실린 수박을 이것저것 바꾸듯이 사람들이 그들의 가치를 다룰 때 일어날 수 있는 일을 우리가 알고 있다고 생각한다. 리더들이 강력한 핵심 가치를 가지고 있지 않거나 유지하지 못할 때 그들의 행위는 그들 자신보다 훨씬 더 많은 사람에게 영향을 끼친다.

당신의 가치관은 당신 리더십의 영혼이며, 그 가치관이 당신의 행동을 이끌게 된다. 리더로서 성장하고 성숙하기 전에 반드시 당신의 가치관을 분명하게 이해해야 하며 일관되게 가치관에 따라 사는 일에 온 힘을 다해야 한다. 그것이 당신의 행동을 형성하고 당신의 리드 방식에 영향을 줄 테니까.

나는 당신이 자신의 가치관을 심사숙고하면서 아래 세 가지 핵심 영역에 당신이 믿고 있는 바를 정착시키는 것이 좋다고 생각한다.

- 윤리 가치 : 바른 명분을 위해 바른 일을 하는 것이 무엇을 의미하는가?
- 관계 가치 : 어떻게 다른 사람들과 신뢰와 존경의 환경을 만들 것인가?
- 성공 가치 : 당신의 인생을 걸 만한 가치가 있는 목표는 무엇인가?

만약 당신이 이러한 질문에 대답하고 이 세 가지 영역에서 당신의 가치관대로 사는 데 헌신한다면, 팀원들은 당신에게 매료될 것이며, 당신의 리더십을 따르고 싶어 할 것이다.

얼마 전에 나는 이를 입증하는 아지론(Ajilon) 금융 여론 조사 기관의 조사를 접했다. 그들은 미국인 노동자들에게 리더의 가장 중요한 특징 한 가지를 선택하라고 요청하였다. 그런데 대부분의 응답자가 전문 지식, 능력, 심지어 공정성의 중요성에 대해 인정하지 않았다. 다음 표를 참고하기 바란다.

분명한 것은 리더들이 확고한 윤리 가치를 가지고 그에 따라 살아간다면 사람들이 그들의 지위만이 아니라 그들 자체를 존경하게 될 것이다. 미숙한 리더들은 자신의 지위를 이용하여 높은 성과를 강요하려고 한다. 성숙

아지론 금융 여론 조사 기관의 조사 결과[2]

순위	특징	퍼센트
1	본보기를 보이며 리드하기	26%
2	엄격한 윤리나 도덕	19%
3	사업 지식	17%
4	공정성	14%
5	전반적인 지성과 능력	13%
6	직원들의 인정	10%

한 리더들은 지속적인 높은 성과는 지위나 힘 혹은 규칙에 의해 얻어지는 것이 아니라는 것을 잘 알고 있다. 직원들로부터 높은 성과를 지속적으로 끌어내는 분위기는 실제적이고 진정한 가치관에 의해 조성된다.

셋째, 리더십 관행을 정착시키기 원하는가?

전 사우스웨스트 항공사의 회장이자 최고경영자인 허브 켈러허(Herb Kelleher)는 변호사로서 그의 경력을 시작했다. 초기에 그는 리더십에 관한 중요한 교훈을 배웠다. 그는 이렇게 말했다.

"리더십에 관한 최고의 교훈은 내가 법정 변호사였던 시절에 얻었다. 최고로부터 배우고 싶었던 나는 산 안토니오(San Antonio)의 사건 심리에서 가장 명성 있는 두 명의 소송 변호사를 만나러 갔다. 한 사람은 자리에 앉아 어떤 사안에도 반대하지 않았고, 증인에게 아주 친절했으며 배심원들과 친밀한 관계를 구축했다. 다른 한 사람은 매우 공격적이었으며 종종 소란을 일으켰다. 그런데 두 사람 모두 항상 승소하는 것 같았다. 이때 나는 한 가지

길만 있는 것이 아니라 여러 다른 길이 있다는 것을 알게 되었다. 리더십도 마찬가지이다. 성격이 다르고, 방법론이 다르고, 가치관이 다른 사람들이 성공하는 것은 한 가지 가치관이나 실무가 우수해서가 아니라 그들의 가치관이나 실무에 거짓이 없기 때문이다."

당신이 더 나은 리더가 되기를 원한다면 당신은 당신 자신을 알아야 하는 반면, 당신의 가치관을 규정하기만 해서는 안 된다. 자신이 가진 가치관대로 살아야 한다.

당신은 자신의 리더십을 규정하는 방식에 대해 생각하면서 어떤 종류의 습관과 방식을 꾸준히 실천할 것인지 고려해야 한다. 당신은 자신을 조직화하기 위해 무엇을 할 것인가? 일터에 가서 매일 무엇을 할 것인가? 궤도에서 벗어나지 않기 위해 어떤 영적인 훈련을 유지할 것인가? 사람들을 어떻게 대할 것인가? 당신의 근로 윤리는 무엇인가? 어떤 종류의 모범을 설정할 것인가?

무엇이든지 얻으려고 노력만 하면 손에 넣을 수 있다. 그것을 규정하는 것은 당신에게 달려 있다. 당신이 지금 당장 좋은 습관을 개발하기 시작한다면[3] 당신이 리더십 여정에 일찍 나설수록 획득할 잠재력은 더욱더 커질 것이다.

요점은 리더십으로의 초대는 바로 변화로의 초대라는 것이다. 좋은 리더십은 사람의 인생을 변화시킨다. 그 변화는 팀을 형성하고, 조직을 세우고, 지역 사회에 영향을 미치며 세상에 영향을 미칠 잠재력을 가진다. 그러나 지위는 출발점에 불과할 뿐이라는 사실을 잊어서는 안 된다.

지위 리더십의
부정적 측면

■■■ 지위 단계의 리더십에는 긍정적 측면뿐 아니라 부정적 측면도 있다. 당신은 단계를 올라가면서 긍정적 측면은 늘어나고 부정적 측면이 줄어든다는 것을 알게 될 것이다. 지위는 리더십의 가장 낮은 단계이기 때문에 여기에는 부정적 측면이 많다. 1단계의 주요한 부정적 측면으로는 다음의 여덟 가지가 있다.

1. 리더십 지위를 갖는다는 것은 종종 오해의 소지가 있다

리더십은 지위에 의해 가장 쉽게 정의될 수 있다. 일단 당신이 어떤 지위나 직함을 가지면 사람들은 그것을 가지고 당신을 식별하려고 한다. 그러나 지위나 직함은 오해의 소지가 매우 높다. 지위는 늘 그것이 성취하는 것보다 더 많은 것을 약속한다.

내가 처음으로 사역했던 교회에서 첫 번째 리더십 지위를 받았을 때 1단계에 관한 교훈을 배웠다. 나는 내가 목사라고 불리는 것이 내가 리더임을 뜻하는 것이라고 잘못 생각했고, 첫 번째 이사회에서 내가 크게 오해하고 있다는 것을 알게 되었다. 리더로서 공식적으로 회의를 시작한 지 얼마 지나지 않아 진짜 리더가 등장했다. 그의 이름은 클로드(Claude)였다. 그는 평생 그 교회가 위치해 있던 산골에서 살았고, 모든 사람이 그를 사랑했다. 그의 영향력은 확실했다. 이사회에 참석한 사람들은 그의 지시를 기대하였고 모든 문제에 관하여 그에게 질문을 했다. 내가 그곳을 당장 떠난다 해도 아무도 개의치 않을 것 같았다. 어쩌면 정말로 떠났다 해도 아무도 알지 못했을 것이다. 이때 나는 엄청난 충격을 받았다.

첫 회의뿐 아니라 다른 회의에서도 마찬가지였다. 모든 시선은 진짜 리더인 클로드에게 쏠렸다. 나는 직함을 가졌고, 소명이 있었고, 합당한 학위가 있었으며, 사무실과 월급, 지위와 관련된 모든 '요건'을 갖추었다. 하지만 어느 누구도 나를 따르지 않았다. 클로드는 내가 가진 것을 가지지 못했지만, 그럼에도 사람들은 그의 말 한마디 한마디에 귀를 기울였다.

나의 실수는 내가 지위 때문에 리더가 되었다고 생각하고, 지위를 리더가 되기 위한 기회라고 인식하지 못했다는 것이다. 나는 리더십이 나에게 주어졌지, 내가 획득한 것이 아니라는 것을 이해하지 못했다. 나는 다음 만화 속의 운전자와 너무나 흡사했다.[4] 그는 이렇게 말했다.

"이런다고 당신이 리더감이 되는 건 아니지요, 머레이."

당시 나는 리드하는 행위를 동사(내가 무슨 일을 하는가)가 아니라 명사(내가 누구인가)로 정의했다. 리더십은 행동이지 지위가 아니다. 내가 처음으로 사역을 맡은 교회에 도착했을 때, 클로드는 오랜 세월에 걸쳐 많은 긍정적인 행동을 통해 그의 리더십 영향력을 획득해 오고 있었다. 그로 인해 사람들은 그를 따랐다. 견실한 농부였던 클로드는 나중에 그 부분에 대해 나에게 이렇게 설명했다.

"존, 이름 앞뒤에 붙은 글자는 모두 돼지 꼬리에 불과해요."

나는 리더십을 행동으로 받아들이게 되었고, 그 개념을 국내외의 컨퍼런스와 세미나에서 많은 리더에게 열심히 가르쳤다. 나는 그것을 국제 비영리 리더십 조직인 이큅(EQUIP)을 통해 실행했다. 이 조직은 지금까지 160개국에서 500만 명 이상의 리더를 훈련시켰다. 이 조직의 트레이너들과 나는 개발 도상국에서 리더십의 개념을 지위가 아닌 행동으로 소개했다. 이 것은 우리의 첫 도전이었다.

개발 도상국의 리더는 대부분 '나는 도달했다.'라는 사고방식을 가지고 있다. 우리는 그들이 리더십의 특성들 중 가장 중요한 하나를 이해하기를 바란다. 그것은 바로 '리더는 항상 사람들을 어딘가로 데려간다.'라는 것이다. 리더는 절대 정적여서는 안 된다. 여행이 없으면 리더십도 없다.

2. 리드하기 위해 지위에 의존하는 리더들은 사람들을 낮게 평가한다

리더십을 위해 지위에 의존하는 사람들은 그들의 지위를 계속 유지하는데 아주 높은 가치를 둔다. 종종 그들이 하는 일보다 더 크게 생각하기도 한다. 그들에게 지위는 그들이 하는 일이나 팀원들의 가치를 높여 주는 일 혹은 조직에 대한 그들의 기여보다 더욱 중요하다. 이런 식의 태도는 사람들과의 관계 증진에 아무 도움이 되지 않는다. 사실, 지위형 리더들은 종종 팀원들을 성가신 존재로, 조직이라는 기계의 교환 가능한 톱니바퀴로, 심지어 다음 지위로 상승하는 데 방해가 되는 귀찮은 장애물로 간주한다. 결국 잠재적인 리더를 가진 부서나 팀 혹은 조직은 형편없이 사기가 떨어지게 된다.

지위형 리더들은 종종 그들 자신을 더 돋보이게 하기 위해 혹은 주변 사람들이 승진하여 그들에게 위협이 되는 것을 방지하기 위해 다른 사람들을 왜소하게 느끼도록 만든다. 그 방법은 다음과 같다.

그들을 진정으로 믿지 않음으로써.
사람들이 할 수 있다고 생각하지 않고 할 수 없다고 추정함으로써.
사람들이 할 것이라고 믿지 않고 하지 않을 것이라고 추정함으로써.
그들의 잠재력보다 그들의 문제를 더 쉽게 발견함으로써
그들을 자산이 아닌 부채로 간주함으로써.

다른 사람들에게 영향을 미치기 위해 자신의 직함이나 지위에 의존하는 리더들은 사람들과 잘 협력할 것처럼 보이지만 실제로는 그렇지 않다. 어떤 리더들은 심지어 사람들을 좋아하지도 않는다. 왜 그런 것일까? 이는 '닭이 먼저냐, 달걀이 먼저냐.'를 묻는 것과 같다. 그들이 사람들과 잘 협력하지 않기 때문에 결국 지위에 의존하는가? 혹은 그들이 지위에 의존하기 때문에 결코 사람들과 협력할 시간이나 노력을 기울이지 않는 것인가?

어느 쪽이 맞는지는 나도 모른다. 아마 이 두 가지 종류의 지위형 리더가 존재할 것이다. 그러나 내가 아는 것은 그들은 다른 사람들을 리드하는 데 있어서 인간적인 여러 가지 측면을 무시한다는 것이다. 그들은 모든 사람이 각자 자기만의 희망, 꿈, 욕구, 목표를 가지고 있다는 사실을 무시한다.

그들은 리더로서 모든 사람에게 도움이 되도록 조직 구성원들의 비전과 열망을 한데 모아야 한다는 것을 인식하지 못한다. 요컨대, 리더십은 사람들과 함께 일한다는 것임을 깨닫지 못하기 때문에 그들을 잘 리드하지 못한다.

3. 지위형 리더는 정치를 먹고산다

리더들이 남에 대한 영향력보다 지위를 높이 평가할 때, 조직 환경은 대개 정치적으로 변한다. 지위형 리더들은 기여보다 통제에 초점을 맞추고, 직함을 얻기 위해 일한다. 또한 가능한 한 많은 직원과 큰 예산을 얻기 위해 자신이 할 수 있는 최선의 노력을 하며, 조직의 임무를 위해서가 아니라 자신의 영역을 확장하고 방어하기 위해, 다른 사람들의 이익이 자신의 손실로 이어지는 것을 방지하기 위해 다른 사람들도 같은 일을 하도록 선동한다. 이는 속임수, 언동, 책략의 악순환을 유발할 뿐 아니라 부서 간의 대립과 갈등을 일으킨다.

나는 젊은 리더로서 앞서 기술했던 것처럼 아주 짧은 시간 동안 정치적인 환경에서 일했다. 그 시간은 마치 지뢰 매설 지역에서 일하는 것과 같았다. 상사와 약속을 정하거나 점심 식사를 누구와 함께할지 선택하는 데에도 구두 규칙과 숨겨진 규약이 많았다. 사람들에게 말할 때에도 적합한 직함을 사용하는 것을 중시하였다. 각자의 배경에 따라 받는 대우도 달랐다.

더 이상 말할 필요도 없이 나는 그 환경 속에서 잘 해내지 못했다. 나는 즉각 나의 리더십 기술을 개발하기에 더 나은 곳을 찾아 떠났다. 그곳에서 벗어났을 때 얼마나 행복했는지 모른다. 아마 그들도 마찬가지였을 것이다.

나는 고도의 정치적인 조직이 효율적으로 운영되고 사기가 높은 경우를 본 적이 없다. 정부 기관을 보라. 그리고 그곳에서 일하는 리더와 직원들을 생각해 보라. 대부분의 사람은 분명히 개선의 여지가 있으므로 지위형 리더십에서 떠나는 것이 조직에 큰 도움이 될 것이다.

4. 지위형 리더들은 책임보다 권한을 우위에 둔다

내가 변함없이 좋아하는 TV 캐릭터 중에 하나는 〈앤디 그리피스 쇼(The Andy Griffith Show)〉에서 작은 마을 메이베리의 보안관 대리인 바니(Barney)이다. 바니 역을 맡은 돈 노츠(Don Knotts)는 보안관 앤디 테일러(Andy Taylor) 역을 맡은 앤디 그리피스(Andy Griffith)와 더불어 미국에서 가장 성공적인 TV 시리즈를 선보였다.

바니 파이프는 전형적인 지위형 리더이다. 중요한 사람으로 보이고 싶고 권위를 가지려는 그의 욕망은 우스꽝스러운 이야기를 많이 만들어 냈다. 총알 하나와 배지로 무장한 그는 기회가 올 때마다 사람들에게 자기가 보안관임을 알리려고 했다. 바니는 자기가 법 집행 관한을 가졌으며 그 사실을 사람들이 알아주기를 바랐다. 하지만 불행하게도 아무도 그를 진지하게 대하지 않았다. 결과는 익살스러운 무질서였고, 그가 가는 곳마다 그런 무질서가 따라다녔다.

그에 반해, 엉뚱한 조수에게 조용히 영향력을 행사하는 데 대부분의 시간을 소비하는 듯한 보안관 앤디는 진정한 권위와 힘을 가졌다. 그러나 그는 좀처럼 지위를 이용해서 일을 해결하려고 하지 않았고, 총도 들고 다니지 않았다. 모든 사람이 그가 진정한 리더이고, 모든 상황을 처리할 수 있다는 것을 알았다. 앤디는 존경이나 자신의 지위에 따른 권리를 바라지 않고 그가 봉사하는 사람들에 대한 자기 책임감에 초점을 맞추었다.

시인인 T. S. 엘리엇(T.S.Eliot)은 이렇게 주장했다.

"이 세상에서 일어나는 해악 가운데 절반은 중요한 사람으로 보이고 싶어 하는 사람들로 인해 일어난다. 해를 입힐 생각은 없었다 할지라도 그들은 끊임없이 자화자찬을 늘어놓는다."

지위형 리더들이 바로 그런 사람들이다. 그들은 스스로를 중요한 사람으로 보이게 하기 위해 일을 한다.

자신의 권한에 의존하는 지위형 리더들은 불가피하게 권리 의식을 개발한다. 그들은 자기 사람들을 섬길 방법을 찾는 것이 아니라 사람들이 자기를 섬겨 주기를 기대한다. 그들은 직무 개발보다 직무서를 더 중요하게 생각하고, 팀워크보다 영역 확보에 가치를 둔다. 결과적으로 그들은 자기에게 이익이 되는 규칙과 규정을 강조하고, 관계를 무시한다. 이는 팀워크를 증진시키거나 긍정적인 작업 환경을 만드는 일과는 무관하다.

당신이 리더로서 무언가를 할 권한을 가졌다고 해서 그것이 꼭 바른 일을 의미하는 것은 아니다. 당신이 권한에서 책임으로 초점을 변환한다는 것은 종종 리더가 성숙했다는 징후이다. 리더십 초년병 시절에 많은 사람이 자신이 가졌던 권위와 그 권위로 할 수 있는 일로 신이 났었다. 지나치게 들뜨지만 않는다면 그 힘은 활기를 불어넣을 수 있다. 바로 그런 이유로 에

이브러햄 링컨(Abraham Lincoln) 대통령은 이렇게 말했다.

"거의 모든 사람이 역경에 맞설 수 있지만, 당신이 만약 어떤 사람의 성품을 시험해 보고자 한다면 그에게 권력을 주어라."

리더로서 우리 개개인은 우리의 권한에 의존하지 말고 성장하여 리더십 역할을 맡을 수 있도록 노력해야 한다. 그렇게 해서 우리가 성숙할 수 있다면 우리는 권위 그 자체를 즐기는 것에서 다른 사람을 섬기기 위해 권위를 사용하는 것으로 초점을 바꿀 수 있다.

5. 지위형 리더는 외롭다

리더십은 외로울 필요가 없다. 사람들이 외롭게 만들 뿐이다. 지위형 리더들은 리더십의 기능과 목적을 이해하지 못하면 외로워질 수 있다. 좋은 리더가 된다는 것은 절대적인 지도자가 되려고 애쓰거나 다른 사람들 위에 (분리되어) 군림하는 것을 의미하지 않는다. 좋은 리더십이란 사람들 옆에서 걸으면서 그들이 당신과 함께 비탈을 올라갈 수 있도록 도와주는 것이다. 만약 당신 혼자만 정상에 있다면 외로워질 수 있지만 다른 사람들과 함께라면 외로울 일이 없다.

절대적인 지도자 스타일의 리더들은 불안감과 위협을 쉽게 느껴 부정적인 작업 환경을 만든다. 그들은 잠재력을 가진 사람들을 볼 때마다 정상에 오른 자신의 자리가 위협받을 수도 있다는 생각에 상당히 두려워한다. 그 결과, 그들은 자기 지위를 보호하고자 재능을 가진 사람들을 비열하게 해치고, 자신을 모든 사람의 위에 그리고 앞에 세운다. 이런 상황이 발생하면 보통 어떤 결과를 맞게 될까?

공격을 당하고 깎아내림을 당한다고 느끼는 사람들은 결국 그 조직을 떠나 다른 언덕을 찾는다. 그래서 그 조직에는 보통 사람 혹은 이렇다 할 동기가 없는 사람들만 남는다. 이렇게 되면 지위형 리더만 홀로 정상에 서는 '우리 대 그들'이라는 대립 문화가 형성된다. 리더십은 외로울 필요가 없다. 외롭다고 느끼는 사람들은 스스로 그런 상황을 자초한 것이다.

6. 지위 리더십에 머무는 리더들은 낙인이 찍히고 궁지에 몰린다

경력 초기에 사람들을 리드하면서 나는 귀한 교훈을 배웠다. 나는 늘 새로운 성공적인 리더들을 세우려고 노력했고, 종종 그들이 안정된 리더가 되도록 돕기 위해 그들에게 내가 줄 수 있는 모든 것을 주었다. 리더십 지위, 나의 시간, 나의 영향력, 모범 보이기, 여러 가지 자원, 리더십의 기회들……. 그리고 나는 다음과 같은 것을 발견했다. 내가 훌륭한 잠재적인 리더에게 많은 것을 주지 못해도 그들은 여전히 성공하며 좋은 리더가 된다. 이와 반대로, 내가 평범한 리더에게 내가 가진 모든 것을 주어도 그들은 여전히 성공하지 못하며 스스로도 좋은 리더로 서지 못한다. 지위는 리더를 만들지 않는다. 리더가 지위를 만들 뿐.

오랫동안 다른 사람들을 리드하기 위해 자신의 지위를 사용하고서도 진정한 영향력을 개발하지 못하면 그들은 지위 중심의 리더로 낙인찍히게 되고, 자신의 조직 내에서 더 이상 상승할 기회를 얻기가 힘들다. 그들은 옆으로 이동할 뿐 좀처럼 위로 상승하지 못한다.

당신이 지금까지 지위형 리더였다면 당신은 변할 수 있으며, 이 책이 당신을 도울 것이다. 그러나 당신이 당신의 지위에 더 오래 의존하면 할수록 당신의 리더십 스타일에 대한 다른 사람들의 인식을 바꾸기가 더 어렵다는 사실을 인정해야 한다. 당신은 심지어 다른 사람들에 대한 영향력 개발 과정을 다시 시작하기 위해 지위를 바꿔야 할 필요도 있다.

7. 지위형 리더는 이직률이 높다

사람들이 리더십을 위해 지위에 의존할 경우, 대부분 높은 이직률로 이어진다. 나의 저서인 《황금 리더십》에 '사람들은 회사가 아니라 사람을 떠난다'라는 제목의 장이 있다. 이 장에서 나는 사람들이 때로 그들이 특정 회사의 일원이 되고 싶어서 어떤 직업을 갖지만 그들이 그만둘 때는 대개 특정 사람에게서 떠나고 싶기 때문이라는 것을 설명했다.

훌륭한 리더들은 그들이 변변치 않은 리더들을 따를 수밖에 없을 때 조직을 떠나고, 좋은 직원들은 작업 환경이 변변치 않을 때 조직을 떠난다. 직장을 그만둔 사람과 면담해 보면 그들은 대부분 일을 떠난 것이 아니라, 함께 일해야만 하는 사람들을 떠난 것이다.[5]

모든 회사에는 전직하는 사람들이 있다. 전직은 불가피하다. 모든 리더가 반드시 물어보아야 할 질문은 "누가 떠나는가?"이다. 10명 중에 8~10명이 떠나는가? 아니면 1~3명이 떠나는가? 만약 떠나는 사람이 8명이고 들어오는 사람이 3명이라면 문제가 있는 것이다. 1단계 리더십을 가진 조직은 최고의 사람들을 잃고 보통이나 보통 이하의 사람들을 얻는 경향이 있다. 조직에 1단계 리더가 많을수록 실력 있는 사람이 더 많이 나가고, 실력 없는 사람이 더 많이 들어온다.

1년 전쯤에 내 친구 린다 새서(Linda Sasser)가 나에게 메모를 보냈다. 메모에는 더 높은 단계의 직원들이 지위형 리더를 위해 일하게 되었을 때 일어났던 일에 대한 내용이 적혀 있었다. 린다의 말에 의하면 이런 사람들은 종종 길 잃은 리더가 된다. 린다의 이야기를 들어보자.

> 1단계 리더 또한 3단계 직원을 두는 것을 어렵게 느끼는 것 같다. 훌륭한 중간 단계 리더들은 무능한 리더들을 불편하게 만든다. 그래서 직원들이 열등한 1단계 리더를 떠나는 한편, 1단계 리더들이 3단계 직원들을 떠나게 하는 것도 사실이다. 이러한 일을 직접 목격하는 것은 나를 매료시키면서도 슬프게 했다.
> 그러면 나는 왜 그들을 길 잃은 리더라고 부르는가? 그들은 재능 때문에 리드하도록 부름을 받은 훌륭한 유망주인데도 1단계 상사에 의해 억압받거나 쫓겨나 실업자가 되어 방황한다.

이 얼마나 시간과 재능의 낭비란 말인가. 생산적인 직원이나 잠재적인 리더가 지위형 리더에 의해 쫓겨날 때마다 조직은 어려움을 겪는다. 한 조직은 그 조직의 리더보다 높은 단계에서 작동하지 않는다는 것이 사실이다. 정말 그렇다. 1단계 리더가 운영하는 조직은 결국 1단계 조직이다. 만약 리더가 4단계에 있다면 그 조직은 결코 5단계에 이르지 못한다. 그 리더가 5단계로 성장하지 않는 한.

8. 지위형 리더들은 사람들로부터 최고가 아닌 최소의 지원을 받는다

사람들로부터 최소한의 것을 지원받으면서 그 기능은 최고인 그런 조직을 본 적이 있는가? 스포츠 팀 멤버들부터 최소한의 것을 받으면서 대회 우승을 이끌어 낸 코치를 본 적이 있는가? 학생들로부터 최소한의 것을 받으면서 동료들 사이에서 우수한 교사를 본 적이 있는가? 국민들로부터 최소한의 것을 받으면서 세계적으로 존경을 받는 나라를 본 적이 있는가? 서로 최소한의 것을 주고받으면서 오랫동안 관계를 유지하는 부부를 본 적이 있는가? 결코 본 적이 없을 것이다. 왜냐하면 최소한의 것을 주는 사람들로 인해 성공하는 것은 불가능하기 때문이다.

지위와 직함에 의존하는 사람들은 리더들 가운데서도 가장 열등하다. 그들은 최소한의 것을 준다. 그들은 자신의 지위가 리더십에 있어서 그들을 위해 어려운 일을 대신해 주기를 기대한다. 결과적으로, 그들의 사람들 또한 자신의 최소한의 것을 준다. 지위형 리더를 위해 일하는 사람들 중 일부는 강하고, 야심차고, 혁신적이고, 적극적인 자세로 시작하지만 오래 지속하지 못한다. 전형적으로 그들은 다음 세 가지 타입의 사람들 중에 속한다.

첫째, 시계만 쳐다보는 사람

1단계 리더십 환경에서 잘 지내는 직원들은 시계를 사랑하며 늘 건물 어디에서나 시계가 눈에 띄기를 바란다. 직장에서의 모든 시간은 시계로 측정되기 때문이다. 오전에 시간을 볼 때마다 그들은 출근한 지 얼마나 지났는가의 관점에서 생각한다.

"출근한 지 이제 두 시간 지났군."

그리고 점심 식사를 한 후에는 이제 얼마나 많은 시간이 남았는가의 관점에서 생각한다.

"이제 세 시간만 지나면 집에 가겠군."

시간은 그들로 하여금 하루 중 더 중요한 시간을 의식하게 만들어 준다. 바로 휴식 시간과 점심 시간이다. 1단계 리더십 환경에서 직원들은 오후 휴식 시간 이후에 갑자기 사기가 치솟기 시작하는데, 그것은 그날의 하이라이트인 퇴근 시간을 향하여 카운트다운이 시작되기 때문이다. 5시 30분쯤이 되면 현장의 에너지가 크게 증가하기 시작한다. 사람들은 물건을 정리하면서 사무실 여기저기를 돌아다닌다. 6시 정각 퇴근 시간에 방해가 되는 것이 없도록 책상을 깨끗하게 치우는 것이다.

그들은 5시 45분 정도면 사무실 내를 걸어 다니며 동료 직원들에게 인사를 한다. 인사를 하지 않고 문 밖으로 쏜살같이 나감으로써 무례하게 보이고 싶지 않은 것이다. 또한 5시 50분이면 그날 얼마나 많은 시간을 화장실에서 보냈든 관계없이, 마지막으로 화장실에 간다. 회사에서 하면 될 것을 자신의 집 욕실에서 귀한 개인의 시간을 낭비하고 싶지 않기 때문이다. 5시 55분에는 더욱 빨리 나가기 위해 작업화를 벗어던지고 출근할 때 신었던 신발로 바꿔 신는다. 그리고 5시 58분에 출발 지점에 서서 시계가 울리기를 기다린다.

6시가 되면 모두 퇴근한다. 그들은 완벽한 타이밍에 순서대로 출구를 통과한다. 6시 2분이 되면 주차장에는 한 대의 자동차도 남아 있지 않다. 빨리 빠져나가기 위해 그날 아침에 각자 조심스럽게 후진 주차를 해 놓았기 때문이다.

내가 조금 과장한 면도 있을 것이다. 그러나 이러한 묘사는 사실과 크게 다르지 않다. 시계만 쳐다보는 사람들은 집에 갈 때까지 시간이 얼마나 남았는지 늘 알고 있으며, 퇴근 시간이 지나면 1분도 더 일하려고 하지 않는다. 그러니 생각해 보라. 당신과 함께 일하는 사람들이 당신과 함께 일하는 것을 그만두려 할 때 조금도 기다리려고 하지 않는다면 무슨 일이 제대로 되겠는가.

둘째. 눈가림만 하는 직원

1단계 리더들은 권한에 의존하고 자신의 리더십 지위를 지렛대로 사용한다. 이에 따라 그들을 위해 일하는 사람들도 종종 직원으로서의 권한에 의존하고 자신의 직무 기술서의 한계를 지렛대 삼아 자신에게 요구되는 일만 한다. 그들이 그런 식으로 종종 그리고 충분히 오래 행동하면, 그들은 눈가림만 하는 직원이 될 수 있다. 그들은 정말 눈가림만 한다. 대충 일하고, 월급을 받고, 일자리를 지킨다. 그들에게 있어서 큰 물음은 "가치 있는 직원이 되기 위해 나는 무엇을 해야 하나?"가 아니다. 대신에 이렇게 묻는다.

"직원이 되기 위해 나는 얼마나 많은 일을 해야만 하는가?"

그들은 이렇게 묻지 않는다.

"어떻게 내가 발전하고 상승할 것인가?"

그냥 이렇게 묻는다.

"어떻게 하면 해고를 면할까?"

사람들이 의무적으로 리더를 따를 때, 그들은 해야 하는 일만 할 것이다. 사람들은 자신이 좋아하지 않는 리더들에게 자기의 최고를 주지 않는다. 그들은 헌신이 아니라 마지못해 순종한다. 그들은 손을 내어 줄지 모르나 머리나 가슴은 결코 내어 주지 않는다. 그들은 랜디 글래스버겐(Randy

Glasbergen)⁶의 만화에 나오는 캐릭터와 같다.

눈가림만 하는 사람들은 보여 주느라 애를 먹는다. 그들이 보여 주는 유일한 헌신은 어떤 이유에서든 허용된 휴가를 최대한 사용하는 것이다. 어떤 사람은 일을 없애는 창의적인 방법을 찾는 데 정신적인 에너지를 많이 쓴다. 그들이 그 헌신을 긍정적인 데에 쓰면 좋으련만.

"나는 늘 내 일에 110%를 쏟아붓지. 월요일에 40%, 화요일에 30%, 수요일에 20%, 목요일에 15% 그리고 금요일에 5%."

셋째, 정신이 딴 데 있는 사람

1단계 환경에서는 항상 몸은 함께하지만 정신은 딴 데 있는 사람이 많다. 마음은 콩밭에 가 있으면서 월급만 챙기러 회사에 나온 것뿐이다. 이러한 태도는 전염성이 있어 조직에 많은 해를 입힌다. 정신은 딴 데 가 있으면서 그 결과를 받아들이지 않는 사람이 있는 반면, 결과를 따르는 사람들도 있다. 마음이 떠난 것과 어영부영하는 태도는 전염성이 있다.

정말 아무 생각도 없는 사람이 의외로 많다. 여론 조사 기관인 갤럽(Gallup)에서는 수년에 걸친 조사 끝에 최근 미국에서 이런 부류에 속한 사람들이 15~20%나 된다는 것을 알아냈다. 2006년에 갤럽은 《갤럽 매니지먼트 저널(Gallup Management journal)》에 실은 연구 조사를 통해 2006년 2/4분기 통계를 보여 주었다.

통계에 따르면 미국에서 18세 이상 근로자들 가운데 15%(약 2,060만 명)가 자신의 일에 완전히 마음이 떠 있는 것으로 나타났다. 갤럽은 이로 인해 고용주들이 3,280억 달러의 손해를 입은 것으로 추정했다.⁷ 그리고 보다

최근에 실시한 갤럽 조사는 독일 근로자의 절반 이상이 자신의 일에 마음이 떠 있다고 발표했다.[8]

전 제너럴 푸드(General Food) 회장인 클래런스 프랜시스(Clarence Francis)는 이런 말을 했다.

"당신은 어떤 사람의 시간을 살 수 있다. 특정 장소에서는 상대의 신체에 관한 부분도 살 수 있다. 심지어 시간당 정확히 계산하여 숙련된 노동력도 살 수 있다. 그러나 열정은 살 수 없다. 충성심도 살 수 없다. 당신은 마음과 정신, 영혼의 헌신은 살 수 없다. 당신은 이런 것들을 얻어야만 한다."

1단계의 지위에 의존하는 사람들은 자기 사람들로부터 '눈가림' 이상의 것을 잘 얻지 못한다. 목표한 바를 성취하려면 그 이상이 필요하므로 이는 그들이 큰 성공을 이루지 못함을 의미한다. 성공은 대다수의 사람이 기꺼이 헌신할 것을 요구하는데, 그럴 만한 사람은 많지 않다. 종종 변화를 가능케 하는 것은 훌륭한 리더십이다. 이것은 1단계에서는 찾아볼 수 없다.

사람들이 자신의 팀이나 부서, 조직을 위해 조금밖에 헌신하지 않을 때 결과는 잘해야 보통이다. 그리고 사기는 바닥에 떨어진다. 전 슈퍼볼 우승 코치 딕 버메일(Dick Vermeil)은 이렇게 말했다.

"당신이 정력을 적게 쏟으면, 져도 상처받을 게 별로 없고, 이겨도 그리 신나지 않다."

이것은 1단계 리더십 환경에 대한 딱 맞는 표현이다.

1단계 리더십의 최대 약점은 그것이 창의적이지도, 혁신적이지도 않다는 것이다. 그것은 그저 대충하는 리더십이다. 만약 리더가 1단계의 불리한 면에 너무 오래 붙들려 있으면 그는 조직에서 쫓겨나게 될지도 모른다. 1단계에서 실패한 리더는 늘 이사만 다녀야 할 것이다. 그는 조직 밖으로 나가서 새로운 직장을 찾아야 한다.

1단계
최선의 행동

■■■ 당신이 1단계에서 리드해 왔고 문제 해결을 위해 지위나 직함에 의존해 왔다면, 1단계에 영원히 머물 운명일까? 절대 그렇지 않다. 어떤 리더든지 1단계에서 리드하는 방식을 기꺼이 바꾸고자 한다면 그들은 다르게 리드하는 법을 배울 수 있고, 리더십 단계들을 오를 수 있다. 지위형에서 관계형 리더십으로 이동하는 동안 어떻게 자신의 리더십 지위를 최대한 활용할 것인가? 다음 세 가지 사항을 실천해 보라.

1. 지위를 내세워 사람들을 밀어붙이지 말라

지위 리더십을 가졌다고 해서 문제될 것은 아무것도 없다. 지위 리더십은 리더십의 출발점이기 때문이다. 그러나 지위형 사고방식을 가졌다면 여러 가지로 문제가 된다. 1단계에서 효과적인 리더가 되려면 결코 지위를 내세워 사람들을 밀어붙여서는 안 된다.

최고의 리더들은 문제 해결을 위해 자신의 지위를 조금도 이용하지 않는다. 그들은 다른 기술을 사용한다. 린다 새서는 새로운 리더들이 이 교훈을 배울 수 있도록 돕기 위해 때로 잠재적인 리더들에게 리더십 지위를 받기 전에 리드하기를 시작하라고 요청한다. 바로 그런 식으로 그녀는 그들이 어떻게 대응하며 리더십 단계들을 올라가기 위해 준비하는지 볼 수 있다. 린다는 그것에 대해 다음과 같이 설명했다.

리드할 준비가 되었다고 생각되는 사람이 있을 때, 나는 그들에게 희생과 용기, 겸손이 따르는 도전을 부여한다. 어떤 직함을 주기 전에 그 사람에게 리더가 된다는 것이 어떤 것인지 분명히 경험하게 할 필요가 있기 때문이다. 리더가 되는 것은 그들이 결정해야 할 몫이지만 나는 그들이 리더가 된다는 것이 겉보기처럼 늘 멋진 것만은 아니라는 것을 알았으면 좋겠다. 그래서 나는 그들에게 직함 없이 책임만 주고, 다른 사람들에게 그가 그들을 이끌게 될 리더라고 말하지 않는다. 새로운 리더는 직함이나 지위에 따르는 권위 없이도 그의 팀원들의 성과를 개선할 방법을 알아내야 한다. 처음에는 매우 힘들 것이다. 그들은 종종 좌절하여 나를 찾아와 이렇게 묻는다.

"그들이 나를 따르려고 하지 않을 때, 내가 그들에게 무엇을 하라고 해야 합니까?"

이때가 가르치기에 더할 나위 없이 좋은 순간이다. 나는 그들의 접근 방법에 대해 이렇게 물어볼 수 있다.

"당신은 왜 그들에게 무엇을 하라고 하는가? 리더란 행동에 영향을 미치는 방법을 찾는 자이다. 그들에게 당신이 어떻게 그들을 도울 수 있을지 물어보았는가? 그들이 자신의 지위에서 맞닥뜨리는 어려움에 대해 그들에게 물어보라. 아마 당신이 한 팀으로서 함께 일할 수 있고 서로에게 더 효과적으로 일할 수 있는 길이 있을 것이다. 그 사람과 관계를 형성하고 그들에게 관심을 보여 주어라."

시간이 흐르면서 이러한 과정이 일어나는 것을 보면 매우 즐겁다. 놀라운 것은 내가 이 새로운 리더들에게 그들의 직함을 부여한 후에 일어난다. 그들이 이끄는 팀원들은 대개 그 사람이 리더십 지위를 받을 때 신이 난다. 그리고 그들의 흥분하는 태도가 부서 전체에서 느껴진다. 이 모든 일은 새로운 리더가 리더십이란 직함이나 지위를 가지는 것과 관련이 없음을 배우기 시작하기 때문에 일어난다. 그것은 영향력에 관한 것이며, 당신이 다른 사람들에게 영향을 미칠 수 있다는 사실에 관한 것이다.

늘 효과를 거두는 것도 아니면서 자신의 지위를 믿고 사람들을 밀어붙이게 되기 쉽다. 전 매사추세츠의 주지사인 크리스천 허터(Christian Herter)는 두 번째 주지사 선거 운동을 하면서 그것을 어렵게 깨우쳤다. 어느 날, 점심 식사를 할 시간도 없이 오전 내내 선거 운동을 하느라 정신없이 바빴던 허터는 교회 바비큐장에 도착했다. 배가 너무 고팠던 그는 배식 줄을 따라 움직이면서 닭고기를 배식하는 여성 봉사자에게 접시를 내밀었다. 여성 봉사자는 그의 접시에 치킨 한 조각을 놓아 주고 다음 사람에게 돌아섰다.

허터는 이렇게 말했다.

"저기요. 치킨을 한 조각만 더 주시겠어요?"

이에 여성 봉사자는 이렇게 말했다.

"죄송합니다만, 한 사람당 치킨 한 조각밖에 줄 수 없어요."

"제가 배가 너무 많이 고파서요."

"죄송하지만 한 조각 이상은 안 됩니다."

허터는 매우 점잖은 사람이었지만 너무 배가 고픈지라 자신의 영향력을 행사하려고 했다. 그래서 이렇게 외쳤다.

"이봐요, 내가 누군지 알아요? 내가 이곳의 주지사란 말이오."

그러자 여성 봉사자는 이렇게 말했다.

"당신은 내가 누군지 알아요? 나는 닭고기 배식을 담당한 여자예요. 어서 가세요, 신사분!"

상대가 나에게 군림하려고 하거나 지위를 내세워 남에게 명령을 내리는 것을 좋아할 사람은 아무도 없다. 대부분의 사람은 지위형 리더십에 아주 하찮은 반응을 보인다. 당신이 리더십에 대해 지위형 접근 방식을 가지고 있는지 어떻게 아는가? 지위형 사고방식을 대표하는 다음의 개념을 검토해 보라.

- 상하 관계 : "나는 당신의 상관이오."
- 분리 : "사람들이 내게 허물없이 대하게 해서는 안 돼."

- 이미지 : "뭐든 다 할 수 있는 척하자."
- 힘 : "결코 초조해하는 모습을 보이지 말아야지."
- 이기심 : "당신은 나를 돕기 위해 여기에 있는 거요."
- 영향력 : "내가 당신의 장래를 결정짓는 거요."
- 위협 : "이것 좀 해결하시오. 그렇지 않으면!"
- 규칙 : "매뉴얼에는 이렇게 되어 있소."

이와 대조적으로 더 높은 단계의 리더들은 다르게 생각한다. 다음 글은 2단계 리더들이 어떻게 생각하는지를 보여 준다.

- 나란히 : "함께 일합시다."
- 개시 : "내가 당신과 함께 가지요."
- 포섭 : "어떻게 생각해요?"
- 협력 : "함께하면 우리가 이길 수 있어요."
- 섬김의 정신 : "내가 당신을 도와주겠소."
- 개발 : "나는 당신의 가치를 올려 주고 싶어요."
- 격려 : "당신은 이것을 할 수 있으리라 믿어요."
- 혁신 : "새로운 관점에서 생각합시다."

2단계는 문제 해결을 위해 사람들의 힘이 아닌 기술에 의존한다. 또한 사람들을 이끌 때 그저 부하가 아니라 사람으로 대우한다. 휘슬러(Whistler)의 법칙은 이렇다.

당신은 누가 옳은지는 알 수 없지만, 누가 책임자인지는 늘 알고 있다.

내 생각에 휘슬러는 분명히 1단계 리더에 대해 좀 알고 있었을 것이다. 사실 당신이 리더라고 사람들에게 스스로 말해야 한다면 당신은 리더가 아니다. 만약 당신이 사람들을 움직이기 위해 계속 당신의 지위에 의존한다면, 당신은 결코 그들에 대한 영향력을 개발하지 못할 것이며, 당신의 성공은 늘 제한적인 것이 될 것이다. 더 나은 리더가 되고 싶다면 통제를 그만두고 협력 관계를 조성하라. 훌륭한 리더들은 사람들에게 이래라 저래라 명령하지 않고 그들을 격려한다. 리더십이란 거의가 격려이기 때문에 이것이 바로 사람을 지향하는 리더가 되는 비결이다.

2. 권리를 감동으로 바꾸어라

이탈리아의 정치 철학자인 니콜로 마키아벨리(Niccolò Machiavelli)는 이렇게 말했다.

"직함이 인간을 명예롭게 만드는 것이 아니라 인간이 직함을 명예롭게 만든다."

그는 리더십의 본성과 직함의 약점을 이해했다. 당신이 1단계에서 당신의 지위를 최대한 이용하고 무엇이든 당신이 가진 직함을 명예롭게 만들고 싶다면, 다른 사람들을 리드하기 위해 그것들에 의존하지 말라. 당신의 권리를 행사하지 말라. 당신의 특권을 독점하려고 하지 말라. 그리고 당신이 현재 지위를 차지할 자격이 있다고 생각하지 말라. 리더십은 권리가 아니다. 리더십은 명예로운 것이다. 리더십이란 지속적으로 획득해 가야 하는 것이다. 당신이 권리 의식을 조금이라도 가지고 있다면, 그것이 오히려 당신에게 불리하게 작용할 것이다.

2008년 대통령 후보 예비 경선을 지켜보았다면, 권리 의식이 어떻게 리더십에 영향을 미치는지에 대한 두 가지 인상적인 예를 발견했을 것이다. 공화당의 루디 줄리아니(Rudy Giuliani)는 여론 조사에서 초기 우승 후보였고, 많은 사람이 그가 공화당 대선 후보 지명을 받을 것이라고 생각했다. 줄리아니도 분명 유사한 추정을 했을 것이다. 그는 공화당 후보 예비 경선이 시작되자 상위 후보자군에 들지 않기로 결정하는 대신 플로리다 예비 경선 때까지 기다렸다. 플로리다 주는 대의원 수가 많기 때문에 줄리아니는 자신이 손쉽게 이기고 나서, 그 여세를 몰아 그대로 밀어붙이면 대통령 후보 지명을 받을 수 있을 것이라고 생각했다.

결과는 어떻게 되었을까? 정치 전문가들이 대선 후보 지명 가능성을 낮게 점쳤던 존 매케인(John McCain)이 처음부터 열심히 뛰어 거듭 승리를 쟁취하면서 판도가 달라지기 시작했다. 막상 플로리다 예비 경선일이 닥치자 대의는 루디 줄리아니를 떠나 존 매케인 쪽으로 기울었다. 줄리아니는 어쩌면 그의 권리 의식 때문에 대선 후보 자리를 놓쳤는지도 모른다.

민주당의 힐러리 클린턴(Hillary Clinton)은 여론 조사에서 초기 우승 후보였고, 많은 사람은 그녀가 민주당 대선 후보로 지명받을 것이라고 생각했다. 줄리아니와 달리 힐러리는 처음부터 열심히 뛰었다. 그러나 힐러리는 자신이 슈퍼 화요일(미국의 대통령 선거에서 가장 큰 규모의 예비 선거가 한꺼번에 열리는 날을 말함-옮긴이)에 후보 지명을 확보할 것으로 추정하고 그날 이후의 전략을 짜지 않아 후보 지명을 받지 못했다. 한편, 버락 오바마

(Barack Obama)는 전략적인 선거 운동을 벌여 큰 힘을 확보함으로써 후보 지명을 받았다.

훌륭한 리더들은 그 무엇도 당연한 것으로 여기지 않는다. 그들은 계속 일하고 계속 리드한다. 그들은 리더십이란 계속해서 획득하며 세워 나가야 하는 것으로 이해한다. 또한 훌륭한 리더들은 사람들과 조직이 비전을 향해 계속해서 전진하게 하려고 애쓴다. 그들의 정의에 따르면, 조직은 때로 임명된 사람으로 채워질 수 있지만 팀은 오직 훌륭한 리더십에 의해서만 세워질 수 있다.

당신이 1단계 지위에 임명되었을 수도 있지만, 지위를 넘어 당신 자신과 다른 사람들을 리드해야만 한다. 또한 앞으로의 목표에 도달하기 위해서 현재를 기꺼이 포기할 줄 알아야 한다. 변화에 대한 비전을 가지고 직무 기술서와 사소한 규칙의 한계를 넘어 당신과 당신의 사람들을 향상시켜라. 그리고 당신이 리드하는 사람들의 삶에 변화를 유발하기 위해 당신의 책임에 집중하라. 지위나 직함을 받았다고 해서 목적지에 도달한 것이 아니다. 이제 다른 사람들과 함께 움직일 때이다.

3. 지위를 버리고 당신의 사람들에게로 가라

지위에 의존하는 사람들은 종종 사람들이 자기가 필요로 하고 원하는 것을 얻기 위해 자기들에게 오는 것이 그들의 책임이라고 잘못 생각한다. 훌륭한 리더들은 자기 사람들에게로 가는 것이 자신의 책임이라고 이해한다. 리더는 먼저 움직이는 사람이다.

그리스 철학자 소크라테스(Socrates)는 이렇게 말했다.

"세계를 움직이려면 먼저 자신을 움직여라."

당신이 당신의 리더십 2단계로 올라가고 싶다면, 당신의 영역에서 빠져나올 필요가 있다. 절대 지도자가 되는 것을 그만두고 높은 곳에서 내려와 당신의 사람들을 찾아라. 당신은 자신이 하는 일과 당신의 사람들과 상호작용하는 방식 모두를 뛰어넘어 움직여야 한다. 당신은 그들이 누구인지를 알아가고, 그들이 필요로 하는 것을 찾고, 그들과 그들의 팀의 성공을 돕는 일을 당신의 책임으로 여겨야 한다.

새로운 일을 하기 위해서는 자신의 안전지대를 기꺼이 떠나야 한다. 이때 중요한 것은 두려움에 빠질 수 있는 위험을 감수하는 것이다. 안전지대를 떠나 새로운 영역을 정복할 때마다 우리의 안전지대는 확장될 뿐 아니라 우리 자신의 역량도 커질 것이다. 리더로 성장하고 싶으면 불편함을 각오하라. 그 위험은 이후에 충분히 보상받을 수 있다.

지위 단계에서의 리더십 법칙

■■■ 사람들은 흔히 내가 쓴 책들에 나오는 개념들이 서로 어떻게 어울리는지 알고 싶어 한다. 나는 수년 동안 5단계 리더십을 가르치면서 사람들로부터 《리더십의 21가지 불변의 법칙》에 대해 가장 많은 질문을 받았다. 사람들은 내게 이렇게 물었다.

"1단계에서 어떤 법칙을 실행해야 합니까?"

사실 모든 법칙은 모든 단계에서 실천되어야 한다. 그러나 어떤 법칙들은 한 사람이 성장하여 리더십의 다섯 단계로 올라가면서 가장 잘 배울 수 있는 것도 사실이다. 나는 각 단계에 가장 잘 적용되는 리더십 법칙에 대해서도 설명했다. 그것들이 5단계를 배우는 데 꼭 필요한 것은 아니지만 당신의 성장 과정에서 당신을 도와주고 참고가 되어 줄 것이다.

1. 한계의 법칙
_리더십 능력은 한 사람의 효율성 수준을 결정한다

모든 사람이 각기 자신의 리더십 잠재력에 한계를 가지고 있다. 우리는 모두 같은 재능을 가지고 있지 않다. 우리 모두가 직면하는 도전은 우리의 리더십 잠재력을 최대한 끌어올리고 발전시켜 실제적인 리더십 능력의 한계를 올려 준다.

리더십을 성장시키는 데 있어서 유일하게 가장 큰 장애가 있다면 지위에 맞는 사고를 갖게 된다는 것이다. 언제든 당신이 이루었다고 생각하게 될 때는 (조직 내 당신의 지위가 최저이든 최고이든지) 당신은 자신에 대한 기대치를 낮춘 것이고, 당신의 리더십을 경시한 것이며, 제로 성장 사고방식에 빠져든 것이다. 사람들은 1단계에 머물면서 자신의 잠재적 리더십에 도달할 수 없다.

당신이 직함과 지위를 기꺼이 내려놓으려 하고, 그 대신에 당신의 잠재력에 집중한다면 직함과 지위에 집착했을 때 당신을 끌어내렸을 무거운 짐을 벗어던질 수 있다. 당신이 당신의 리더십 한계를 돌파하고 당신의 리더십 단계를 올리고자 한다면 반드시 1단계를 넘어가야 한다.

2. 과정의 법칙
_리더십은 하루 만에 되는 게 아니라 매일 발전한다

리더십 지위는 하루에 주어질 수 있지만 리더십 발전은 평생에 걸친 과정이다. 지위형 사고방식을 가진 사람은 종종 이렇게 말한다.

"나 오늘 리더가 되었어."

그들은 이렇게 말할 필요가 있다.

"오늘 나는 리더십 지위를 받았다. 나는 더 나은 리더가 되기 위해 매일 노력할 것이다."

이것이 바로 과정의 법칙을 포용하는 것이다. 이런 식의 말은 리더십 임명이 출발점에 불과하며, 거기에 머무는 것은 당신이 결코 실제적으로 리더십 여정을 시작하지 않으리라는 것을 의미한다.

3. 항해의 법칙
_누구나 배를 몰 수 있지만, 계획을 세우는 리더가 필요하다

당신이 리더십 지위를 받을 때, 당신이 얼마나 일찍 리더십 여정에 들어섰으며 아직 배울 것이 얼마나 많은지 인정하는 것이 현명한 일이다. 항해의 법칙은 그것을 잘 상기시켜 준다.

내 친구 빌 하이벨스(Bill Hybels)는 항해를 좋아하는 노련한 뱃사람이다. 몇 년 전, 빌 하이벨스와 우리 부부는 다른 두 부부와 함께 영국령 버진 아일랜드(British Virgin islands)에서 며칠 동안 항해를 즐겼다. 우리가 빌린 배에는 그 배의 선장과 선원들도 타고 있었지만 배를 모는 일에 우리도 참여해야 했다. 항해 첫날, 빌은 나에게 키를 맡겼다. 내가 배를 조종하려고 하자 그는 내게 몇 가지를 지시했다. 쉽지 않았지만 시간이 흐르자 배를 모는 일에 익숙해지기 시작했다.

왜 내가 이런 말을 하는지 아는가? 초보 항해사로서 나는 배를 조종할 수 있었지만, 분명한 운항 계획을 세울 수는 없었다. 그렇게 하려면 숙련된 리더가 필요했다. 빌이 그렇게 할 수 있었지만 그때는 그 배의 선장이 그 일을

맡았다.

당신이 리더로서 1단계에 있다면 당신의 한계를 알아야 한다. 당신은 운항 계획을 세우는 것을 배울 수 있지만 그렇게 하기 위해 당신은 더 높은 단계의 리더십으로 올라가야 한다.

2단계로의 상승을 돕는 신념

■■■ 1단계 리더에서 2단계 리더로 변화하려면 가장 먼저 리더십에 대한 당신의 사고방식을 바꾸어야 한다. 현재의 지위에 더 오래 머물수록 당신의 리드 방식과 다른 사람이 당신을 바라보는 방식을 바꾸는 데 더 오랜 시간이 걸릴 수 있다. 하지만 지위형 리더로만 머물러서는 안 된다.

다음은 지위형 리더에서 관계형 리더로 변화를 꾀하기에 앞서 반드시 포용해야 할 네 가지 사항이다.

1. 직함만으로는 부족하다

우리는 직함을 소중히 여기는 문화 속에 살고 있다. 많은 사람이 의사, CEO, 회장, 박사, 아카데미상 수상자, 감독, 노벨상 수상자, 올해의 판매왕

등의 직함을 가진 사람들을 칭찬하고 존경한다. 그러나 이러한 직함이 실제로 무슨 의미가 있단 말인가? 별 의미가 없다. 직함은 궁극적으로 공허한 것이며, 당신은 그런 안목을 갖추도록 해야 한다. 특정 직함을 자신의 경력 목표로 삼는 사람들은 자신이 될 수 있는 최고의 리더가 되려고 계획하지 않는다.

무릇 사람에게 진정으로 중요한 것은 그 사람의 됨됨이와 그가 하는 일이다. 그 일이 당사자에게 중요하고 그것에 가치를 부가한다면 직함을 달고 다닐 필요가 없다. 심지어 직함이나 상을 받는 일이 종종 우리 뜻대로 되지는 않는다. 그리고 인정을 받는 사람보다 상대적으로 훨씬 더 큰 명예를 받을 만한 데도 인정받지 못하고 일하는 사람이 아주 많다. 그런데도 그들이 묵묵히 자신의 일을 계속하는 것은 그 일 자체와 다른 사람들에 대한 긍정적인 영향이 충분한 보상이 되어 주기 때문이다.

직함은 진정한 가치가 별로 없으며, 지위는 리더십의 가장 낮은 단계라는 인식을 발달시키게 되면 1단계에 만족하지 않는 건강한 의식뿐 아니라 성장하려는 욕망을 갖게 된다. 지위는 어느 누구의 인생에서도 가치 있는 목적지가 아니다. 안전하면 목표 의식을 가질 수 없다. 리더십은 활동적이고 역동적으로 되는 것을 의미한다.

2. 리더의 가장 소중한 자산은 지위가 아니라 사람이다

당신이 더 나은 리더가 되기를 원한다면 무언가를 이루었거나 계속해서 나아가기 위해 규칙과 절차에만 집중해서는 안 된다. 그보다는 관계를 개발하기 위해 노력해야 한다. 왜냐하면 현실적으로 일을 이루어 내는 것은 조직의 각본이 아니라 사람들이기 때문이다. 그리고 어떤 조직이든 그 배후에 있는 사람들의 힘을 무시할 수 없기 때문에 조직에서 가장 소중한 자산은 분명히 사람들이다.

이것을 깨달음으로써 나의 리더십 인생은 크게 변화되었다. 처음 일을 시작해서 몇 해 동안, 나는 1단계 리더였다. 나는 너무 지나치게 지위에 집중했고 지위 지향적이었다. 나는 끊임없이 자문했다.

"나의 권리가 뭘까? 내 권위는 틀림없는 걸까?"
"조직도에서 내 위치는 어디쯤일까?"
"다른 리더들과 비교하면 나는 어떤 모습일까?"
"어떻게 성공의 사다리를 올라갈까?"
"나의 직업 진로에서 다음 단계는 무엇일까?"

내가 지위에 몰두하게 되자 내 속에는 좌절감이 싹텄다. 당신의 초점이 지위에 맞춰져 있다면 당신은 정상에 서지 않는 한, 결코 만족할 수 없다. 유감스럽지만 한때 나는 사람들을 향상시키는 데 나의 지위를 사용하는 대신 나의 지위를 향상시키는 데 기꺼이 사람들을 사용했다. 그것은 옳은 일이 아니었고, 효과도 없었다. 내가 지위에 의존하는 것과 사람들 위에 군림하는 것이 사람들로부터 최고의 것을 끄집어 내는 최선의 방법이 아니라는 것을 마침내 깨달았을 때, 나의 태도와 행동이 변화되기 시작했다. 나는 사람들을 지위보다 앞에 두기 시작했다. 아래로 권력을 행사하는 대신, 사람들을 올려 주는 일을 했다. 사람들은 그들에 대한 내 태도가 변화되었음을 알아차렸다.

더 나은 리더가 되기 위해 필요한 인재 기술을 개발하는 데는 상당한 시간이 소요되지만, 다른 사람들에게 감사를 표현하고 개인적인 관심을 나타내면서 내가 그들을 소중히 여긴다는 사실을 알게 하는 데는 시간이 전혀 들지 않는다. 따라서 당신이 빠른 시간에 이룰 수 있는 변화이다. 그리고 거기에는 즉각적인 혜택이 따른다. 사람들이 나의 태도 변화를 감지한 순간, 나는 나에 대한 그들의 반응에서 긍정적인 변화를 인지했다. 그들은 나를 돕기 시작했고, 결과적으로 나도 그들을 도울 수 있게 되었다.

3. 리더가 모든 답을 알 필요는 없다

지위형 리더들은 종종 그들이 모든 답을 알 필요가 있다고 생각한다. 결국 그들이 뭔가를 모른다고 시인하게 되면 약점을 드러내게 된다. 그리고 만약 그들이 약점을 들키게 되면 어떻게 그들이 정상에 머물면서 자신의 고귀한 지위를 유지할 수 있겠는가? 1단계를 벗어나려면 리더가 다르게 생각해야 한다.

내가 대학을 졸업한 이후에 일을 시작했을 때, 나는 순진하게도 내가 모든 답을 알고 있다고 생각했다. 몇 달 지나지 않아 그렇지 않다는 것을 알았지만, 그 사실을 시인하기가 두려웠다. 불안감과 미숙함 때문에 오히려 나는 척척박사처럼 행동했다. 내 전문 분야 밖의 문제에도 마찬가지였다. 몇 년 동안 나는 리더십에 대해 이렇게 생각했다.

'뭐든 다 할 수 있는 척하자.'

그러나 나는 내 결점을 감추는 일에 서툴렀고 다른 사람들은 그것을 알아차렸다. 그리고 물론 그런 종류의 접근법은 실제로 당신이 뭔가를 이루어 내도록 당신을 돕지 못한다.

나는 리더가 할 일은 모든 것을 아는 것이 아니라 자신이 모르는 것을 알고 있는 사람을 끌어들이는 것임을 인식하기 시작했다. 일단 혼자서는 아무리 똑똑해도 여럿이 합친 생각보다는 못하다는 것을 알았으므로 나는 사람들을 불러 모아 그들에게 답을 제시하기를 그만두고, 그들에게 내가 답을 찾는 일을 도와 달라고 부탁했다. 그것은 내 리더십을 변화시켰다. 내가 내 본연의 모습으로 돌아가서 실제보다 더 많이 아는 척하기를 그만뒀기 때문만이 아니라 공유된 사고력을 이용하였기 때문이다.

4. 훌륭한 리더는 늘 다른 사람과 함께한다

종종 지위형 리더들은 자기 하급자들이 바닥에서 일할 동안 리더십의 정상에 서서 홀로 일하기 때문에 그의 팀은 자기 능력에 훨씬 못 미치는 성과를 낸다. 왜 그런 것일까? 외톨이 리더십은 팀워크나 창의성, 협력 또는 높은 성과로 이끌지 못하기 때문이다. 이 얼마나 부끄러운 일이며 잠재력의 낭비란 말인가.

우리 아버지 세대에는 외톨이 리더가 많았으며, 그들의 좌우명은 대부분 '나의 길은 성공의 길'이었다. 그 결과, 그들은 놓치는 것이 많았다. 5단계 리더십에서 위로 올라가는 일은 모두 다른 사람들과 관계가 있다. 다른 사람들과 좋은 관계를 맺어야 한다는 말이다. 그러려면 리더들이 다른 사람들에게 좋은 모범이 될 필요가 있다. 그래서 그들은 사람들을 개발하고 준비시키는 일에 뛰어들게 된다.

당신이 리더십 단계가 높아질수록, 당신은 훌륭한 리더십이란 그저 다른 사람들을 리드하는 것이 아니라 다른 사람들과 함께 리드하는 것임을 깨닫게 될 것이다. 그러려면 협력이 필요하다. 팀이나 조직의 비전을 위해 개인의 이기적인 야망을 희생할 필요가 있다. 그것은 당신 자신보다 더 큰 무언가의 일부가 되는 것을 의미한다. 또한 다른 사람들을 당신 자신보다 앞에 세우고, 당신이 리드하는 사람들과 보폭을 맞추며 기꺼이 나아가는 것을 의미한다.

나의 친구 중에 한 명이 "해병대는 전투에 임할 때 계급장을 뗀다."라는 말을 한 적이 있다. 그 이유는 장교나 부사관들이 적의 표적이 되는 것을 원하지 않기 때문이다. 그런데 해병대는 실제 전투에서 누가 그들의 책임자인지 안다는 것도 또 하나의 이유가 된다. 지휘 계통이 이미 확립되어 있으므로 아무도 그것을 상기시켜 주지 않아도 되는 것이다. 그러나 계급장을 떼는 행위는 지휘자에서 사병들에 이르기까지 분명한 메시지를 전달한다. 이 전투에서 우리는 모두 하나라는 것이다. 계급과 무관하게 우리는 함께 살고 함께 죽는다는 것을 의미한다.

1단계에서 2단계로 올라가는 것은 리더에게 가장 큰 변화를 요구한다. 리더십과 다른 사람들을 대하는 신념과 태도가 변화되어야 한다. 진실을 말하면, 일단 당신이 다른 사람들을 리더십 여정에 포함하기로 결정했다면 당신은 다른 단계에서 성공을 획득하기 위한 길에 안착한 것이다.

1단계를 통한 성장 가이드

■■■ 당신이 리더십 지위 단계의 긍정적 측면과 부정적 측면, 신념, 최선의 행동에 대해 숙고할 때, 다음에 소개하는 가이드라인은 당신이 성장 계획을 세우는 데 도움이 될 것이다.

1. 당신을 리더십에 초대한 사람들에게 감사하라

한 번이라도 리더십 지위를 맡아 달라는 요청을 받았다면 그것은 누군가가 당신을 신뢰한다는 징표이다. 그러한 요청을 받은 것이 일주일 전이든 10년 전이든 당신을 리더십 자리에 초대한 사람에게 감사를 표하는 것은 언제라도 결코 늦지 않다. 시간을 들여 메모나 이메일로 그 사람에게 감사하거나 리더의 직무가 당신의 인생에 미친 긍정적인 영향을 표현하라.

2. 리더십 성장에 자신을 바쳐라

안전지대에서 벗어나 오늘보다 더 나은 리더가 되려고 노력할 것을 서약하지 않는 한, 당신은 리더로서 성장하지 못할 것이다. 성장하기 위해 당신이 무엇을 할 것이며 어떻게 접근할 것인지를 설명하는 성장 서약 선언문을 작성하라. 거기에 서명하고 날짜를 기록하라. 그 선언문을 다음에 당신이 찾아볼 수 있는 장소에 두어라. 이 선언문에는 당신이 잠재력을 가진 리더가 되기로 약속했고, 부단히 노력하여 5단계 리더십에 오르기로 약속했던 날짜가 적혀 있다.

3. 당신의 리더십을 정의하라

1단계는 당신의 리더십을 정의하고, 자신이 원하는 형태로 구체화하는 데 시간을 쓸 수 있는 최고의 시점이다. 다음 세 가지 질문을 이용하여 당신이 되고자 하는 리더의 종류를 적어 보라.

- 나는 누구인가?
- 나에게는 어떤 가치가 있는가?
- 나는 어떤 리더십 훈련을 해 보고 싶은가?

4. 지위에서 잠재력으로 이동하라

과거에 당신은 당신의 경력 목표를 어떻게 잡았는가? 특정한 지위나 직함 같은 목표의 관점에서 생각했는가, 아니면 당신이 보다 더 큰 비전 성취의 관점에서 생각했는가? 만약 지위의 관점에서 생각해 왔다면 초점을 바꾸어라. 대신 당신의 리더십 잠재력에 대해 생각해 보라. 당신은 어떤 리더가 될 수 있는 잠재력을 가졌는가? 당신이 리드하는 사람들에게 당신은 어떤 긍정적인 영향을 미칠 수 있는가? 당신은 세상에 어떤 영향을 미칠 수 있는가? 비지위형 사고방식을 수용하는 당신의 목표를 다시 작성하라. 그러면 당신의 학습 능력과 당신이 팀원들을 대하는 방식에 변화가 일어날 것이다.

5. 비전에 초점을 맞춰라

직함이나 지위에 대한 비중을 줄이는 한 가지 방법은 조직의 비전에 더 집중하고, 당신의 사람들이 그 비전을 성취하는 길을 분명히 도와주는 사람으로서 당신 자신에 대해 더 많이 생각하는 것이다. 시간을 내서 그러한 관점에서 당신의 직무 기술서를 다시 작성하는 것도 도움이 된다. 조직의 비전을 기록하고, 당신의 팀이나 부서가 어떻게 그 비전에 기여할 것인지를 기록하라. 그리고 당신의 팀원들이 그 비전 성취를 위해 보다 수월하게 각자 맡은 역할을 할 수 있게끔 당신이 도와줄 수 있는 특정 방식들을 기록하라.

6. 규칙에서 관계로 전환하라

당신이 과거에 당신이 리드하는 사람들을 지도하기 위해 규칙과 규제, 절차에 의존했다면, 당신은 보다 더 관계적인 리더십 접근법으로 이동할 필요가 있다. 당신이 리드하는 사람 저마다의 가치를 찾으면서 시작하라. 그리고 당신의 길에서 벗어나 당신이 얼마나 그들 하나하나를 소중히 여기는지 알려 주어라. 어떤 조직을 막론하고 가장 확실한 자산은 사람이다. 사람들을 그렇게 대해야 하는 것만은 분명하다.

7. 당신의 팀원들과 접촉을 시작하라

당신 팀의 사람들이 리더십 때문에 당신에게 오기를 기다려 왔다면 그들과 접촉하려는 당신의 방법을 바꿀 필요가 있다. 당신의 사무실이나 칸막이 방에서 나와 그들과 접촉하기 시작하라. 그들을 알아가는 것을 목표로 정하고, 그들에게 감사를 표시하고, 그들을 격려하고, 그들에게 지원을 제공하라.

8. 당신의 직함이나 지위를 들먹이지 말라

당신이 지위를 내세우거나 사람들에게 당신의 직함이나 지위를 상기시키는 습관이 있다면 그 일을 그만두겠다고 맹세하라. 나는 당신이 자기소개를 할 때는 자신의 직함을 언급하지 말 것을 권한다. 직함이나 지위를 밝히는 일을 줄이고, 팀이나 조직에 어떤 기여를 할 수 있는지 알리기 위해 당신이 할 수 있는 일은 무엇이든지 해야 한다.

9. "저는 모릅니다."라고 말하는 법을 배워라

당신이 모든 답을 알아야 한다고 생각해 왔다면 당신의 리더십 접근 방법을 바꾸어라. 훌륭한 리더들은 모든 답을 가지고 있지 않으며, 필요한 답을 찾아낼 사람들을 모아서 권한을 준다. 즉시 이 접근법을 실시하라. 앞으로 한 달 동안 누군가가 당신이 모르는 것을 물으면 모른다고 시인하라. 그런 다음에 당신 팀원들의 의견을 물어보아라. 만약 그들이 질문에 대한 답을 모르면, 답을 아는 사람을 아는지 물어보아라. 모든 문제는 협력을 통해 해결해야 한다.

10. 리더십 코치를 찾아라

대부분의 사람은 리더십 여정에서 누군가 앞서 가는 사람들의 도움 없이는 성장하기가 매우 어렵다는 것을 알게 된다. 당신이 개인적으로 아는 최고의 리더들에 대해 생각해 보고, 그중 한 사람에게 당신의 코치나 멘토가 되어 달라고 부탁하라. 1년에 4~12회 정도 만나 줄 수 있는지 물어보아라. 그 사람을 만나기 전에 어떤 질문을 할 것인지, 문제 해결을 위해 어떤 조언을 요청할 것인지 계획을 세워 항상 성실하게 준비하라. 만약 당신이 준비가 되지 않았거나 질문할 것이 없다면 만나자고 하지 말라. 결코 당신 멘토의 시간을 낭비하게 해서는 안 된다.

2단계

관계 리더십

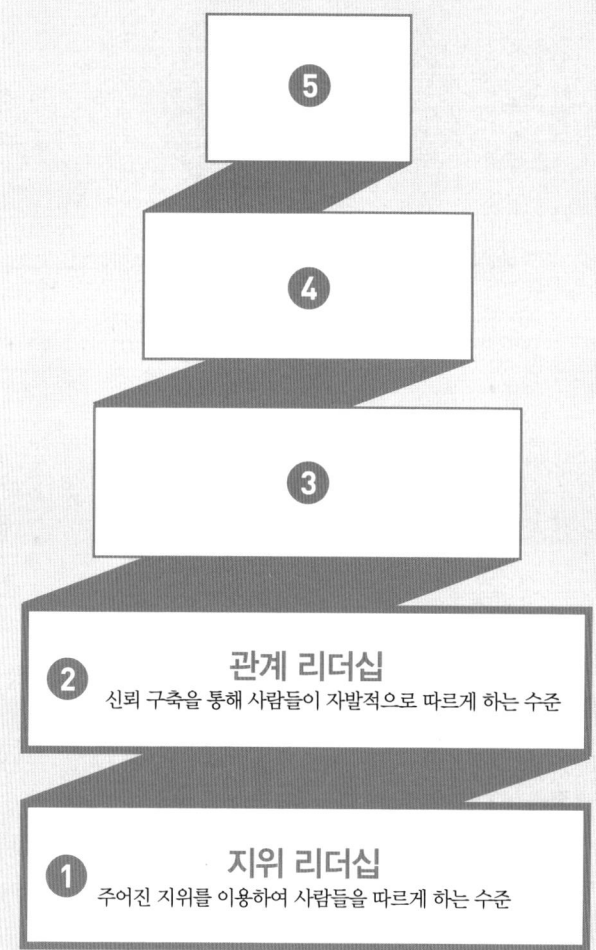

지위 리더십에서 관계 리더십으로 이동하는 것은 리더십에 진정한 첫발을 내딛는 것이다. 내가 이런 말을 하는 이유는 리더십은 영향력 그 이상도, 이하도 아니기 때문이다. 사람들을 움직이게 하기 위해 지위에 의존하는 리더들은 좀처럼 자신의 영향력을 개발하지 않는다. 리더가 요구한 일을 하는 하급자들의 입장에서는 대개 자신들이 해야 한다고 생각하기 때문에 그 일을 하는 것이다. 즉 월급을 받아야만 하고, 일자리를 지켜야 하고, 문책을 당하지 않기 위해 그리고 그밖의 다른 이유들 때문에 일을 하는 것이다.

그런데 리더가 관계 리더십 단계에서 어떤 역할을 해야 할지 배우게 되면 어떨까? 분명 모든 것이 변한다. 리더가 단지 지위가 아닌 관계를 바탕으로 사람들에게 영향을 미치기 시작하면 사람들은 단순히 지시받은 것 이상의 일을 하고, 실제로 리더를 따르기 시작한다. 관계 구축은 효과적인 리드의 기초를 확립한다. 또한 사람들이 그들의 직무 기술서나 부서의 한계를 뛰어넘어 관계를 형성하면서 조직 내의 장벽을 깨뜨리게 만든다.

장벽이 더 많이 무너지고 관계가 깊어질수록 다른 사람들을 리드하는 토대는 더욱 넓어진다. 다른 사람들이 자기를 좋아하고, 돌봐 주고, 무리에 끼워 넣어 주고, 소중하게 여겨 주고, 신뢰해 준다고 느낄 때 사람들은 리더와 함께 일하기 시작한다. 그로 인해 근무 환경 전체가 변하게 된다

당신이 물건을 팔든, 코치를 하든, 가르치든, 리드를 하든 혹은 그저 일상적인 일을 해 나가든 관계는 성공을 위한 매우 중요한 열쇠이다. 《판매의 경전(The

Sales Bible)》과 《제프리 기토머의 작은 판매 레드 북(Jeffrey Gitomer's Little Red Book of Selling)》의 저자인 제프리 기토머(Jeffrey Gitomer)는 판매에서의 관계에 대한 중요성을 가위바위보 게임에 비유하여 설명하였다.

관계는 가격보다 더 강하다.
관계는 배달보다 더 강하다.
관계는 품질보다 더 강하다.
관계는 서비스보다 더 강하다.

이 말은 리드하기에도 적용할 수 있다. 관계는 큰 힘을 가진다. 2단계로 올라가는 것은 따르는 사람들이 자신에 대한 리드 권한을 자신의 감독자에게 허용하는 것이다. 사람들이 처음으로 하급자에서 추종자로 바뀌는 것은 곧 이동을 뜻한다. 기억하라. 리더십은 늘 사람들이 어딘가로 가고 있다는 것을 의미한다. 그들은 정적이지 않다. 이동하지 않으면 리더십도 없다.

관계 리더십의
긍정적 측면

■■■ 관계 구축에 집중하면 그만큼 리더십의 새로운 길이 열리기 때문에 2단계에는 긍정적 측면이 많다. 다음은 내가 아끼는 다섯 가지 장점이다.

1. 관계형 리더십은 일을 더 즐겁게 만든다

지위형 리더들은 그들 자신이나 조직을 위하는 일에만 노력을 기울일 뿐 다른 사람들은 개의치 않는다. 그러나 2단계로 이동하는 리더들은 나에게서 우리로 눈을 돌린다. 그들은 사람들을 좋아하고 사람들을 개별적으로 대한다. 그들은 관계를 개발하고 자기 지위가 가진 힘을 이용하는 대신 상호 작용하면서 사람들을 끌어들인다. 그러한 태도 변화는 근무 환경에 긍정적인 변화를 일으켜 일터를 더욱 화기애애하게 만든다. 사람들은 서로 좋아하기 시작하고 팀에 친밀감이 싹트기 시작한다. 또한 '해야만 한다.'라는 사고방식이 아닌 '하고 싶다.'라는 사고방식으로 무장한다. 일터는 리더와 리더를 따르는 사람 할 것 없이 모두에게 즐거운 곳이 되는 것이다.

관계형 리더로 올라가는 열쇠는 올바른 태도를 가지는 것이다. J. 도널드 월터스(J. Donald Walters)는 이렇게 말했다.

"리더십이란 봉사의 기회이다."

관계형 리더들은 사람들을 좋아하고 돕고 싶어 하며, 사람들이 성공하는 모습을 보고 싶어 한다. 관계형 리더의 주된 태도는 다른 사람들을 위해 봉사하고 함께 일하는 사람들에게서 좋은 점을 끌어내는 것이다.

내가 최초의 전문적 리더십 지위를 가졌을 때, 유감스럽게도 나는 너무 지나치게 나 자신과 조직에만 관심을 쏟았다. 나는 내가 도달하려는 목표를 알았고, 처음에는 그 목표에 도달하는 것 외에는 그 어떤 것에도 관심이 없었다. 돌이켜 보면 매우 큰 실수였다. 그런 내 태도를 바꾸고, 사람들을 알아가고, 그들의 관심사를 찾아낼 정도의 여유를 갖는 데 몇 년이라는 시간이 걸렸다. 그 과정을 거쳐 내 인생과 리더십에 큰 변화가 생겼다.

40년 이상이 지난 지금, 나는 정말 많이 변했다. 지금의 나는 일 자체가 아니라 그 일을 팀원들과 함께하는 데서 큰 기쁨을 얻는다. 과거에는 내 일을 사랑하고 나를 도와줄 사람들을 찾았는데, 이제는 나의 사람들을 사랑하고 그들을 도울 방법을 찾는 사람이 되었다. 그 결과, 여정이 훨씬 더 즐거워졌다.

2. 관계형 리더십은 에너지 수준을 증가시킨다

서로 특별히 좋아하지 않는 사람과 함께 시간을 보내야 한다고 생각해 보라. 어떤 기분이 들겠는가? 그러한 환경은 대부분의 사람을 의기소침하게 만든다. 당신이 잘 알지 못하는 사람들과 함께 있을 경우, 그것이 중립적인 환경이라 할지라도 그 사람들을 알아가는 데 많은 에너지가 필요하다.

반대로 당신이 좋아하는 사람들과 함께 시간을 보낼 때는 어떠한가? 에너지가 생기지 않는가? 내 경우에는 그렇다. 직장에서든, 집에서든, 놀고 있을 때든 장소와 상관 없이 사랑하는 사람들과 함께 시간을 보내는 것은 나의 가장 큰 기쁨이다.

좋은 관계는 에너지를 생성하며, 사람들의 상호 작용에 긍정적인 분위기를 부여한다. 당신이 사람들을 알아가고 좋은 관계를 맺기 위해 시간과 노력을 투자할 때, 일단 관계가 구축되면 실제로 더 큰 에너지를 얻게 된다. 그리고 그와 같은 긍정적이고 활동적인 분위기에서 사람들은 리더가 그들에게 최고를 원한다는 것을 알기 때문에 그들은 기꺼이 최선을 다한다.

3. 관계형 리더십은 소통의 채널을 개방한다

2단계에서 하향식 지위형 리더십은 협력 관계로 대체된다. 이것은 원활한 소통을 요구하고 개발한다. 관계 리더십 단계에서 리더들은 자기 사람들의 말을 듣고, 사람들은 리더들의 말을 듣는다.

전 제너럴 일렉트릭(General Electric)의 CEO인 잭 웰치(Jack Welch)는 이상적인 리더를 다음과 같이 묘사하였다.

이상적인 리더란 자신의 사업 부서와 사업 활동에 대한 비전을 스스로 개발할 수 있는 사람이다. 부서 전체에 업무의 본질을 설명할 수 있으며, 논의를 통해(듣고 말하기) 비전을 수용할 수 있게 만드는 사람들이다. 그리고 단호하게 그 비전을 실행하여 성공적인 결과를 얻어 낼 수 있는 사람이다.[1]

또한 그는 이렇게 말했다.
"훌륭한 리더들은 매우 개방적이다. 그들은 조직의 위, 아래, 전 방향으로 사람들에게 다가선다. 그들은 정해진 경로를 고수하지 않는다. 그들은 격식에 구애받지 않는다. 그들은 사람들에게 솔직하게 대한다. 그들은 접근하기 편한 사람들이다."[2]

나는 대부분의 리더가 듣는 것보다 말하는 것을 더 잘한다고 생각한다. 처음에 리더십에 발을 들여놓았을 때 내가 그랬다. 나는 나의 비전을 다른 사람들에게 설명하고, 그들에게 나의 의도를 분명히 이해시키는 일에 전념했다. 나는 오로지 단방향, 즉 나에게서 그들에게 흐르는 소통을 원했다. 그 결과, 나의 리더십이나 비전에 호응하는 사람은 몇 되지 않았다. 그때까지 나는 비전을 보유하는 길이 양방향 소통임을 깨닫지 못했다. 그 당시에 나는 경청하는 법을 배웠어야만 했다.

최근에 나는 '듣다'라는 동사의 한자에 대한 설명을 들었다. 이 말의 개념이 내게 놀라운 통찰을 안겨 주었다. '청'으로 발음되는 이 단어는 특정 의미를 가지는 더 작은 기호들로 이루어져 있다.[3]

聽

    당신의 몸과 마음을 상징하는 이 기호들은 당신 자신이 아니라 다른 사람에게 초점을 둘 것을 가리킨다. 귀는 듣는 데 사용하는 주된 도구이고, 눈은 소통에 대한 비언어적 암시를 발견하는 데 사용하며, 어떤 사람의 말을 모두 들으려면 마땅히 마음을 하나로 집중해야 한다. 또한 가슴은 우리가 지적 수준을 넘어 다른 사람에게 공감적 수준에서 가슴을 열어야 함을 의미한다. 다시 말해, 내가 진정으로 2단계 소통의 통로를 열고 진심으로 들을 때, 다른 사람들에게 다음과 같은 것을 주어야 한다.

- 귀 : 당신이 하는 말을 듣고 있습니다.
- 눈 : 당신이 하는 말을 보고 있습니다.
- 가슴 : 당신이 하는 말을 느끼고 있습니다.
- 마음을 하나로 집중하는 것 : 당신의 존재와 당신의 말을 소중히 여깁니다.

    이렇게 할 수 있을 때에 비로소 우리는 긍정적인 관계를 맺고 사람들에게 따르라고 설득할 수 있다.
    2단계의 관계를 맺을 때, 리더들은 더 나은 소통을 만들 뿐 아니라 더 나은 공동체를 세운다. 사회학자인 아미타이 엣찌오니(Amitai Etzioni)는 이렇게 말했다.
    "공동체라는 용어에서 흔히 연상되는 개념은 사람들이 서로를 알고 서로 돌봐 주는 곳, 사람들이 그저 의례적으로 '안녕하세요?'라고 묻는 것이 아니라 그 대답에 관심을 가지는 곳이다."

2단계 리더십은 사람들이 공동체 정신으로 함께 일하고 서로 열린 소통을 하기 시작하는 환경을 만들어 낸다.

4. 관계 리더십은 개개인의 가치에 초점을 맞춘다

2단계 리더십은 관계 안에서 움직인다. 이것은 사람들이 서로 존경하고 소중히 여길 때만 가능하다. 당신이 존경하지 않는 사람들과 좋은 관계를 맺는 것은 불가능하다. 관계에서 존경이 약화되면 관계가 손상된다. 당신은 사람들을 리드하지 않으면서 그들을 배려할 수 있지만, 배려하지 않으면서 1단계를 넘어 효과적으로 그들을 리드할 수는 없다.

훌륭한 리더들은 사람들을 존중하고 조직 내 가치의 표준을 올린다. 넬슨 만델라(Nelson Mandela)는 우리 시대의 위대한 리더 중 한 명으로 꼽힌다. 그는 계속해서 개개인 모두에게 높은 가치를 두는 리더십의 본을 보였다. 그의 능력과 겸손은 가히 전설적이며, 리더십에 있어서 자신의 태도가 얼마나 중요한지 알고 있었다. 만델라는 이렇게 말했다.

"보라. 훌륭한 리더는 위험이 있을 때 앞장서지만, 축하할 일이 있을 때에는 뒷전에 선다. 주변 사람들의 협력을 원한다면 그들이 스스로 중요한 사람으로 느끼게 만들어라. 겸손하게 행하라."

나는 남아프리카 여행을 하던 중에 요하네스버그의 한 서점에 들러 마틴 카룽구반다(Martin Kalungu-Banda)가 집필한 《마디바처럼 리드하기: 넬슨 만델라의 리더십 레슨(Leading like Madiba: Leadership Lessons from

Nelson Mandela)》을 구매했다. 그리고 남아프리카에서 케냐로 이동하는 비행기 안에서 읽었다.

그 책에는 사람들에게 높은 가치를 두며 그들을 높여 준 그들의 지도자 넬슨 만델라를 증언한 사람들의 이야기가 담겨 있었다. 그중에서 피터라고 하는 성공한 사업가의 이야기가 내 마음을 사로잡았다. 그는 대통령 관저에 초대를 받아 대통령과 함께 조찬을 하게 되었다.

약속한 날, 피터는 가장 좋은 옷으로 차려입고 회사 운전사인 두미에게 만델라 대통령의 관저로 가자고 말했다. 그런데 놀랍게도 대통령은 주차장에서 그를 기다리고 있었다. 피터는 이렇게 회상했다.

나는 만델라 대통령이 밖에까지 나와 나를 기다렸다는 사실에 몹시 우쭐했고, 한편으로는 겸허했다. 그는 운전사와 나를 따뜻하게 맞아 주었다. 그러나 전통적인 기업 행동 규약에 따라 운전사는 조용히 물러서서 자동차 안에 머물렀다. 만델라 대통령은 나를 조찬 식탁으로 초대했다. 식사를 막 시작하려는데, 대통령이 뭔가 빠진 듯한 표정을 지었다. 그는 이렇게 물었다.

"피터, 아까 두 사람이 있지 않았소?"

내가 대답했다.

"아닙니다. 저 혼자 왔습니다."

"다른 한 분은 어디 갔나요?"

그가 계속 물었고, 나는 이렇게 대답했다.

"그 사람은 그냥 운전사입니다. 차에서 기다릴 겁니다."

그때 만델라 대통령은 운전사를 찾아 밖으로 나갔다. 대통령은 운전사에게 자기를 소개하고 조찬을 함께하자고 요청했다. 그리고 주방으로 가서 이렇게 말했다.

"두미도 함께 식사를 할 겁니다. 수고스럽겠지만 일인분을 더 차려 주시겠습니까?"[4]

피터는 만델라 대통령의 행동을 결코 잊지 않았다. 두미도 마찬가지였다. 피터는 계속해서 이렇게 말했다.

"리더들이 초라한 직함들(운전사, 경비원, 하인)에 가려진 사람들을 챙기고, 그런 직종의 사람들이 인정받지 못하고 있다는 것을 알게 될 때 그들은 인생의 새로운 지평을 발견하고 그곳으로 나아간다. 그들은 자신이 하는 일에서 위대한 수행자가 되고, 개인적인 성취를 발견한다."

이것이 위대한 리더들이 사람들에게 미치는 영향력이다. 그러나 사람들에게 관심을 갖기 위해 반드시 위대한 리더가 될 필요는 없다. 그저 그렇게 행동하기로 결정만 내리면 된다.

다른 사람에게서 존경과 높은 평가를 받는 것 이상으로 사람을 고양시키는 것은 없다. 2단계 리더로서 당신은 사람들의 고유한 특성을 인식하고 그들의 차이를 이해하는 법을 배우는 데 목표를 두어야 한다. 당신은 그들이 중요한 존재이며, 당신이 그들을 그저 직원으로서가 아니라 개개의 인간으로 보고 있다는 사실을 일깨워 줄 필요가 있다. 이러한 태도는 사람들에게 긍정적인 영향을 미치고, 당신의 리더십을 강화한다.

내가 목회 일을 시작했을 때, 아버지는 내게 이런 조언을 해 주셨다.

"아들아, 교회를 찾는 사람은 대부분 경시당하고, 불안정하고, 자신이 길을 잃었다는 생각에 사로잡혀 있다. 그것을 변화시키는 것이 바로 너의 일이다."

나는 지금도 아버지의 말씀을 잊지 않고 있다. 그리고 26년 동안 목사직을 수행하면서 늘 아버지의 조언을 따르려고 노력했다. 또한 그 조언을 나의 사업에도 적용하려고 노력한다. 심지어 집에서도 마찬가지이다. 매일 나는 아내 마거릿(Margaret)에게 그녀가 내게 얼마나 소중한 존재인지 알게 해 주려고 노력한다. 우리 부부는 아이들을 키울 때에도 아이들을 귀하게 여기고 무조건적인 사랑을 베풀려고 애썼다. 그리고 이제 조부모가 된 우리 부부는 손주들이 무럭무럭 자라는 것을 보며 손주들이 우리에게 얼마나 중요한 존재인지 알게 해 주려 노력한다.

대기업이나 정부, 교육 기관, 종교 기관을 보면 하나같이 공통된 주제가 있다. 바로 개개인의 가치를 인정하며 존중하는 것이다. 2단계로 올라가는 리더로서 당신은 조직을 위해 그와 같은 본보기를 보여 줄 수 있다.

5. 리더십에서 관계는 신뢰를 키운다

1단계에서 2단계로 올라가는 리더들은 자신의 지위를 지키기 위해 다른 이들의 마음을 움직이는 대신 그들과의 관계를 유지하기 위해 신뢰를 개발하기 시작한다. 대부분의 리더는 사람들에게 정직하게 대하는 것보다 그들에게 감명을 주는 것에 더 높은 가치를 두기 때문에 쉽지는 않은 일이다.

다음은 내 친구 빌 하이벨스(Bill Hybels)의 저서에서 발췌한 이야기로, 리더들이 다른 사람들이 감명 받기를 원할 때 전형적으로 일어나는 일을 묘사한 대목이다.

대령으로 갓 진급한 한 군인이 걸프전 때 최근에 지은 임시 막사로 전근을 갔다. 막사에 도착해서 물건을 정리하고 있는데, 한 병사가 도구 상자를 들고 다가오는 것이 보였다. 순간 대령은 자신이 중요한 인물처럼 보이고 싶어 얼른 수화기를 집어 들었다.
"네, 쉬바르츠코프 장군님. 네, 그럼요. 정말 멋진 계획이십니다. 기꺼이 따르겠습니다. 알려 주셔서 감사합니다. 조만간에 기지에서 다시 뵙지요. 안녕히 계세요."
그리고 활기차게 전화를 끊고 돌아서 병사에게 무슨 일로 왔는지 물었다. 그러자 병사는 이렇게 말했다.
"아, 저는 전화선을 연결해 드리려고 왔습니다."[5]

신뢰는 관계의 기본 토대이다. 당신이 사람들에게 정직하게 대한다면 신뢰는 자연히 개발된다. 당신이 신뢰를 더 많이 개발할수록 관계는 더욱 탄탄해진다. 관계가 좋아질수록 리더로서 인정받을 수 있는 잠재력도 커진다. 이것은 시간과 에너지와 의지를 요하는 하나의 구축 과정이다.

미국의 해군 장교로, 미국의 전쟁 영웅이라 불리는 제임스 스톡데일(James Stockdale)은 이렇게 말했다.
"위기가 닥쳤을 때, 사람들은 자기가 믿을 수 있다고 생각하는 사람에게 달라붙는다. 모른 체하지 않고 품어 줄 수 있는 사람 말이다."

이것이 바로 관계의 힘이다. 어려운 시기에 관계는 피난처가 된다. 기회의 시기에는 관계가 로켓 발사대 역할을 한다. 신뢰는 사람들이 만들고, 나누고, 묻고, 시도하고, 위험에 닥쳤을 때 안전함을 느낄 수 있는 것이어야 한다. 그렇지 않으면 리더십은 약해지고, 뛰어난 팀워크를 만드는 것은 불가능해진다.

관계 리더십의
부정적 측면

■■■ 당신이 나와 같은 관계형 사람이라면 스스로에게 이런 질문을 할 것이다.

"사람들을 리드하기 위해 관계를 개발하고, 신뢰를 쌓고, 사람들의 동의를 얻는 일에 무슨 부정적 측면이 있을 수 있단 말인가? 다 좋은 일 아닌가?"

나의 대답은 "Yes."가 아니다. 긍정적 측면이 부정적 측면보다 훨씬 우세한 것이 사실이지만 2단계에도 부정적 측면이 있다. 다음은 내가 이제까지 관찰한 부정적 측면이다.

1. 관계 리더십은 어떤 사람들에게는 너무 유해 보인다

저돌적이고, 높은 성과를 기록하며, 리더십이 강조되는 환경에서 동의를 구하는 식의 리드는 어떤 사람들에게는 자칫 유해 보일 수 있다. 특히 활동적인 성향(애정이 아니라)을 타고난 리더들에게는 사람들을 배려하고 관계를 맺는 일이 약하게 비쳐질 수 있다. 이런 이유로 어떤 사람들은 관계 리더십을 무시한다. 이는 리더십 잠재력에 대한 크나큰 실수이자 장애이다.

내 경험에 의하면 대부분의 사람은 리더십 활동 초기에 성과로 직결되는 리더십의 '강한' 면 또는 관계로 이어지는 '부드러운' 면에 초점을 맞춘다. 강한 면에서 시작하여 좀 더 부드러운 기술을 배우기를 거절하는 사람들은 1단계에 갇히곤 한다. 그들은 3단계인 성과 단계로 가고 싶지만, 먼저 2단계를 배우고 획득하지 않으면 안 된다.

이와 반대로 부드러운 면에서 시작한 사람들은 즐겁고 가벼운 마음으로 2단계로 올라가지만, 관계를 맺는 것 이상의 일을 하지 않을 경우 그들 역시 거기에 붙들려 3단계인 성과 단계로 올라가지 못한다. 좋은 리더가 되려면 관계와 성과, 둘 다 필요하다.

나는 부드러운 면에서 나의 리더십 일을 시작했다. 한 가지 고무적인 것은 내가 사람들과 빨리 관계를 쌓았다는 것이고, 부정적인 것은 내가 힘든 결정을 내리는 것을 매우 싫어했다는 사실이다. 나는 많은 사람을 사랑했지만 사람들을 사랑하는 것 때문에 그들을 리드하는 데 갈등이 생기면 대부분의 경우 리드하기를 멈췄다. 이는 내가 배운 대로 한 것뿐이다. 나는 사랑이 많은 가정에서 자랐고, 그래서 나는 내가 사람들을 끝까지 사랑할 수 있다고 착각했다. 한편으로는 모두가 받아들이고 인정하는 결정만 내려야 한다는 함정에 빠졌다. 나의 '부드러움'은 내 리더십의 한계가 되어 2단계에 갇히게 되었다.

내면의 위기를 겪고 나서야 나는 내가 잘못하고 있었음을 깨달았다. 그 사건은 인디애나 남부의 한 시골 교회에서 첫 목회를 할 때 일어났다. 신도들은 해마다 투표로 목사의 유임 여부를 결정했다. 그 교회에 부임한 첫 해에 나는 젊은 리더로서 모든 사람을 행복하게 만드는 일에 사로잡혀 온 힘을 쏟아부었고, 성공했다고 자평했다.

시간이 흐르고, 나의 유임 여부를 결정하는 투표일이 되었다. 나는 평생 그날의 결과를 잊지 못할 것이다. 찬성 31표, 반대 1표, 기권 1표였다. 나는 큰 충격을 받았다. 내 목표는 모든 사람을 행복하게 만드는 것이었다. 단 한 사람이라도 행복하지 않다면 실패한 것과 다를 바 없었다. 나는 누군가가 나를 좋아하지 않는다는 사실을 믿을 수 없었다.

그날 밤, 나는 아버지에게 전화를 걸어 이렇게 말했다.

"아버지, 어떻게 해야 할지 모르겠어요. 교회에 계속 있어야 할까요, 아니면 그만둬야 할까요?"

그때, 전화기 너머로 아버지의 웃음소리가 들렸다. 아버지는 이렇게 말씀하셨다.

"아들아, 나를 믿고 그대로 있어라. 그것은 네가 받은 투표 중에서 최고의 투표가 될 것이다."

나는 교회를 떠나지 않았다. 그러나 사람들을 제대로 리드하지 않았다. 이후 몇 달 동안 나는 두 가지 의문, 누가 나에게 반대 표를 던진 것인지, 내가 무엇을 잘못한 것인지에 사로잡혀 있었다.

미숙했던 나는 좋은 리더란 언제나 모든 사람의 마음을 사야 하며, 갈등에 휘말리지 않아야 하며, 힘든 결정을 내리는 현실을 피할 수 있다고 생각했다. (그리고 어쨌든 아버지의 말씀이 옳았다. 나의 목회 일에서 그것은 내가 받은 최고의 투표였다.)

나는 이런 잘못된 생각에 몇 달 동안 갇혀 있었다. 그러나 곧 나의 진짜 문제가 무엇인지 깨닫게 되었다. 나의 목표는 모든 사람을 행복하게 만드는 것이었다. 그것은 잘못된 목표였다. 리더로서 나의 목표는 사람들을 행복하게 만드는 것이 아니라, 사람들을 도와주는 것이어야 했다.

그러한 깨달음은 나의 리더십을 변화시켰다. 처음으로 나는 해방감을 맛보았다. 나는 모든 사람의 의견에 더 이상 얽매이지 않았다. 남의 의견에 얽매인다는 것은 참 무분별한 것이다. 나는 자신이 조직과 사람들에게 최선이라 여기는 일을 하는 데 전념할 수 있었다. 모든 사람을 행복하게 만드는 것은 상당히 어렵다. 사실 가능하지도 않다. 이러한 깨달음으로 나는 더 큰 용기를 갖는 동시에 더 현실적이게 되었다.

나는 관계의 부드러운 면에 대한 타고난 내 성향에 리더십의 강한 면을 더할 필요가 있었다. 반대의 경우, 부드러운 면을 배워 그것을 강하고, 생산적인 면에 부가해야 한다. 요점은 당신에게 둘 다 필요하다는 것이다. 당신이 생산적인 면 없이 관계적인 면만 갖추었다면 당신과 당신의 팀은 어떤 진전도 이루지 못할 것이다. 당신이 관계적인 면 없이 생산적인 면만 갖추었다면 처음에는 약간의 진전을 보겠지만 당신이 당신의 사람들을 소외시키거나 진이 빠지게 만들 것이기 때문에 결국 목표에 미치지 못할 것이다. 두 가지 모두 배우기 전에는 리더십에서 성공할 수 없다.

2. 동의를 구하는 식의 리드는 성취자들을 낙심시킬 수 있다

고도의 성취자들은 일을 끝마치고 싶어 하며 그것도 즉각 끝내기를 원한다. 그들은 대개 사람이나 다른 문제 때문에 일이 늦어지는 것을 원하지 않는다. 동의에 의한 리드는 사람들에게 그 부분을 정확히 할 것을 요구한다. 관계를 구축하는 데는 시간이 걸린다. 그것은 아주 느린 과정이 될 수 있다.

스펙트럼 한쪽 끝에 관계를 무시하는 성취자들이 있다면 다른 한쪽 끝에는 관계를 자신의 종착점으로 삼을 정도로 관계를 매우 중시하는 사람들이 있다. 어느 쪽도 건강하지 않다. 사실, 리더들이 3단계로 올라가지 못하는 가장 흔한 이유는 그들이 관계를 중요시하여 다른 사람들이 함께 일하고, 앞으로 나아가서 성취하도록 도와주는 리더십의 주된 목적을 놓치기 때문이다. 관계가 그들의 종착점이 될 때, 실리적인 결과에 초점을 맞추는 고도의 성취형 추종자들은 불안해진다. 이럴 경우 그들은 종종 받아들이거나 떠나는 것, 둘 중에 하나를 시도한다. 당신이 성공하려면 리더로서 이 두 가지를 모두 획득해야 한다.

당신이 당신의 리더십에서 관계를 소홀히 해 온 고도의 성취자라면 스스로에게 이렇게 말할지 모른다.

"나는 좋은 리더가 되기 위해 관계를 개발할 필요가 없었다. 나는 리더에게 2단계가 꼭 필요하다고 보지 않는다."

이에 대한 나의 대답은 이렇다.

"당신이 승리하는 한, 사람들은 기꺼이 따른다. 당신의 리더십에서 당신이 그들에게 가혹하게 대하거나 지위형 리더라 할지라도 말이다."

그러나 당신이 관계를 차근차근 구축해 나가지 않고 성취만을 위해 사람들을 몰아붙일 때, 그들 중 일부는 당신이 실패하기를 원할 것이다. 이런 말이 있다.

"당신이 오르막에서 사람들의 손가락을 밟으면, 그들은 내리막에서 당신의 발을 걸어 넘어지게 만든다."

만일 당신이 실패하면 적어도 그들은 당신의 몰락을 축하하고 난 뒤에 가던 길을 갈 것이다.

3. 관계형 리더들은 이용당할 수 있다

관계형 리더가 아닌 사람들은 대개 딱 부러진 리더로 간주된다. 지위형 리더들은 종종 하급자들과 거리를 두기 위해 자신의 지위를 사용한다. 고도의 성취자들은 때로 자신을 따르는 사람들을 두려워하게 만든다. 그러나 관계형 리더에게는 그들이 자연스럽게 가까이 다가온다. 이것은 때로 그들이 친절을 일종의 약점으로 오해했다는 뜻이다. 그들은 격려를 받게 되면 상하 경계를 허물어도 되는 것으로 믿는다. 그들은 권한을 지니고 있으면 원하는 것을 무엇이든지 자유롭게 할 수 있다고 여긴다. 결과적으로, 그들은 그들의 리더를 이용한다.

사실 나에게도 이런 일이 일어났다. 내가 사람들을 격려했을 때, 어떤 사람들은 그것을 발판으로 삼았다. 다른 사람들은 그것을 이용했다. 나와 함께 일하는 사람들과 쌓은 긴밀한 관계는 내가 아주 소중히 여기는 평생의 우정으로 이어졌다. 한편으로는 평생 동안 실망을 안겨 주기도 했다.

당신이 2단계에서 사람들과 관계를 구축할 때, 당신은 다음 네 가지 부류의 사람들을 만나게 될 것이다.

- 받기만 하는 사람 : 관계를 이용하여 자신만의 이익을 취하는 사람들
- 개발자 : 관계를 긍정적으로 이용하여 자신과 당신을 향상시키는 사람들
- 알고 지내는 사람 : 당신과의 관계에 기생하면서 아무 일도 하지 않는 사람들
- 친구 : 당신과의 관계를 즐기면서 당신의 선의에 보답하고 결코 그것을 불공정하게 이용하지 않는 사람들

관계를 맺는다는 것은 사랑에 빠져 자신을 개방하는 것처럼 하나의 모험이다. 분명히 당신은 늘 자신을 방어하며 결코 다치지 않을 수 있다. 그러나 당신은 당신과 다른 사람들의 삶을 풍요롭게 만들어 줄 깊고 가치 있는 관계를 가질 기회를 결코 얻지 못할 것이다. 나는 당신이 관계를 쌓는 쪽을 선택하기를 바란다. 나는 나의 리더십 인생 초기에 그런 선택을 했으며, 비록 내가 상처를 받기도 하고 종종 다른 사람들에게 이용당하기도 했지만, 후회하지는 않는다. 대부분의 사람은 관계를 존중하고, 바르게 대우해 주고, 나에게 큰 가치를 더해 준다.

4. 관계 리더십은 효과를 높이기 위해 솔직함을 요구한다

저술가이자 목사인 릭 워렌(Rick Warren)은 이렇게 말했.

"당신은 멀리서 사람들을 감동시킬 수 있지만, 그들에게 영향을 미치려면 가까이 가야 한다."

당신이 그렇게 하면 그들은 당신의 결점을 볼 수 있다. 그는 이런 말을 하기도 했다.

"리더십의 가장 본질적인 속성은 완벽함이 아니라 신뢰성이다. 사람들이

반드시 당신을 신뢰할 수 있어야 한다."

　많은 사람이 자신의 실수를 인정하거나 자신의 결점을 들키고 싶어 하지 않는다. 또한 그들은 자신이 드러나는 것을 원하지 않는다. 그들은 자신의 삶의 부정적인 면 때문에 사람들에게 가까이 가지 않는다. 사람들이 리더십 지위를 받으면 자신의 약점을 숨기려는 열망이 훨씬 더 강해진다. 대부분의 사람은 리더로서 더 큰 힘을 보여 주어야 한다고 생각한다. 그러나 리더들이 자기가 리드하는 사람들에게 겉치레만 보여 주려고 한다면 진정한 관계를 구축할 수 없다.

　관계 단계에서 진정한 관계를 개발하려면 리더들이 진실해질 필요가 있다. 그들은 자신의 실수를 시인해야 한다. 그들은 자신의 잘못을 인정해야 한다. 그들은 자신의 결점을 인식해야 한다. 다시 말해, 그들은 진짜배기가 되어야 한다. 이런 상태에서 까딱 잘못하면 리더가 상처받기 쉽다. 주로 그것 때문에 많은 리더가 리더십 1단계에서 2단계로 결코 올라가지 못하는 것이다.

5. 관계 리더십은 선천적으로 호감이 가지 않는 사람들에게는 힘들다

　우리는 사람들과 어울리는 재능을 타고난 사람들이 있음을 솔직히 인정해야 한다. 그들은 다른 사람들과 잘 어울리며 쉽게 관계를 개발한다. 2단계는 그런 사람에게 딱 맞다. 그러면 사람들과 함께 일하는 데 타고난 재능이 없는 사람들은 어떻게 할까? 그들로서는 2단계로 올라가기가 쉽지 않다. 그들이 다른 사람들의 동의를 얻고자 한다면 자신을 더 호감이 가는 사람으로 만들려고 노력해야 한다.

여러 해 동안 나는 다른 사람들과 잘 어울리지 못하는 사람들을 봐 왔는데, 그 이유가 무엇인지 자문해 보았다. 나의 결론은 대부분 호감이 가지 않는 사람들은 사람들을 별로 좋아하지 않는다는 것이었다. 그들이 다른 사람들을 미워한다는 뜻이 아니라 그들이 사람들과 좋은 관계를 맺는 데 필요한 에너지를 아낌없이 쏟을 정도로 다른 사람들에게 관심을 가지지 않는다는 말이다.

나는 사람들이 기꺼이 남들 뒤에 서려고 하지 않는 한 남을 앞지르지 못한다고 믿는다. 어떻게 하면 그렇게 할 수 있을까? 어떻게 하면 좀 더 호감을 얻을 수 있을까? 다음과 같이 해 보기 바란다.

- 다른 사람에게 관심을 갖기로 결정하라. 사람들을 좋아하고 사람들에게 관심을 갖는 것은 당신이 마음먹기에 달려 있다. 아직 준비가 되지 않았다면 바로 결정하라.
- 당신이 만나는 모든 사람에 대해 마음에 드는 점을 찾아보라. 분명히 있을 것이다. 그것을 찾는 것을 당신의 일로 삼아라.
- 당신 스스로에 대해 마음에 드는 점을 발견하여, 그것을 당신이 만나는 모든 사람과 나누기 위해 할 수 있는 모든 일을 다하라.
- 모든 사람에게 당신이 상대방에게서 좋아하는 면을 표현하기 위해 매일 노력하라.

당신이 사람들의 동의를 얻어 2단계에서 효과적으로 리드하기를 원한다면 반드시 사람들을 좋아하고 더 호감이 가는 사람이 되어야 한다.

6. 관계 리더십은 전인적인 사람과 관계를 맺도록 당신을 강요한다

자동차의 창시자인 헨리 포드(Henry Ford)는 스스로에게 이렇게 물었다 "내가 정말 원하는 것은 인간의 양손뿐인데, 왜 나는 언제나 인간 전체를 고용해야 하는가?"

이 문제에 대해 다루어 보자. 관계란 여러 가지 것이 뒤섞여 있는 것이다. 많은 리더가 업무적인 차원에서만 사람들을 대하고 싶어 한다. 그러나 현실은 당신이 누군가를 리드할 때, 당신은 사람들의 역기능과 가정생활, 건강 문제, 버릇들을 포함하여 전인적인 사람을 접한다. 훌륭한 리더들은 리더십의 핵심은 사람들을 다루고 좋은 사람, 나쁜 사람, 추한 사람 모두와 일하는 것임을 안다. 그들은 2단계에서 그렇게 한다. 리더십 전문가 워렌 베니스(Warren Bennis)와 버트 네너스(Burt Nanus)는 그것에 대해 이렇게 설명했다.

> 리더십은 본질적으로 사람을 대하는 일이다. 대학교와 기업은 모두 형식적인 양적 도구들과 뻔한 문제들, 터무니없이 단순화시킨 '인간관계' 문제들을 지나치게 강조하면서 이 점을 놓치고 있다. 우리는 직급이 올라갈수록 하는 일에서 더욱 원활한 대인관계가 요구되고, 일 자체로 인간적인 것을 발견하게 된다. 최고경영자들은 그들 시간의 약 90%를 혼잡한 인간 문제와 관련된 곳에 쓴다.[6]

나는 혼잡한 인간 문제가 리더십을 재미없게 만드는 것임을 인정해야 한다고 생각한다. 그래서 종종 우리가 다른 사람들을 알아가고 그들의 결점을 보기 시작하면서 그들에 대한 환상이 깨진다. 우리는 종종 행복하게 보이려고 기를 쓰며 칵테일 파티에 나온 여자처럼 행동하곤 한다. 누군가가 그녀의 손가락에서 크고 번쩍거리는 보석을 보고 소리쳤다.

"우와! 멋진 다이아몬드군요!"

그러자 그녀는 이렇게 말했다.

"네, 캘러한 다이아몬드예요."

구경꾼은 나지막한 목소리로 이렇게 말했다.

"나도 하나 가졌으면……."

그러자 그녀는 시큰둥한 반응을 보이며 이렇게 말했다.

"안 돼요. 여기에는 캘러한의 저주가 걸려 있어요."

"캘러한의 저주라, 그게 뭔데요?"

그녀는 깊은 한숨을 쉬며 쓸쓸한 얼굴로 이렇게 말했다.

"캘러한 씨요!"

우리가 다른 사람들에 대해 더 많이 알면 알수록 더 많이 실망하게 될지 모른다. 왜냐하면 사람이란 저마다 결점과 좋지 않은 습관을 지니고 있기 때문이다. 우리는 모두 불완전한 존재이다. 닉슨(Nixon) 정부의 워터게이트 사건이 있은 뒤, 빌리 그레이엄(Billy Graham)은 이런 말을 했다.

"모든 사람의 내면에는 작은 워터게이트가 들어 있다."

우리는 반드시 서로 그 점을 인정하여 함께 일하는 법을 배워야 한다. 당신은 리더로서 당신이 좋아하는 사람이나 당신이 잘 지낼 수 있는 사람들과만 관계를 맺고, 다른 사람들은 무시하려는 유혹을 받을 수도 있다. 그러나 그렇게 하면 자칫 많은 사람을 잃어버릴 수 있다. 우리가 가진 공통점들이 관계를 즐겁게 만들어 줄 수 있을지 모르나, 차이점은 관계를 더 재미있게 만들어 준다는 사실을 기억하는 것이 중요하다. 2단계의 훌륭한 리더들은 이러한 차이를 성공적으로 다루며 팀과 조직의 유익을 위해 그것을 이용한다.

훌륭한 리더들은 힘든 진실을 받아들이고, 사람들의 약점을 파악하며 현실을 직시할 수 있다. 그들은 자애롭고 진실된 마음으로 그렇게 한다. 그들은 문제를 회피하지 않고, 해결해 낸다. 노예제 폐지에 앞장선 프레데릭 더글라스(Frederick Douglas)는 이렇게 말한 바 있다.

"밭을 갈지 않고 추수를 기대할 수 없고, 천둥과 번개 없이 비를 기대할 수 없다."

관계를 구축하는 리더들은 갈등을 발전의 일부로 본다. 어떤 때는 갈등이 생산적이기도 하다.

2단계의 요점은 리더십을 저해하는 대부분의 요인이 사람들을 다루는 데서 온다는 것이다. 당신은 사람들에게 관심을 가지고 그들을 이해하면 일이 순조롭게 진행될 것이라고 여긴다. 그런 기대를 가지고 관계 단계의 리더십으로 들어가면, 긍정적인 태도와 개방된 마음을 가지고 자유롭게 리드하게 된다

2단계
최선의 행동

■■■ 사람들의 동의를 얻기 위해 일해야 할 경우, 당신은 어떻게 할 것인가? 어떻게 하면 관계형 리더로서 발전할 기회를 최대한 활용할 수 있을까? 다음 다섯 가지 사항을 참고하라.

1. 다른 사람들과 관계를 맺으려고 하기 전에 자신과 관계를 맺어라

사람들과 관계를 맺고 구축하는 비결 중에 하나는 당신 스스로를 알고 좋아하는 것이다. 나는 저서 《신뢰의 법칙(Winning With People)》에서 이런 말을 했다.

우리가 연구해야 할 첫 번째 사람은 우리 자신들이다.

나는 이것을 '거울의 원칙'이라고 부른다. 관계를 구축하는 일은 항상 당신 자신에게서 출발해야 한다. 이게 무슨 말일까?

자기 인식_ 내가 알아야 할 첫 번째 사람은 나 자신이다

많은 사람이 세상에서 자신을 제외한 모든 사람을 평가할 능력을 부여받은 것처럼 생각하곤 한다. 자기 인식 능력을 타고나는 사람은 거의 없다. 그러면 어떻게 해야 그런 사람이 될 수 있을까? 스스로를 연구하라. 당신의 강점과 약점을 파악하라. 다른 사람들에게 당신을 평가해 달라고 부탁하라. 어떤 상황에 있든 당신이 생각하고, 느끼고, 행동하는 방식을 이해하라. 일단 당신이 누구인지 알고 나면 당신 자신에 대해 잊어버리고 다른 사람들에게 초점을 맞추어라. 당신은 유리한 고지에서 다른 사람과 관계를 맺을 것이다.

자기 이미지_ 내가 어울려야 할 첫 번째 사람은 나 자신이다

나는 평생 단 하루도 자기 자신과 어울리지 못하는 사람들을 알고 있다. 그들은 자신의 모습을 좋아하지 않는다. 혹은 자신이 다른 재능, 다른 성향을 가지고 태어났기를 바란다. 그들은 자신의 출신지와 목적지를 좋아하지 않는다. 당신이 스스로에 대해 바꿀 수 있는 것은 매우 많다. 그 일에 매진하라. 그러나 당신이 할 수 없는 일도 많다. 그것들을 인정하라. 토머스 제퍼슨(Thomas Jefferson)은 이렇게 조언했다.

"양심의 문제에 대해서는 바위처럼 꿋꿋하라. 그러나 관습의 문제에 대해서는 흐름에 맡겨라."

자신에게 정직하기_ 나에게 문제를 일으키는 첫 번째 사람은 나 자신이다

코미디언인 잭 파(Jack Paar)는 이런 농담을 했다.

"돌이켜 보면, 내 인생은 장애물 뛰어넘기 경주와 같았다. 그런데 그 장애물 중에서 가장 어려운 것은 바로 나 자신이다."

인생에서 성공하지 못하는 대부분의 사람은 그들 자신에게 책임이 있다. 그들은 자신을 믿지 않고, 문제를 만들고 나서는 그것이 누군가 다른 사람의 잘못인 것처럼 행동한다. 또한 변화는 원하지만 성장하지는 않는다. 자기기만적이 되면 정말 곤란하며 성공하기도 매우 어렵다. 용케 잘 처리하는 사람도 더러 있지만 결코 그것을 유지하지 못한다. 당신이 관계를 구축하고 싶으면 당신 먼저 정직할 필요가 있다.

자기 개선_ 내가 반드시 변화시켜야 하는 첫 번째 사람은 나 자신이다

당신의 인생을 더 나은 쪽으로 변화시키고 싶다면, 무엇보다 당신 자신을 더 나은 쪽으로 변화시킬 필요가 있다. 저술가인 사무엘 존슨(Samuel Johnson)은 이렇게 충고했다.

"자신의 성질만 제외하고 모든 것을 바꿈으로써 행복을 추구하려고 하면서 인간 본성에 대한 지식이 미미한 사람은 부질없는 노력으로 인생을 낭비하고, 자신이 제거하려고 했던 슬픔을 증대시킨다."

우리는 걸핏 하면 우리가 가진 문제의 근원을 알아내기 위해 우리 외부를 살핀다. 실제로는 많은 문제가 우리 내부로부터 온다.

자기 책임_ 변화를 가져올 수 있는 첫 번째 사람은 나 자신이다

변화를 가져오기 위해 나서서 헌신하는 사람만이 중요한 것을 성취할 수 있다. 그 사람은 책임을 지고 그것을 다른 사람에게 넘겨준다. 스스로에 대해 책임을 지지 않는다면 당신의 인생이 현재의 모습과 달라질 것이라는 기대는 버려라.

2. 사람 지향적인 리더십 스타일을 개발하라

관계형 리더들은 사람들을 리드하기 위해 규칙이나 시스템에 의존하지 않는다. 그리고 그들은 결코 막대기로 다스리려고 하지 않는다. (막대기로 다스리려고 하는 사람은 누구든지 모든 막대기는 결국 부러진다는 사실을 알 필요가 있다.) 대신에 그들은 사람들을 대할 때마다 개인적으로 접촉하는 방법을 쓴다. 그들은 듣고, 배운 다음에 리드하고, 관계를 개발하며 개방적인 정책 그 이상을 가지고 있다. 문이 양 방향으로 열린다는 사실을 잘 알고 있는 것이다. 그들은 문을 나와 사람들 속에 뛰어들어 관계를 맺는다.

허브 켈러허(Herb Kelleher)는 이런 말을 남겼다.

"어떤 조직을 리드하는 것은 시스템과 관계가 있기도 하지만 영혼과도 큰 관계가 있다. 효과적인 리더십은 이해에서 그 근원을 발견한다. 리더가 인간성에 대한 인식이 없고, 그가 리드하는 사람들의 희망과 열망에 대해 예민하게 감지해 내지 못하며, 행동에 동기를 부여하는 정서적인 힘을 분석하는 능력을 가지고 있지 않으면, 동기 부여의 빈도와는 상관없이 성과를 낼 수도 없고, 성공할 수도 없다."

그것을 달리 표현하면, 훌륭한 리더들은 그들이 하는 어떤 일에 있어서

절대 사람들을 소외시키는 법이 없다는 것이다. 그들은 항상 사람들이 어디에 있고, 무엇을 믿으며 어떤 기분인지 고려하고, 늘 그들의 상황을 염두에 두고 질문을 한다. 무엇을 할지 아는 것만으로는 훌륭한 리더가 되기 어렵다. 그저 어떤 일이 옳기 때문에 반드시 사람들이 당신에게 그 일을 시키는 것이 아니다. 훌륭한 리더들은 그것을 고려한다. 그리고 그들은 생각하고, 그에 맞게 행동한다.

당신이 2단계에서 성공하고 싶다면 시스템보다는 사람들의 감정을, 규정보다는 사람들의 능력을, 절차보다는 사람들의 마음을 사는 것에 대해 좀 더 생각하라. 다시 말해 진전을 이루려고 노력하기 전에 사람들에 대해 생각해야 한다. 관계형 리더로서 그렇게 하려면, 일관된 감정을 내보이고, 긍정적인 태도를 유지하고, 경청하는 귀를 가지며, 다른 사람들에게 당신의 진정한 모습을 보여 주어야 한다.

3. 황금률을 실천하라

관계형 리더십에 대한 비판 중에 하나는 자기 뜻대로 조종하는 식이 될 수 있다는 것이다. 나는 사람들에 대한 동기 부여를 강조하는 리더들이 다른 사람들을 희생시키고 개인적인 이익을 얻기 위해 리더십을 이용할 수 있다는 데 동의한다. 사람들을 조종하는 일과 동기를 주는 일 사이에는 미세하지만 분명한 선이 있다. 그러나 관계형 리더는 그러한 경향을 억제하고, 황금률을 따름으로써 동기 부여에서 조종의 영역으로 넘어가지 않을 수 있다.

나는 종종 세계를 여행하며 문화와 언어, 역사, 가치관, 이해관계가 다른 아주 다양한 사람에게 강의할 기회를 가진다. 그러나 모두들 관계의 진실성에 대해 더 많은 것을 가르쳐 달라고 부탁한다. 그럴 때 나는 늘 황금률을 가르친다.

'남에게 대접 받고자 하는 대로 너희도 남을 대접하라.'

이 단순한 규칙은 보편적으로 이해하고 따를 수 있다. 이 말은 이치에 맞는 관계의 표준을 세우고 적용할 수 있다. 또한 모든 문화와 종교에서 발견할 수 있는 핵심적인 가르침이기도 하고, 실제 삶에 대한 가장 소박하고, 가장 심오하며, 가장 긍정적인 지침이기도 하다. 다음은 내가 발견한 수많은 황금률의 변형과 그 기원이 되는 종교들이다.

- 기독교 : 무엇이든지 남에게 대접을 받고자 하는 대로 너희도 남을 대접하라.[7]
- 이슬람교 : 자신에게 베풀고 싶은 것을 이웃에 베풀지 않는 자는 신자가 아니다.[8]
- 유대교 : 네가 싫은 것을 이웃에게 행하지 말라. 이것이 율법의 전부요, 나머지는 모두 주석에 불과하다.[9]
- 불교 : 자신이 받는 고통으로 남을 아프게 하지 말라.[10]
- 힌두교 : 이것이 최고의 의무이니, 사람들이 너에게 하지 않기를 바라는 것을 다른 사람들에게 결코 행하지 말라.[11]
- 조로아스터교 : 너에게 불쾌한 것은 무엇이든지, 남에게 하지 말라.[12]
- 유교 : 네가 하기 싫은 일은 남에게도 시키지 말라.[13]
- 바하이교 : 그대의 눈이 정의를 향하고 있다면 그대는 자신을 위해 선택하는 것을 이웃을 위해 선택하라.[14]
- 자이나교 : 사람은 스스로 대우 받고자 하는 것처럼 모든 생명체를 대우해야 한다.[15]

- 요루바족 격언(나이지리아) : 날카로운 꼬챙이에 새끼 새를 끼우려는 사람은 먼저 자신에게 그렇게 해 보아서 얼마나 아픈지 느껴 보아야 한다.[16]

황금률은 문화적·종교적 경계를 가로질러 모든 사람이 받아들이고 있는 것이 분명하다. 그리고 황금률을 실천하는 것은 리더십과 어떤 관련이 있는가? 그것은 모든 사람이 존중받는 느낌을 가지게 한다. 그것은 부서나 조직 전체의 환경을 변화시킨다. 리더들이 지위 환경의 사람들을 몰아붙이는 방식에서 관계 환경의 사람들을 존중하는 쪽으로 변화할 때, 사람들은 자신이 물건처럼 다루어지다가 사람 대접을 받게 되었다고 느낄 것이다.

4. 당신 팀의 주된 격려자가 되어라

오랫동안 나는 칙필라(Chick-fil-A, 미국에서 두 번째로 큰 치킨 패스트푸드 체인-옮긴이)의 리더들인 캐시 가문과 친교를 맺어 왔다. 어느 날 그 회사의 창립자인 트루에트 캐시(Truett Cathy)와 저녁 식사를 하게 되었는데, 그때 그는 이렇게 말했다.

"격려가 필요한 사람을 내가 어떻게 알아맞히는지 아세요? 어떤 사람이 숨을 몰아쉬고 있으면 그는 등을 토닥여 줄 필요가 있다는 거예요."

나는 지금까지 남을 격려하는 것을 좋아하는 사람 중에 그 덕을 보지 못한 사람을 본 적이 없다. 다른 사람으로부터 긍정적인 칭찬과 격려를 듣지 않아도 될 만큼 성공했거나, 늙었거나, 노련하거나, 학식이 많은 사람은 아무도 없다. 재능 있는 저자이자 교사인 C. S. 루이스(C. S. Lewis)와 J. R. R. 톨킨(J. R. R. Tolkien)의 삶이 훌륭한 예이다. 친구 사이인 두 사람은 모두 옥스

포드대 교수로, 만나면 주로 자신들이 쓰고 있는 소설에 대한 이야기를 주고받았다. 톨킨이 《반지의 제왕(The Lord of the Rings)》을 쓰고 있을 때였다. 톨킨이 이야기가 생각대로 풀리지 않아 좌절하고 있는 것을 본 루이스는 친구가 계속해서 글을 쓰도록 끊임없이 격려해 주었다. 그리고 종종 따끔하게 나무라기도 했다. 세월이 흘러 톨킨은 루이스의 긍정적인 말이 얼마나 많은 변화를 일으켰는지에 대해 이렇게 말했다.

"나는 그에게 말로 헤아릴 수 없는 큰 빚을 졌다."

리더로서의 당신은 사람들을 북돋워 줄 수 있는 막강한 힘을 가졌다. 테레사 수녀는 이렇게 말했다.

"친절한 말은 간단하고 말하기도 쉽지만 그 메아리는 끝이 없다."

나는 루이스의 격려의 말이 혼신의 힘을 다해 판타지 대작을 쓰던 톨킨의 귀에 메아리쳤을 것이라 확신한다. 리더로서 당신은 다른 사람들에게 이와 같이 긍정적인 영향을 미칠 수 있다. 사람들은 동료에게서 평가를 듣는 것을 좋아한다. 그러나 그들은 자기 리더의 평가를 정말 귀하게 여긴다. "나는 당신이 나와 함께 일해서 기뻐. 당신은 팀에 굉장한 가치를 더해 주었어."라는 말은 팀이나 부서 또는 조직의 최대의 이익을 염두에 둔 누군가의 의미심장한 칭찬이다.

사람들이 당신을 긍정적으로 받아들이고, 당신의 접근을 늘 반기기를 바란다면, 그들을 격려하라. 당신이 팀원들을 위해 주요한 격려자가 되면 그들은 열심히 일하고 당신의 긍정적인 기대를 저버리지 않으려고 노력할 것이다.

5. 배려와 솔직함 사이에서 균형을 잡아라

많은 사람이 관계 리더십의 개념을 오해하고 있다. 어떤 사람들은 관계 리더십 단계에서의 성공은 곧 팀원들을 가족처럼 대하는 것이라고 생각한다. 이는 심각한 착각이다. 사람들은 가족을 있는 그대로 대하지 않는다. 나도 마찬가지이다. 나는 가족에게 다른 사람들에게 하는 것보다 더욱 헌신적으로 대한다. 내 가족이 어떤 행동을 했든 상관 않고 무조건적인 사랑을 주려고 최선을 다한다. 가족은 내가 다른 어떤 누구에게도 적용하지 않는 특권을 갖는다. 그리고 가족과 끊임없이 타협한다. (타협의 중요성을 믿지 않는 사람은 아직 결혼하지 않은 사람이거나, 결혼 생활을 하지 않은 사람이다.) 좋은 가족을 만드는 것은 좋은 팀을 만드는 것과 다르다. 가족은 기여보다 공동체를 소중하게 여기는 반면, 회사는 공동체보다 기여를 소중하게 여긴다. 최상의 팀은 두 가지를 양립한다.

어떤 사람들은 관계형 리더가 되려면 팀원들에게 원하는 것은 뭐든 할 수 있도록 허락해야 한다고 생각한다. 이 또한 잘못된 생각이다. 당신이 사람들을 배려한다고 해서 그들이 책임감이나 의무감도 없이 일해도 되는 것은 아니기 때문이다. 당신이 사람들을 배려하고, 존중하고, 그들과 긍정적인 관계를 형성하면 당신은 그들이 성장하고 더 나은 성과를 올릴 수 있도록 마음을 터놓고 듣기 거북한 이야기도 나눌 기회를 더 많이 갖게 되는 셈이다.

누구나 직장 생활을 하다 보면 문제가 있고 실수를 한다. 모든 사람이 다 개선이 필요하고, 옆에서 이를 도와줄 사람이 필요하다. 그들의 개선을 돕는 것은 리더인 당신의 책임이자 특권이다. 그것은 종종 솔직한 대화에서 시작한다. 그러나 솔직한 대화를 하기 전에 문제의 본질이 뭔지 자문해 보면 도움이 된다. 나의 친구 샘 챈드(Sam Chand)는 어떤 사람 때문에 어려움을 겪고 있을 때 스스로에게 다음과 같은 단순한 질문을 던진다고 한다.

"이 사람은 할 수 없다는 유형인가, 못하겠다는 유형인가? 할 수 없다는 것은 능력의 문제이다. 대부분의 경우, 우리는 이런 유형의 사람을 도울 수 있다. 그러나 못하겠다는 것은 태도의 문제이다. 태도가 원인이라면 다음과 같은 이유로 지금 그 사람에게 문제가 있음을 알려야 한다. 우리는 사람들을 채용할 때는 지식을 보지만, 해고할 때는 인성을 본다."

나는 사람은 누구나 자신의 태도를 바꾸고 능력을 개선할 수 있다고 생각하기 때문에 그들의 부족한 점에 대해 말해 준다. 당신이 리더이고 사람들을 도와주고 싶다면, 하기 힘든 이야기도 기꺼이 해 줄 필요가 있다. 그렇다면 리더는 사람들을 앞으로 나아가게 이끌면서 그들과 관계를 맺는 문제를 어떻게 처리해야 할까? 배려와 무조건적인 솔직함 사이에서 균형을 잡아야 한다. 솔직함이 없는 배려는 역기능 관계를 낳는다. 배려하지 않으면서 솔직하게만 대응하면 관계가 소원해진다. 그러나 배려와 솔직함 사이에 균형이 잡히면 관계가 발전한다.

2단계에서 리더의 성공을 돕기 위해 배려와 솔직함이 어떻게 조화롭게 이루어져야 하는지 알아보자.

배려가 사람을 중요시한다면 솔직함은 사람의 잠재력을 중요시한다

2단계와 그 이상의 단계에서 성공적으로 리드하려면 사람을 존중하는 일이 중요하다. 그것이 견고한 관계를 이루는 기초이다. 다른 사람들을 배려하는 것은 당신이 그들을 존중한다는 것을 보여 준다. 그러나 사람들이 발전하도록 돕고자 한다면 당신은 그들에게 개선할 점이 무엇인지에 대해 정직하게 표현해야 한다. 그것은 당신이 그 사람의 잠재력을 중요시한다는 것을 나타낸다. 그러려면 솔직하게 대응해야 한다.

솔직해지는 비결 중에 하나는 그 사람이 어떤 인물이 될 잠재력을 가졌는가의 관점에서 생각하고, 말하고, 행동하는 것이며, 어떻게 그것을 성취하도록 도울 것인지 생각하는 것이다. 잠언에 이런 말이 있다.

> 친구의 아픈 책망은 충직으로 말미암는 것이나
> 원수의 잦은 입맞춤은 거짓에서 난 것이니라.[17]

당신이 다른 사람들에게 솔직하고 그들의 이익을 염두에 두고 있다면 결코 해를 끼칠 리가 없다. 이를 테면 외과 의사의 수술과 비슷한 것이다. 아프기는 하겠지만 도우려는 것이므로 해롭지 않다. 리더로서 당신은 기꺼이 그렇게 할 수 있어야 한다. 그렇지 않으면 당신의 사람들이 성장하고 변화하는 것을 도울 수 없다.

배려가 관계를 확립하는 반면 솔직함은 관계를 확장한다

일반적으로 의견 일치와 배려는 관계가 확립되도록 도움을 주는 것들이다. 그러나 보통 그것들만으로는 관계를 성장시키기에 부족하다. 관계를 확장하기 위해서는 솔직함과 열린 소통이 필요하다.

내가 만난 대부분의 리더가 대놓고 이야기하기 곤란한 문제여서 계속 피하는 상황을 겪고 있다. 그들은 한두 가지 이유로 망설인다. 대립하기 싫거나 상대의 마음을 아프게 할까 봐 겁이 나는 것이다. 그러나 만약 리더가 배려와 솔직함 사이에서 균형을 잡을 수 있다면 정말로 관계를 심화하고 강화할 것이다.

한 가지 예를 들어 보자. 셰릴(Sheryl)이 나를 위해 일하러 온 것은 그녀가 많은 잠재력을 가진, 추진력이 대단한 사람이었기 때문이다. 나는 여섯 달 동안 그녀가 일하는 것을 지켜보았고, 그녀가 리더십의 '강한' 면을 가지고 있다는 것을 발견했다. 그녀는 상당히 활동적이었고, 조직적이었으며 항상 일 처리를 잘했다. 그러나 그녀는 리더십의 '부드러운' 면, 즉 관계적인 면을 완전히 무시했다. 그녀는 자기가 리드하는 어떤 사람도 포섭하지 못했다. 결과적으로 그녀는 영향력을 얻지 못했고, 이는 곧 그녀의 리더십이 매우 제한적이 될 것임을 의미했다.

나는 그녀의 리더십 스타일에 대해 솔직하게 대화하기 위해 그녀와의 미팅을 계획했다. 나는 그녀에게 내가 얼마나 그녀의 능력을 존중하며 인간적으로 얼마나 많은 배려를 했는지 알려 주었다. 그러나 또한 그녀가 무엇이 부족한지 그리고 그것이 어떻게 사람들을 리드하는 그녀의 능력을 제한하게 될 것인가에 대해서도 알려 주었다. 또 관계적인 면에서 그녀를 지도해 주겠다고 했다. 기특하게도 그녀는 나의 비판을 수용하였고, 나의 도움을 받았다.

이후 몇 년 동안 나는 정기적으로 그녀를 만나 그녀의 대인관계에 대해 평했고, 그녀에게 읽을거리를 주었고, 자신의 능력을 한껏 발휘할 수 있는 일을 하라고 요청하였다. 그녀는 리더로서 꽃을 피웠고, 2단계에서 사람들을 얻기 시작했다. 덕분에 그녀는 거침없이 성장해 나갔다. 오래지 않아 그녀는 조직의 많은 사람과 함께 4단계로 올라갔다.

모든 사람이 솔직한 대화에 좋은 반응을 보이지는 않는다. 어쩔 수 없는 사실이다. 정직함은 아픔을 줄 수 있다. 어떤 사람들은 당신이 그들을 비판할 때 마음을 닫는다. 또 다른 사람들은 일터를 옮긴다. 그러나 만약 당신이 누군가와 솔직한 대화를 한다면 그 사람은 견뎌 내고 성장하여 셰릴이 그랬던 것처럼 3단계나 그 이상으로 올라갈 후보가 될 수 있다.

배려는 관계를 규정하는 반면 솔직함은 관계를 이끈다

견고한 관계는 사람들이 얼마나 서로를 배려하는가에 의해 정의된다. 그러나 사람들이 서로를 배려하는 일이 그들이 함께 어딘가로 간다는 뜻은 아니다. 목표 성취를 위해 팀을 함께 움직이는 것은 리더의 책임이며, 그것은 종종 솔직함을 필요로 한다. 여러 개의 자동차 대리점을 가지고 있는 나의 친구인 콜린 시웰(Colin Sewell)은 내게 이렇게 말했다.

"리더들은 다수를 위해 최상의 결정을 내려야 한다. 따라서 리더들은 팀이나 조직에 해가 된다면 개인적 만족을 위한 권리는 포기한다."

결과가 항상 중요하며, 훌륭한 리더들은 결코 그것을 잊어버리지 않는다. 어느 날, 농구부 축하연 자리에서 대학 총장이 코치와 팀을 과분하게 칭찬하고 있었다. 한껏 기분이 들뜬 코치가 총장에게 물었다.

"우리가 졌더라도 저를 좋아하셨겠습니까?"

그러자 총장은 너무나 당연하다는 듯이 이렇게 말했다.

"경기에서 졌어도 당신을 좋아할 겁니다. 당신과 같이 했던 시간을 그리

위하겠죠."

퇴역한 육군 장성으로 국무부 장관을 지냈던 콜린 파월(Colin Powell)은 이렇게 말했다.

"훌륭한 리더십에는 집단의 복지에 대한 책임도 포함되는데, 이는 당신의 행동과 결정에 화를 낼 사람들도 있을 것이라는 의미이다. 당신이 올바르다면 이것은 불가피하다."

당신이 사람들을 잘 리드하고 싶다면 당신은 기꺼이 그들을 솔직하게 이끌 필요가 있다.

배려는 솔직함을 억눌러서는 안 되고, 솔직함은 배려를 대신해서는 안 된다

요점은 이미 분명해졌다시피 훌륭한 리더들은 반드시 배려와 솔직함, 이 둘을 모두 포용해야 한다. 어느 한쪽도 소홀히 하면 안 된다. 그래서 나는 둘 사이에 균형을 잡는 것을 돕기 위해 사람들과 함께 일하기 위한 배려와 솔직함의 점검표를 만들었다. 솔직한 대화를 하기 전에 다음 질문들에 확실하게 '예.'라고 대답할 수 있어야 한다.

- 그들과 솔직해지기 위해 관계에 충분히 투자했는가?
- 진정으로 사람으로서 그들을 소중히 여기는가?
- 이것은 그들의 문제이지 내 문제가 아니라는 것이 분명한가?
- 위협을 느끼기 때문에 목소리를 높이는 것이 아님이 분명한가?
- 이 문제가 관계보다 더 중요한가?

- 이 대화가 분명히 내가 아니라 그들에게 도움이 되는가?
- 그들의 변화를 돕기 위해 기꺼이 시간과 에너지를 투자할 것인가?
- 잘못된 점을 지적하는 것이 아니라 그들에게 무엇을 어떻게 해야 하는지 기꺼이 보여 줄 것인가?
- 분명하고, 특별한 기대치를 기꺼이 설정할 수 있을 것인가?

만약 당신이 이 모든 질문에 '예.'라고 대답할 수 있다면 당신의 동기는 아마 올바를 것이며 당신은 효과적으로 대화할 수 있는 좋은 기회를 가지고 있다.

젊은 리더로서 나는 사람들과 솔직한 대화를 하는 것이 매우 어렵다는 것을 알았다. 나는 종종 문제가 사라지기를 희망하면서 그와 같은 곤란한 대화를 뒤로 미룬다. 그런 일은 거의 일어나지 않았다. 어쩌면 당신도 나 같은 일을 겪었을지도 모른다. 만약 그렇다면, 당신이 정상이라는 사실을 듣고 기쁠 것이다. 그러나 당신은 솔직한 대화가 리더의 책임이고 반드시 해야 할 일임을 알 필요가 있다. 단, 바른 태도와 바른 방식으로 해야 한다.

일을 맡기기 위해 채용한 직원이 그 일을 하지 않을 때, 팀과 조직에 해를 끼친다. 바로 그때 리더가 조치를 취해야 한다. 그것은 아주 어려운 일일 수 있다. 그러나 장기적으로 보면, 잘못 되어 가는 일을 들을 필요가 있는 조직뿐만 아니라 사람에게도 그것은 최선이다.

앞으로 당신이 솔직한 대화를 해야 하는 입장이 될 때, 이것을 반드시 기억하라.

- 빨리 대화를 하라 : 더미가 적을 때에 삽으로 퍼내라.
- 화내지 말고, 조용히 대화하라 : 배려와 솔직함의 점검표를 사용하라.
- 은밀하게 대화하라 : 누군가를 돕고 싶다면 상대를 당황하게 해서는 안 된다.
- 당황스러움이나 위협을 최소화하는 방법으로 사려 깊게 대화하라.

당신의 목표가 사람들을 돕고, 팀을 개선시키고, 조직의 비전을 성취하는 것이라면 이것이 당신이 리더로서 따라야 할 길이다.

당신이 사람들과 함께 일하고 솔직한 대화를 할 때 한 가지 더 일깨워 주고 싶은 것이 있다. 솔직함이란 서로 주고받는 것이다. 당신이 효과적인 리더가 되어 2단계로 가고 싶다면, 반드시 함께 일하는 사람들이 당신에게 솔직해지도록 해야 한다. 당신은 피드백을 구해야 한다. 그리고 사람들의 비판을 허심탄회하게 받아들이고 거기에서 배울 수 있게 성숙하고 안정되어 있어야 한다.

사람들을 배려하는 것, 구성원들을 위해 좋은 결정을 내리는 것 그리고 견고한 관계를 구축하는 것은 2단계가 추구하는 모든 것이다. 이것이 관계 리더십의 절정이다.

관계 단계에서의 리더십 법칙

■■■ 당신이 자신의 성장을 돕고 2단계에서 사람들이 자신을 따르게 하기 위해 리더십의 법칙을 사용하고자 한다면 다음 사항들을 고려하라.

1. 영향력의 법칙
_리더십의 진정한 척도는 영향력 그 이상도 이하도 아니다

당신이 리더십의 본질을 요약하고자 한다면, 그것은 영향력이다. 리더들은 사람들을 도와 그들이 구성원들에게 유익한 목표를 성취하도록 함께 일하게 한다. 어떻게 하면 다른 사람들에게 뭔가를 자진해서, 훌륭하게, 꾸준히 할 수 있도록 만들 수 있을까? 바로 영향력을 발휘하는 것이다.

내가 처음에 5단계를 개발했을 때, 나는 그것을 영향력의 5단계라고 불

렀다. 리더들이 한 단계씩 오를 때마다 그들의 영향력이 증가하기 때문이다. 영향을 미치는 과정은 관계가 형성되는 2단계에서 시작한다. 여기서 리더십은 강제에서 협력으로 바뀌기 시작한다.

2. 덧셈의 법칙
_리더들은 봉사를 통해 구성원들에게 가치를 더한다

사람들이 리더십에 입문하려는 이유가 무엇일까? 권력을 얻기 위해서? 더 많은 자유를 얻기 위해서? 월급을 더 많이 받기 위해서? 많은 리더가 이기적인 동기에서 자신의 이력을 시작한다. 이는 바람직한 현상이 아닐 수도 있다. 그러나 우리가 변화하려고 하고, 다른 사람들에게 주의를 기울인다면 반대로 나쁘다고만은 할 수 없다. 나는 2단계 관계 리더십으로 올라갈 생각이 없는 1단계 리더가 자신의 이익을 좇아 리더십 지위를 원하는 이기심을 버리지 못하는 것을 많이 봐 왔다. 리더들은 2단계로 올라가기 위해 위대한 리더들이 덧셈의 법칙을 실천했다는 사실을 알 필요가 있다. 그들은 사람들을 돕고 그들에게 가치를 더하기 위해 리드한다.

3. 견고한 기반의 법칙
_신뢰는 리더십의 기초이다

신뢰는 리더십 관계뿐 아니라 모든 관계의 기초이다. 당신은 자신을 신뢰하지 않는 사람들에게 영향을 줄 수 없고. 당신을 부정적으로 인식하는 사람들과는 긍정적인 관계를 구축할 수 없다. 신뢰는 사람들을 단결시키는 아교이다.

신뢰는 2단계에서 시작하며 당신이 높은 단계의 리더십으로 올라가면서 자란다. 사람들이 당신을 신뢰한다면, 그들은 당신과 함께 위로 올라가려고 할 것이다. 반대로 신뢰가 없다면 당신은 한순간에 1단계로 물러나게 될 것이다.

4. 자석의 법칙
_당신의 됨됨이가 다른 사람을 끌어당긴다

나는 10대 때부터 리더십 역학을 연구해 왔다. 내가 일찌감치 깨달은 것이 있다면 바로 유유상종이다. 마음이 같은 사람들이 서로에게 끌리는 것이 현실이다. 대부분의 그룹이 비슷한 나이, 가치관, 배경을 지닌 사람들끼리 모인다. 나는 또한 리더들이 자신의 욕망이 아닌 됨됨이로 사람을 끌어들이는 것을 보았다.

당신이 부서나 조직에서 영향력을 획득해 간다면 그것이 고무적인 것이 될 수도 있고, 부정적인 것이 될 수도 있다. 당신에게 몰려들기 시작하는 사람들이 합리적이고, 영역 지향적이지 않고, 가르침을 잘 따르며, 생산적이라면, 그것은 당신의 리더십에 긍정적인 징후가 된다. 만약 그들이 지위 의존적이고, 소견이 좁고, 동기가 없다면, 그것은 당신의 리더십에 부정적으로 반영된다. 당신의 팀을 변화시키고 싶으면, 당신 자신부터 변화시켜라.

5. 관계의 법칙
_리더들은 사람들이 도움을 요청하기 전에 마음을 사로잡는다

당신이 사람들을 리드하기 위해 그들과 관계를 구축하고 그들이 따르기

를 원한다면, 그들과 관계를 맺기 위해 열심히 노력하라. 나는 관계 맺기를 자신의 영향력을 증가시키기 위한 방편으로 사람들과 일체감을 갖고, 관계를 맺는 능력을 갖추는 것으로 정의한다. 이것이 2단계에서 당신이 그들의 마음을 얻고 그들을 리드할 권리를 획득하기 위해 반드시 해야 할 일이다.

6. 수용의 법칙
_사람들은 먼저 리더를 수용하고 나서 그 다음에 비전을 수용한다

리더들은 본래 커다란 비전을 갖고 있는 사람들이다. 그들은 대망을 품고 있다. 그들은 큰 꿈을 가지고 있다. 그들은 승리하고 싶고, 크게 승리하고 싶다. 그러나 훌륭한 팀이 없는 위대한 비전은 종종 악몽으로 바뀐다. 팀워크를 작동하게 하는 힘은 꿈이다.

종종 리더들이 자신의 비전을 내게 들려주며 이렇게 묻는다.

"당신은 나의 사람들이 나의 비전을 수용할 거라고 생각합니까?"

나는 그들이 2단계 관계를 이해하지 못했으며, 사람들의 마음을 아직 얻지 못해 이런 질문을 한다고 생각한다. 그들은 이렇게 물어야 옳다.

"나의 사람들이 그동안 나를 수용했을까요?"

리더가 가진 비전의 크기나 가치는 대체로 그것의 성취 여부와는 상관이 없다. 보통은 리더의 단계가 결정적인 요인이 된다. 당신이 사람들에게 앞으로 나아가 비전을 성취하라고 요청하기에 앞서 그들이 먼저 당신을 리더로 수용해야 한다. 그들이 당신을 리더로 수용하기 전에 당신은 그들의 신뢰를 획득하고 당신의 리드에 따르도록 해야 한다. 이것이 바로 2단계에서 시작해야 하는 일이다.

3단계로의
상승을 돕는 신념

■■■ 1단계에서 2단계로 올라가는 것은 리더십 능력에 있어 중요한 진전이다. 성취자나 생산자가 직원에서 리더로 변화할 수 있다는 기대를 갖고 그들에게 리더십 지위를 주는 일은 비일비재하다. 리더십에서 위 단계로 올라가지 못하는 대부분의 사람은 함께 일하는 사람들과 관계를 구축하는 일, 그들이 자신을 리더로서 따르도록 만드는 일의 중요성을 이해하지 못하기 때문에 실패하는 것이다.

그러나 아직도 획득할 리더십 단계는 많다. 당신이 사람들과 함께 2단계로 올라가려고 노력해 왔고 그들을 배려하는 사람으로서 그들의 신뢰를 얻었다면, 이제 3단계 리더의 방식으로 생각할 때가 왔다. 다음 세 가지를 염두에 두고 변화를 시작하라.

1. 관계만으로는 충분하지 않다

비록 관계 단계가 당신과 당신의 팀에 관계의 측면에서 큰 만족을 가져다준다 할지라도 당신이 2단계에 머물러 전진하지 못한다면, 당신은 스스로를 리더로 입증하지 못할 것이다. 고무적인 것은 당신이 당신의 팀과 연결되어 있다면, 이제 그들에게 상당한 영향력을 가진 것이다. 그렇다면 문제는 이것이다. 그 영향력을 가지고 무엇을 할 것인가?

진정한 리더십은 사람들이 무언가를 성취할 수 있도록 어딘가로 데려간다. 그러려면 리더가 사람들의 잠재력을 그들의 실적과 연결시켜야 한다. 관계 단계는 훌륭한 리더십의 기초이지만, 그것이 당신의 궁극적인 목표는 아니다.

2. 관계를 구축하는 데는 이중의 성장이 필요하다

이 파트에서 나는 관계 구축에 대해 설명했다. 그러면서 나는 사람들이 어떻게 서로를 향해 성장해야 하는지에 초점을 맞추었다. 그러나 관계가 의미를 지니려면 또 다른 종류의 성장이 필요하다. 사람들은 또한 반드시 서로 함께 성장해야 한다. 서로를 향해 성장하려면 융화가 필요하고, 서로 함께 성장하려면 의지가 필요하다.

당신이 결혼했거나, 오랫동안 긴밀한 관계를 이어 왔다면, 어떻게 이러한 역학이 작동하는지 이해할 것이다. 당신이 처음에 동반자를 만났을 때 두 사람은 매력이나 공통점, 공동의 경험에 근거하여 서로에게 이끌렸다. 당신은 관계를 확립했지만 최초의 경험을 뛰어넘어 나아가지 않는다면, 관계는 지속될 수 없다. 함께 지내려면 관계를 유지할 필요가 있다. 그러려면 함께 성장해야 한다. 함께 성장하지 않는다면 두 사람의 사이가 벌어질 확률이 크다.

마찬가지로 당신이 리더로서 저력을 갖고자 한다면, 당신은 사람들을 향하고, 사람들과 함께 성장해야 한다. 당신이 사람들과 좋은 관계를 구축했다고 해서 리더십 측면에서 완성되었다고 생각하지 말라. 아직 해야 할 일이 많이 있다.

3. 함께 비전을 성취하는 것은 관계 상실의 위험을 무릅쓸 만한 가치가 있다

사람들과 관계를 구축하는 일은 매우 힘들다. 그러나 리더로서 성공하고 리더십의 더 높은 단계로 올라가고 더 큰 그림을 그리려면 당신이 관계의 측면에서 개발해 놓은 것을 기꺼이 잃어버릴 위험을 무릅써야 한다. 리더들은 비전을 위해 기꺼이 희생할 수 있어야 한다. 비전의 성취가 팀 구축에 큰 도움이 된다면 관계를 잃어버릴 각오를 해야 한다.

관계를 구축하고 팀의 발전을 위해 관계를 잃어버릴 위험을 무릅쓰는 일은 리더를 긴장하게 만든다. 그 긴장 때문에 당신은 비전을 축소시킬 것인가 아니면 그 비전에 이를 수 있게 사람들이 능력을 발휘하도록 만들 것인가, 둘 중 하나를 선택할 수밖에 없다. 큰일을 하고 싶으면 사람들을 안전지대에서 끌어낼 필요가 있다.

사람들이 실패할지도 모른다. 스스로 주저앉을지도 모른다. 당신과 싸우거나 그만둠으로써 자신의 긴장을 완화시키려 할지도 모른다. 위험은 항상 관계를 변화시킨다. 만약 당신이 위험을 무릅쓰고 승리를 거두면 당신의 사람들은 자신감을 얻는다. 당신은 관계를 더 강화시킨 역사를 공유하게 되고, 이로써 신뢰는 증가한다. 그리고 팀은 훨씬 더 어려운 도전을 떠맡을 준비가 된다. 그러나 만약 당신이 위험을 무릅썼다가 실패하면, 당신은 사람들에게 신뢰 관계를 상실하고 관계를 재구축해야 한다.

리더십에는 늘 위험이 도사리고 있다. 당신이 전진하려고 할 때마다 위험이 끼어든다. 심지어 당신이 옳은 일을 하고 있을 때조차 위험 상황에 놓인다. 그러나 위험 없이는 어떤 발전도 없으므로 위험에 익숙해질 필요가 있다.

문제는 당신이 2단계에서 관계를 구축하기 위해 리더십 초기에 속도를 늦추거나 3단계로 바로 건너뛰는 일을 밀어붙일 수 있다는 것이다. 그러나 그렇게 한다면 그 건너뛴 관계를 구축하기 위해 나중에 되돌아가야만 한다. 여기서 당신은 그렇게 할 때 당신의 기세가 느려지며, 실제로는 당신이 처음부터 정도로 갔을 때보다 팀 구축에 더 오랜 시간이 걸릴 수 있다는 것을 알아야 한다. 스타벅스의 창시자인 하워드 슐츠(Howard Schultz)는 이렇게 말했다.

"사람들이 자기가 일하는 회사와 관계를 맺는다면, 그들이 회사와 정서적 유대를 형성하고 그 꿈에 참여한다면, 그들은 회사를 발전시키는 데 혼신의 힘을 쏟을 것이다."

맞는 말이다. 무엇이 사람들과 회사를 이어 주는 중요한 열쇠인가? 그것은 함께 일하는 리더이다. 그러한 리더는 일상에서 회사의 얼굴이자 가슴이며 손이 된다. 그 리더가 사람들과 관계를 맺고 배려를 하게 되면 큰 변화가 일어난다.

2단계를 통한 성장 가이드

■■■ 당신이 관계 리더십과 관련된 긍정적 측면, 부정적 측면, 최선의 행동, 신념을 숙고할 때 리더로서 성장하도록 돕는 다음 지침을 사용하라.

1. 반드시 사람들을 향해 올바른 태도를 가져라

관계 리더십에서는 당신이 사람들을 얼마나 좋아하며, 사람들은 당신을 얼마나 좋아하는지가 핵심 사안이다. 다행인 것은 당신이 사람들을 좋아하는 정도를 조절할 수 있다는 것이다. 대체로 당신이 사람들을 진심으로 좋아한다면, 그들은 당신에게 호감을 가질 것이다. 너무 단순해 보일지 모르지만, 오늘 이후부터 모든 사람을 사랑하려고 마음먹어라. 그들이 당신을 좋아하지 않는다 할지라도 말이다. 그런 의도를 글로 작성해서 서명하고 날짜를 기입하라. 필요하다면, 사람들에게 우선순위를 둘 것을 매일 일깨워 주는 장치를 당신 책상 앞에 두어라.

2. 당신 자신과 관계를 맺어라

다른 사람들과 관계 구축을 잘하는 사람이 되려면, 당신은 당신이 함께 시간을 보내고 싶은 사람이 되어야 한다. 당신 자신과 관계를 맺도록 다음 다섯 가지 요소를 사용하여, 당신이 다음 사항들을 이루도록 도와줄 성장 계획을 세워라.

- 자기 인식 : 당신의 성향, 기질, 재능, 강점, 약점을 파악하라.
- 자기 이미지 : 당신 자신을 긍정적으로 생각할 수 있도록 당신이 가진 개인적인 문제들을 해결하라.
- 자신에게 정직하기 : 당신 자신을 현실적으로 바라보고, 어떤 아픔이 있을지라도 정면으로 맞서려고 마음먹어라.
- 자기 개선 : 당신의 관계 개발 능력의 성장을 위해 헌신하라.
- 자기 책임 : 당신이 자신의 행동과 태도에 책임이 있음을 인정하라.

3. 당신의 성향을 이해하라

당신은 선천적으로 성과보다 사람을 우선시하는 성향을 가진 관계 지향적인 사람인가? 아니면 사람보다 성과를 우선시하는 성향을 가진 성취 지향적인 사람인가? 당신은 자신이 어느 쪽인지 파악하여 관계와 결과 양자를 얻는 법을 배워야 한다.

4. 당신 팀 개개인에 대해 애정을 나타내라

시간을 내서 당신 팀 개개인에 대해 솔직하게 말할 수 있는 긍정적인 것들을 구상하라. 그리고 다음 주에 시간을 내서 그들에게 각각 적어도 한 가지 긍정적인 것을 말해 주어라.

5. 팀 내 당신의 위치를 평가하라

당신의 팀원들 이름을 목록으로 작성하라. 개개인에 대해 다음 질문에 답함으로써 당신이 그들을 얼마나 잘 아는지 측정하라(질문의 출처는 엘리 릴리[Eli Lilly]사가 리더십의 5단계에서 개발한 소재이다.).

- 이 사람에 대해 업무와 무관하게 알고 있는 세 가지 사실이 있는가?
- 이 사람이 소중히 여기는 것이 무엇인가?
- 이 사람의 관심사가 무엇인가?
- 이 사람이 원하거나 소망하는 것이 무엇인가?

당신이 팀원 중 누군가에 대해 이 질문에 답할 수 없다면, 당신은 그 사람을 파악하는 데 더 많은 시간을 쓸 필요가 있다. 당장 이번 주에 그 사람을 더 잘 알기 위해 시간을 비워 두어라.

6. 리드하기의 일환으로 직원을 전인격체로 받아들여라

좋은 리더가 되고자 한다면, 사람들을 개인으로서 소홀히 하거나 무시하면서 사람들의 시간과 기술을 이용하지 말라. 그것은 공정하지도 않고 옳지도 않다. 사람들을 돕고 리더십의 뒤얽힌 부분을 해결하기 위해 책임을 지는 법을 배워라. 그렇지 않으면 리드하기를 그만두고 떠나라(방관자로서 다른 사람들이 리드하는 방식을 비판하지 말고).

7. 재미있는 목표를 세우라

목표 지향적인 사람들이 보다 더 사람 지향적인 리더십 스타일을 개발하는 최상의 방법 중 하나는 일터를 더 재미있는 곳으로 만드는 것이다. 당신이 사람 지향적이라기보다 성과 지향적이라면 당신의 행동 목록에 재미있는 목표를 세워라. 그렇게 하면 사람들에게 더욱 호감을 살 수 있고 그들과 잘 어울릴 수 있게 될 것이다.

8. 사람들에게 온전히 관심을 쏟아라

오늘날 많은 직장인이 인간적으로 무시당하는 기분을 느끼며 의기소침해져 있다. 그들은 리더와 조직이 자신을 배려해 주지 않는다고 생각한다. 그런 생각이 들지 않게 하려면 당신이 사람들과 관계를 맺을 때 관심을 가지고 경청해야 한다. 온전히 관심을 쏟는 것보다 사람들을 더 잘 배려하는 소통 수단은 없다. 그리고 그렇게 하는 데 드는 것은 시간밖에 없다.

9. 당신 팀의 주된 격려자가 되어라

사람들은 신뢰가 가고 기분 좋게 해 주는 사람들에게 자연스럽게 끌린다. 당신이 리더로서 격려자가 되겠다고 마음만 먹으면 그렇게 할 수 있다. 시도해 보라. 앞으로 2주 동안 당신 팀원 중 누군가에게 매일 격려의 말을 건네 보라. 그러고 나서 그 사람의 반응이 어떤지 살펴보라. 팀원 개개인에게 그렇게 하게 되면 그들은 당신과 함께 일하고 싶어 할 뿐 아니라 더 많은 성과를 낼 것이다.

10. 배려와 솔직함을 연습하라

당신이 사람들을 배려한다면, 그들을 돕기 위해 솔직한 말을 해 주고 싶을 것이다. 당신의 팀원 중 누가 실수를 하거나 역량이 좀 부족할 때, 그 사람과 즉시 대화할 계획을 세워라. 배려와 솔직함의 점검표를 사용하여 바르게 대화하도록 하라. 당신이 황금률을 실천하는 한 실패할 확률이 거의 없다는 것을 기억하라.

3 단계

성과 리더십

진정한 리더와 리더가 되고 싶어 하는 자는
일을 해내는 능력에서 차별된다

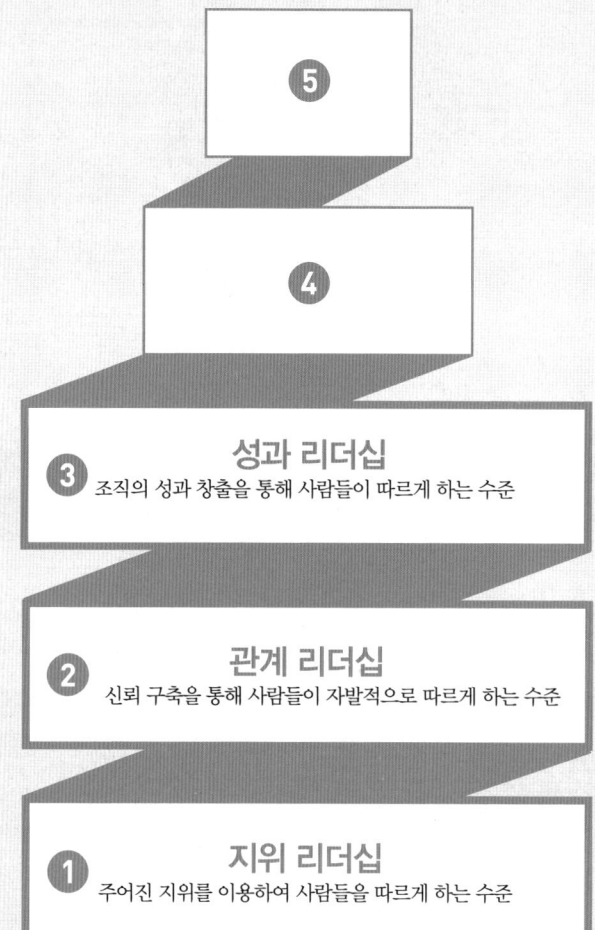

성과 단계는 리더십이 실제로 출발하여 기어를 바꾸는 단계이다. 성과는 그저 지위나 차지하고 있는 사람들과 진정한 리더를 구분하여 자격을 부여한다. 훌륭한 리더는 언제나 일을 척척 해내고, 성과를 얻는다. 또한 조직에 중요한 영향을 주고, 개인적인 성과는 물론, 팀이 성과를 내도록 돕는다. 이러한 능력을 가진 3단계 리더들은 다른 사람들에게 자신감과 신뢰감을 주고, 영향력을 증대시켜 준다.

아무나 3단계 리더를 흉내 낼 수는 없다. IBM의 창시자인 토머스 왓슨(Thomas Watson)은 이렇게 말했다.

"어느 시대나 뛰어난 리더들은 자신의 할당량을 정하고, 계속 그것을 초과 달성한다."

이 말은 3단계 리더에 대해 잘 설명해 준다. 그들은 스스로 동기 부여를 하며 생산적이다. 그 결과, 그들은 팀이 더 발전하고 강해질 수 있는 동력을 창출하고 성공의 환경을 개발한다. 3단계 리더십이 주는 또 다른 유익은 생산적인 사람들을 끌어들인다는 점이다. 생산적인 사람들은 또 다른 생산적인 사람들의 마음을 잘 이끌고, 서로를 존경한다. 그들은 즐거운 마음으로 협력하며 함께 일을 해결해 나간다. 그로 인해 궁극적으로 조직의 성장을 일구어 낸다.

많은 리더가 1단계에 도달한다. 그들은 공약을 내놓거나, 관계를 맺거나, 정치력을 발휘하거나, 조직력을 얻는 데 매우 필사적이다. 선천적으로 사람들과 잘 지내거나 인간관계 기술을 열심히 배우는 리더들은 2단계로 올라갈 수 있다. 그러나 어떤 사람들은 2단계 관계에서 3단계 성과로 쉽게 올라가지 못한다. 왜 그런 것일까? 그들은 성과를 내지 못하기 때문이다. 그런 경우의 사람을 살펴보면 대부분 자기 수양이나 직업윤리, 조직력, 생산적인 기술이 부족하다. 그러나 더 높은 단계의 리더십으로 올라가려면, 무언가를 끊임없이 생산해 내야 한다. 그 외에 다른 방법은 없다.

성과 리더십의 긍정적 측면

■■■ 성과가 더해지면서 사람들의 리더십은 본 궤도에 오르기 시작한다. 강한 관계의 기반을 구축하고 성과를 얻는 리더들은 자신의 팀과 조직을 크게 개선시킨다. 3단계의 긍정적 측면은 매우 많지만 그중 다음 여섯 가지를 소개한다.

1. 리더십 성과는 리더에게 신뢰를 가져다준다

성과를 얻는 능력은 늘 성공을 가름하는 분기점이 되어 왔다. 그것은 리더십의 자격 여부를 결정하는 기준이 되기도 한다. 현대 경영의 아버지라 불리는 피터 드러커(Peter Drucker)는 그에 대해 이렇게 표현했다.

"업계에는 두 가지 부류의 사람들이 있다. 성과를 얻는 사람들과 성과를 얻지 못하는 이유를 늘어놓는 사람들."

진정한 리더들은 성과에 이르는 길을 잘 알고 있고, 눈앞에 보여 준다. 리더십에 대해 그들이 하는 말은 곧 그들의 행동으로 뒷받침된다. 그들은 성과를 창출하고, 가능성이 아닌 실적을 먹고산다. 그들이 성과를 얻는 능력은 그들에 대한 비판을 잠재우고 명성을 쌓게 한다.

콜린 파월은 이렇게 주장했다.

"당신은 모든 지시를 내리고, 동기 부여 연설을 할 수 있지만, 조직 내 나머지 사람들이 당신이 매일매일 최선을 다하는 모습을 보지 못한다면, 그들도 최선을 다하지 않을 것이다."

3단계 리더들은 자기가 원하는 곳으로 사람들을 보내 버리는 것이 아니라 데리고 간다. 그들은 여행사 직원이라기보다는 관광 가이드 역할을 한다. 그 이유는 사람들은 항상 말보다 행동을 더 믿기 때문이다. 따라서 3단계 리더에게 신뢰란, 한마디로 본보기를 보이는 것이라고 할 수 있다.

최근에 나는 역사적으로 위대한 에파미논다스(Epaminondas)의 이야기를 접했다. 에파미논다스는 테베의 리더로, 용맹하기로 소문난 스파르타군을 물리친 뛰어난 군사 전술가였다. 사람들은 그가 가져다준 승리에 큰 찬사를 보냈지만, 테베인들 중에는 그를 미워하는 사람도 있었다.

그들은 에파미논다스를 파멸시키거나 그의 평판을 떨어뜨리기가 쉽지 않다는 것을 깨닫고 그에게 모욕을 주기로 했다. 그리고 그에게 더러운 도시에서 생색도 나지 않는 일인, 쓰레기를 수거하는 일을 맡겼다. 에파미논다스는 반대 세력들이 자신에게 악의를 가지고 모욕을 주기 위해 그 일을 맡긴 것을 알면서도 품위 있게 제안을 받아들이며 이렇게 말했다.

"지위가 나에게 명예를 주지 않는다면 나는 그 일 자체에서 명예를 찾을 것이다."[1]

이 이야기가 실화인지는 알 수 없지만 어쨌든 요점은 분명하다. 일을 탁월하게 수행하고 다른 사람들이 성과를 얻도록 돕는다면, 우리는 리더십에서 큰 신뢰를 얻을 수 있다. 나는 내 일을 통해 이와 같은 것이 사실임을 깨달았다. 내가 학사 학위를 받으며 대학을 졸업하자, 두 교회에서 나에게 목사직을 제안했다. 켄터키 주의 메이즈빌에 있는 한 교회는 많은 월급과 수당을 제안했다. 그곳은 목회 경력을 시작하기에 더할 나위 없는 곳이었다. 반대로 인디애나 주의 힐햄에 있는 또 다른 교회는 벽지에 있는 작은 교회여서 나에게 정규직 월급을 지불하기도 힘든 곳이었다.

나는 고민 끝에 힐햄의 교회를 택했다. 내가 사람들을 리드하고 회중을 모을 수 있다는 것을 나 자신과 다른 사람들에게 보여 주고 싶었기 때문이다. 아버지는 내게 힐햄의 교회가 무언가를 배우기에 더 좋은 곳이라고 조언해 주셨다. 힐햄의 교회를 선택한 것은 리더로서 내가 내린 최고의 결정 중 하나였다.

내가 그 교회를 리드한 3년 동안 교회는 꾸준히 성장하며 여러 면에서 성공을 거두었다. 많은 사람이 처음으로 교회에 나오기 시작했고, 영적으로 성장했다. 결국 그곳은 교단에서 가장 빨리 성장한 교회로 인식되었다. 힐햄은 내가 1단계 지위 리더십에서 2단계 관계 리더십과 3단계 성과 리더십으로 올라가는 법을 배운 곳이다. 나는 그곳에서 리더십의 신뢰도를 확고하게 굳힐 수 있었다.

시인인 월트 메이슨(Walt Mason)은 '환영받는 남자'라는 시를 통해 3단계 리더들이 갖는 신뢰에 대해 이야기했다. 다음은 그 시의 한 대목이다.

> 세상 사람들 모두가 환영하는 남자가 있다네.
> 어디에서 길을 잃고 방황한다 할지라도
> 그는 환영받는다네. 붐비는 도시에서든
> 농부가 건초를 만드는 농촌에서든
> 그는 기꺼이 환영받는다네.
> 사막에서도, 깊은 숲 외딴곳에서도.
> 어디를 가더라도 환영받는다네.
> 그는 바로 기대에 부응하는 남자라네.[2]

사람들은 기대에 부응하는, 즉 결과를 얻는 성취자를 환영한다.

2. 리더십 성과는 타인에게 모범이 되고 가시적인 기준을 정해 준다

생산자와 성취자들은 늘 그들과 함께 일하며 그들을 위해 일하는 사람들에게 영향을 준다. 나는 '맞춤법 보지 말고 팔아'라는 이야기를 좋아하는데, 적절한 설명이 될 것 같아 소개한다.

새로 채용된 외판원인 구치가 본사에 첫 번째 판매 보고서를 제출했다. 보고서에는 그의 무식함이 적나라하게 드러나 있어 상급자들은 무척 당황했다. 다음은 그의 보고서이다.

> 내 보니까 사람들이 우리한테서 땡전 한푼 어치도 안 살 거 가타서 내

가 쫌 팔았씀니다. 인제 시카코우로 갈랍니다.

영업 부장이 그 외판원에게 핀잔을 주기도 전에, 시카고에서 다음과 같은 내용의 편지가 왔다.

내가 와 갖고 오심만 달라치나 팔앗슴니다.

이 무식한 외판원을 해고하자니 두렵고, 해고하지 않자니 불안해진 영업 부장은 이 문제를 사장에게 떠넘겨 버렸다. 다음날 아침, 영업부원들은 다음과 같은 사장의 메모를 보고 깜짝 놀랐다.

우리는 물건을 팔지는 안코 철짜법을 마추는데 너무 만은 시간을 슴니다. 저 매출을 한번 봅시다. 우리 대신 먼 길을 다니면서 큰일을 하고 잇는 구치가 보내온 이 편지를 여러분 모두 읽꼬 다 나가서 구치처럼 해 봐요.[3]

내가 이 이야기를 진부하다고 생각하면서도 좋아하는 것은 조직 내에서 생산성이 얼마나 큰소리를 내는가를 잘 보여 주고 있기 때문이다. 이야기 속의 외판원인 구치는 철자를 정확하게 쓰는 사람은 아니지만, 3단계 생산자인 것은 분명하다. 결과적으로 회사의 사장은 그의 예를 다른 직원들이 따라야 할 기준으로 제시하였다.

이것이 바로 리더십의 방법이다. 생산성이 사람들을 조직의 선두로 끌어

올린다. 나는 이에 대해 어렵게 배워야 했다. 물론 지금도 그렇겠지만 내가 대학을 졸업했을 당시, 이 세상에는 내가 모르는 것들에 대해 다룬 책이 상당히 많았을 것이다. 그때 나는 내가 모르고 있는 것이 얼마나 많은지에 대해 아무 생각이 없었다.

그러나 나는 사람들을 좋아했고, 열심히 일했다. 그 과정을 통해 무언가를 생산할 수 있었고 그 결과, 아주 빠르게 새로운 세계에 빠져들었다. 사람들이 컨퍼런스에서 내 이야기를 들려 달라고 요청하기 시작했을 때, 나는 상당히 놀랐다. 그 덕분에 내 영향력이 커지기 시작했고, 얼마 지나지 않아 많은 리더가 내가 속해 있는 교회에 찾아와 더 많은 질문을 하기 시작했다. 대체로 나보다 나이가 많고 더욱 다채로운 경험을 많이 한 사람들이었다. 내게는 큰 영광이었다. 이러한 자리는 내게 많은 영감을 주었다. 그때가 바로 내가 교육 자료를 개발하기 시작할 무렵이었다. 그들과 개인적인 접촉이 끝난 뒤로도 나는 사람들에게 계속해서 도움이 되고 싶었다. 그로 인해 결국 책을 출판하게까지 된 것이다.

자랑하기 위해 이런 말을 하는 것이 아니다. 내가 정말 하고 싶은 말은 생산할 수 있는 사람은 누구든지 더 높은 단계에서 사람들에게 영향을 줄 기회가 있다는 것이다. 이것이 3단계 성과 리더십의 힘이다. 사람들과 견고한 관계를 개발하고 생산할 수 있다면, 당신은 유능한 리더가 될 수 있다.

생산적인 리더들은 그들이 리드하는 사람들에게 본보기가 되며, 그들의 생산성은 팀에 기준이 된다. 에이브러햄 링컨 대통령은 이에 대해 잘 알고 있었다. 미국 남북전쟁 때 링컨은 존 C. 프레몬트(John C. Fremont)를 사령관직에서 해임한 뒤 이렇게 말했다.

"그는 기본적으로 스스로를 고립시키고 사람들과의 접촉을 막는 잘못을 저질렀다."

링컨은 리더들이란 조직의 일원이 되어 자신의 능력으로 그들을 격려하고, 어떤 식으로 실적을 올려야 하는지 보여 주어야 한다는 것을 잘 알고 있었다. 리더가 생산을 하면 조직의 사람들도 그렇게 한다. 생산적인 리더들은 그 자신과 팀이 이룬 결과를 바탕으로 성장한다. 그들이 그 길을 보여 주면 사람들은 따르게 되어 있다.

3. 리더십 성과는 비전에 명쾌함과 현실감을 제공한다

훌륭한 리더는 조직의 비전에 대해 구성원들과 끊임없이 이야기를 나눈다. 그들은 그 일을 명확하고, 창의적이며, 지속적으로 행한다. 그렇다고 해서 그 메시지를 들은 모든 사람이 그것을 이해하고 포용하는 것은 아니다. 리더십의 성과 단계는 행동을 통해 비전을 전달하는데, 이렇게 하면 사람들이 새로운 방식으로 비전을 이해하는 데 도움을 준다. 따르는 사람들이 긍정적인 결과를 보고 목표가 성취되는 것을 볼 때, 그들은 비전을 성취하는 것이 무엇을 의미하는지에 대해 더 분명한 그림을 얻는다.

미국 독립 전쟁 당시, 조지 워싱턴(Jeorge Washington)이 한 무리의 병사들이 통나무를 높은 곳에 올리려고 애쓰는 모습을 보고 말을 세웠다. 작업을 감독하는 하사는 계속해서 격려의 말을 외쳤지만, 병사들은 제대로 해내지 못했다. 그들이 일하는 것을 지켜보던 워싱턴은 하사에게 왜 그 일을 거들지 않는지 물었다.

하사는 이렇게 대답했다.

"제가 하사라는 것을 알고 계십니까?"

이에 워싱턴은 아주 정중하게 대답했다.

"네, 하사님. 아주 잘 알고 있습니다."

워싱턴은 말에서 내려 병사들과 힘을 합쳐 통나무를 제자리에 올려놓았다. 그리고 얼굴에 흐르는 땀을 닦으며 이렇게 말했다.

"도움이 또 필요하면 여러분의 사령관인 워싱턴을 부르세요. 그러면 내가 올 테니까."

3단계 리더들은 사람들이 생산성이 무엇인지 알도록 돕는다. 그리고 매일 무언가를 생산해 내면서 정해 놓은 비전에 한 발 더 가까이 다가간다. 그로 인해 구성원들은 자신감을 얻어 효율적으로 일하게 된다. 명쾌한 비전은 설득력이 있다. 또한 생산성은 비전을 확장한다. 사람들은 자신감과 기량이 높아지면서 자신들이 생각했던 것보다 더 많은 것을 성취할 수 있다는 것을 알게 되기 때문이다.

4. 리더십 성과는 수많은 문제를 해결한다

지위 단계의 많은 리더가 시스템을 이용해서 문제를 해결하려고 하거나 다른 사람을 고용하여 자신들 대신 문제를 해결하게 만든다. 하지만 자신이 해야 하는 문제 해결을 다른 사람에게 위임해서는 안 된다. 적극적으로 장애물 돌파에 나서 불을 끄고, 실수를 바로잡고, 사람들을 지휘해야 한다. 성과 단계의 리더들은 그렇게 한다. 그래서 일단 효율성이 팀 전체로 전파되고 확대되면 생산성이 많은 문제를 해결하기 시작하는데, 경영진이나 고문단보다 더 많은 문제를 해결한다.

역사가이자 에세이 작가인 토머스 카알라일(Thomas Carlyle)은 이렇게 말했다.

"자존감과 자신감을 키워 주는 데는 성취처럼 좋은 것이 없다."

나는 꽤 오랜 시간 동안 높은 사기와 높은 성취 중에 어느 것이 먼저인지 고민했다. 그동안 '닭이 먼저냐, 달걀이 먼저냐.'와 같은 이 문제에 대해 서로 자신이 옳다고 주장하는 것을 들어 왔다. 나는 높은 사기가 생산을 자극하는 것도 보았고, 높은 성취가 높은 사기를 유발하는 것도 보았다. 현상이 늘 일방적일 수는 없지만 내 생각은 이러하다.

'생산이 없으면 높은 사기는 빠르게 사라진다. 생산이 이어지면, 높은 사기는 오랫동안 계속된다.'

3단계에서 긍정적인 결과를 얻어 낼 수 있는 리더들은 그들의 팀에 늘 긍정적인 영향을 준다. 그렇게 할 수 없는 리더들은 늘 자기 팀에 손해를 입힌다. 1812년 전쟁에서 미국의 윌리엄 윈더(William Winder) 장군이 이끄는 군대는 4대 1의 군사적 우위에도 불구하고 영국군에게 패했다. 그 과정에서 윈더는 영국군에 포로로 잡혔다. 그러나 영국군은 윈더 같은 무능한 자가 있어야 싸우기에 좋을 것이라는 점을 알고 그를 미국으로 돌려보냈다. 그 결과, 영국군이 나중에 미국의 수도를 공격했을 때, 그들은 윈더가 이끄는 수비군을 이길 수 있었고, 부대의 대부분을 전소시켰다. 만약 윈더가 장군으로서 지휘를 맡기 전에 리더십 3단계로 성장할 수 있었다면, 그의 부하들은 전투에서 영국군의 진격을 막을 수 있었을 것이다.

3단계 리더가 리드하는 생산적인 조직을 이기는 것은 매우 어렵다. 그들은 효율성은 물론, 사기 또한 매우 높다. 전직 장군인 조지 C. 마샬(George

C.Marshall)은 이렇게 말했다.

"사기는 정신 상태이다. 그것은 확고함이고 용기이며 희망이다. 또한 자신감이고 열정이며 충성심이다. 지구력, 끝까지 견디는 정신, 즉 이기려는 의지가 바로 사기이다. 이것이 있으면 모든 것을 할 수 있고, 이것이 없으면 모든 것이 무익하다."

5. 리더십 성과는 추진력을 만들어 낸다

좋은 리더의 지도하에 조직이 오랜 시간 동안 높은 사기와 생산성을 유지하게 되면, 그 조직은 모든 리더에게 최고의 친구나 다름없는 추진력을 얻는다. 추진력은 리더가 무슨 일을 하든 더욱 쉽게 할 수 있도록 돕는다. 그래서 나는 추진력을 '위대한 과장꾼'이라고 부른다. 추진력이 없으면 모든 일이 예상했던 것보다 더 힘이 들지만 추진력이 있으면 모든 것이 한결 수월해진다.

나와 내 아내는 집에서 1마일가량 떨어져 있는 바다로 강물이 흘러드는 해안 도시인 플로리다에 살고 있다. 그래서 매일 밀물과 썰물을 본다. 종종 강으로 가 수영을 즐기는데, 그때 한 가지 새로운 사실을 발견했다. 조류를 따라 수영을 할 때는 팔을 젓는 속도와 힘과 상관없이 앞으로 나아간다. 조류가 얼마나 빠르냐에 따라 수영하는 것이 달라진다. 조류를 따라 수영하면 빨리 나아가지만 조류를 거슬러 가면 열심히 나아가려고 해도 속도가 나지 않는다. 또한 조수가 차면 모든 배가 뜨고, 조수가 빠지면 모든 배가 내려앉는다. 조수와 싸우는 것은 매우 어렵다.

리더십의 추진력도 마찬가지이다. 당신이 추진력을 손에 넣게 되면 당신의 실적은 실제로 당신의 능력보다 더 나아진다. 예를 들어, 애플(Apple)이 아이폰을 출시했을 때 무슨 일이 일어났는지 생각해 보라. 아이폰은 애플에게 거대한 해일 같은 추진력을 안겨 주었고, 스마트폰뿐 아니라 컴퓨터 분야에서도 시장 지분을 크게 증가시켰다. 규모는 작아도 매우 충성스러운 추종자들을 보유했던 애플은 틈새시장을 노리며 오랫동안 뒤처져 있다가 이제 다시 주류가 되었고, 번창하고 있다. 그래서 나는 자주 리더들에게 문제 해결하는 데 시간을 좀 덜 쓰고 추진력을 끌어내는 일에 더욱 매달리라고 충고하는 것이다.

3단계는 추진력으로 생산하는 환경이다. 성과 단계 리더들은 추진력을 얻는 방법을 알며, 조직의 이익을 위해 추진력을 이용한다. 그리고 그들은 조직의 모든 사람이 추진력을 만들어 내는 데 도움이 되지 않는 것도 알고 있다. 내가 말하고자 하는 것이 바로 이것이다. 추진력과 관련하여 다음과 같은 세 가지 부류의 사람이 있다.

추진력에 편승하는 자

대부분의 사람은 무언가를 시작하지 않으며, 그만두지도 않는다. 그저 남이 하는 대로 따라할 뿐이다. 그들은 추진력이 작동하면 함께 움직이고, 멈추면 함께 멈춘다. 그들의 생산성과 효율성은 거의 전적으로 다른 사람들이 조직 내에서 일을 벌이는 것에 따라 좌우된다. 그로 인해 그들에게는 생산적인 환경을 만들며 일을 하는 좋은 리더가 필요하다. 내가 직원들의 사기를 '리더에 대한 믿음'으로 정의하는 것도 바로 그 때문이다.

추진력을 파괴하는 자

두 번째 부류의 사람은 실제로 조직 내의 사기와 추진력을 저해한다. 그들은 무언가를 생산하지 못할 뿐 아니라 다른 사람들도 생산하지 못하게 한다. 이런 부류의 사람들은 의도적이든 아니든 문제를 일으키며, 조직에 해를 끼친다.

추진력을 만들어 내는 자

마지막으로, 추진력을 만들어 내는 부류는 3단계 리더들이다. 그들은 생산한다. 그들은 일이 되게 만든다. 그들은 추진력을 만들어 낸다. 그들의 행동은 앨라배마 풋볼 팀의 전설적인 코치인 폴 베어 브라이언트(Paul Bear Bryant)가 한 조언과 들어맞는다.

"친구를 사귀는 것에 대해 걱정하지 말라. 적을 만드는 것도 걱정하지 말라. 이기는 것을 걱정하라. 왜냐하면 당신이 이기면 적이 당신을 해칠 수 없고, 당신이 지면 친구들이 당신을 참아 내지 못할 테니까."

당신이 지위 권한이라는 기초 위에 견고한 관계 리더십을 구축하고 거기에 생산성의 결과를 더한다면, 당신은 추진력을 얻을 것이다. 그렇게 할 때, 당신의 노력이 더 빨리 결실을 맺는 것을 보게 될 것이다. 이것이 3단계의 유익이다.

6. 리더십 성과는 팀 구축의 기초이다

누가 챔피언 팀을 떠나려고 하겠는가? 그런 사람은 없을 것이다. 그렇다면 누가 최하위 팀을 떠나려고 하겠는가? 모두 떠나려고 할 것이다. 사람들은 우승팀에 있고 싶어 할 뿐이다. 승자는 좋은 사람, 나쁜 사람, 보통 사람 할 것 없이 사람들을 매료시킨다. 우승팀을 만드는 열쇠는 당신이 끌어들이는 사람들 중에서 최고의 인재를 알아보고, 뽑고, 보유하는 것이다. 여기서 한 가지 고무적인 것은 당신이 3단계에 도달한다면, 당신은 자신이 그렇게 살고 있기 때문에 생산성이 무엇인지 안다는 것이다.

또한 부정적인 것은 팀에 재능 있는 사람들을 보유했다고 해서 자동적으로 성공이 보장되는 것은 아니라는 점이다. 훌륭한 선수들을 데리고도 질 수 있지만, 그들 없이는 이길 수 없다. 그들을 한 팀으로 만들어 낼 때 변화가 생긴다. 이에 대해서는 이후에 논의할 것이다.

그러나 이것을 잊지 말라. 당신이 입증된 생산자가 아니라면, 다른 입증된 생산자들을 유치하지도, 보유하지도 못한다. 그래서 3단계에 도달할 필요가 있는 것이다.

성과 리더십의 부정적 측면

■■■ 인생살이가 다 그렇듯이 리더십의 성과 단계에도 긍정적 측면뿐 아니라 부정적 측면도 있다. 3단계 리더십에 오르면 조직 내 성취가 더 쉬워진다. 그러나 리더십 자체가 쉬워지는 것은 아니다. 다음은 내가 3단계에서 발견한 네 가지 주요 부정적 측면이다.

1. 고성과자가 되면 당신이 리더가 아님에도 리더라고 오해한다

위대한 리더들은 성과를 만들어 낸다. 그러나 그들은 생산자이기는 하지만 리더가 아닐 수도 있다. 개인적 성공이 항상 팀의 성공으로 이어지는 것은 아니다. 리더십은 한 개인이 다른 사람들과 함께, 다른 사람들을 위해 행하는 것으로 정의된다. 리더십은 팀을 보다 생산적이 될 수 있도록 만듦으로써 구축된다. 그것은 책임자 개인의 노력이 아니라, 그룹 전체가 성취하는 것으로 측정된다. 훌륭한 리더십은 결코 누군가가 혼자 힘으로 자신만을 위해 행하는 것에 근거하지 않는다.

나는 다른 사람들을 리드하려는 욕망이나 능력이 없는 생산자를 많이 알고 있다. 어떤 사람에게는 사람 다루는 기술이 없다. 또 어떤 사람들에게는 다른 사람들을 위해 책임지려고 하거나 시간을 내어 그들이 생산적인 사람이 되도록 도우려는 욕망이 없다. 위대한 야구 타자 중 한 사람이었던 테드 윌리엄스(Ted Williams)는 한 시즌에 평균 타율 4할 이상을 기록한 마지막 선수이다. 그러나 그는 위대한 선수였지만, 성공적인 타격 코치는 아니었다. 그는 선수들이 공을 잘 치지 못하면 이렇게 말하곤 했다.

"공을 똑바로 쳐다봐."

테드는 날아오는 공의 실밥이 움직이는 것을 보며 투구의 종류를 분간할 수 있었다. 그것이 그가 성공을 거둔 이유였다. 그저 공에서 눈만 떼지 않으면 되었기 때문에 테드에게는 모든 것이 간단해 보였다. 재능이 모자란 그의 선수들은 좀 더 구체적인 가르침을 원했지만, 결국 그에게서 많은 것을 배울 수 없었다.

세상의 모든 조직은 고도의 생산자들을 리더십 지위에 앉혀 놓고 그들이 잘 리드하지 못하는 모습을 지켜보는 실수를 저지른다. 나 또한 그랬다. 나는 누군가 일을 해내는 것을 보면 이렇게 생각했다.

'와우, 이 사람은 환상적인 리더가 되겠구나.'

그러나 그 사람은 계속 자신을 위해 일을 해낼 뿐, 팀을 무시하고 사기를 떨어뜨렸다. 왜 이런 실수가 자주 일어나는 것일까? 유능한 리더가 되기 위한 전제 조건은 스스로를 유능한 사람이 되게 하는 것이다. 이는 리더의 자격을 갖추는 요소들 중에 하나이지만, 유일한 자격은 아니다. 훌륭한 리더들은 1단계 지위에서 자리를 잡고, 2단계에서 사람들의 동의를 얻고, 3단계에서 생산적인 사람이 되고 그리고 팀 전체를 더 높은 단계로 데려가려는 욕망을 가져야 한다.

2. 성과 리더들은 결과를 얻어야 한다는 무거운 책임감을 느낀다

나는 판매 회의에 대해 묘사한 한 만화에서 화자가 다음과 같이 말하는 것을 본 적이 있다.

"우리는 사업을 게임 프로처럼 경영합니다. 생산을 하면 당신은 제자리로 복귀하고, 생산하지 못하면 우리가 주는 멋진 이별 선물을 받게 되겠죠."

우스갯소리 같지만, 이는 리더가 가야 할 길이기도 하다. 축구팀이 지면 코치는 해고를 당한다. 회사가 이익을 내지 못하면 CEO는 물러나야 한다. 정치인이 선거 구민을 위해 좋은 일을 하지 않으면 재선되지 못한다. 어떤 조직에서도 성과의 책임은 리더에게 달렸다. 제2차 세계 대전 당시, 영국 육군 원수였던 버나드 로 몽고메리(Bernard Law Montgomery)는 이렇게 말했다.

"리더가 아무리 위대하다 할지라도 승리를 얻지 못하면 그 자리를 오래 지킬 수 없다."

생산성은 측정이 가능하다. 조직의 성장은 눈으로 확인할 수 있고, 수익성은 수량화할 수 있다. 이러한 것들을 증대시키지 못하는 리더들은 책임을 져야 한다. 그것을 팀에 더하는 리더들은 보상을 받으며, 다음번에는 훨씬 더 많이 성취하라는 요청을 받는다. 높은 실적을 올리려면 큰 헌신이 요구된다.

솔직히 말해서 3단계에 도달하는 많은 리더는 무거운 책임감 때문에 리드하는 일에 지치기도 한다. 그리고 종종 아무도 자신의 성과를 기대하지 말고, 자신이 무언가를 지시해 주기를 기다리지 않았으면 하고 바란다. 그러나 유능한 리더들은 리더십의 대가는 팀의 성공에 대한 책임을 어깨 위에 짊어지고 가는 것임을 잘 알고 있다. 이것이 바로 3단계를 시작하면서 모든 리더가 느끼는 부담감이다. 당신은 기꺼이 그 책임을 짊어질 것인지를 결정해야 한다.

3. 성과 리더십은 어려운 결정을 내려야 할 필요가 있다

한 대기업에서 유기견 한 마리를 수석 부사장에 임명했다. 왜 그런 결정을 내렸는지 이유를 묻자 이사회는 이렇게 대답했다.

"누구와도 잘 어울리는 능력을 가졌고, 등을 토닥여 줄 때마다 즉각적인 반응을 보이죠. 그리고 다른 사람들이 일하는 것을 관심 있게 지켜보고, 말 한마디 하지 않으면서도 지혜로워 보이는 놀라운 성향을 갖추고 있어요. 그 자리에 적격이죠."

리더십이 이렇게 쉽다면 얼마나 좋을까. 당신이 번창하는 조직을 볼 때마다 그 조직의 리더들이 아주 힘든 결정을 내렸으며, 계속해서 결정을 내려야 함을 알아야 한다. 성공은 오르막길 여정이다. 유능한 리더십은 힘을 들이지 않고는 얻을 수 없다. 억만장자 석유 기업가이자 환경운동가인 T. 분 피켄스(T. Boone Pickens)는 이렇게 말했다.

"기꺼이 결정을 내려라. 그것이 훌륭한 리더의 가장 중요한 자질이다."

당신이 더 높은 단계에서 리드하고 싶다면, 어려운 결정을 내릴 준비를 하라. 리더들은 2단계에서 사람과의 관계에 대해 어려운 결정을 내리기 시작해야 한다. 그리고 3단계에서는 그것 외에도 성과에 대해 어려운 결정을 해야 한다. 이것이 리더십을 훨씬 더 어렵게 만든다. 나는 내 경력 초기에 결정을 내리는 것이 얼마나 어려웠는지 이야기한 바 있다. 지금 와서 생각해 보면 내가 틀린 결정을 했던 것보다 결정을 내리지 못했던 것을 더 후회한다. 내가 결정을 내려야 했던 시점에 결정을 미루었을 때와 같은 그런 함정에 빠지지 말라.

그러면 3단계 리더들은 어떤 어려운 결정들을 내려야 할까? 대부분 자신과 관련된 결정일 것이다. 나는 내가 3단계에서 내렸던 결정의 25%가 나의 팀과 관련된 것임을 알았다. 나머지는 변화와 정직, 자기 수양을 필요로 하는 사적인 결정들이다. 《톰 소여의 모험》의 저자 마크 트웨인(Mark Twain)은 이런 말을 했다.

"옳은 일을 하는 것은 훌륭하다. 다른 사람들이 옳은 일을 하도록 가르치는 일은 훨씬 더 훌륭하다. 그리고 훨씬 더 쉽다."

3단계 리더로서 당신은 다음과 같은 어려운 결정을 내려야 한다.

- 다른 사람들이 성공하도록 도우려고 하기 전에 성공하라.
- 다른 사람에게 요구하는 것보다 더 높은 기준을 스스로 세워라.
- 다른 사람들에게 책임을 져라.
- 명확한 목표를 설정하고 거기에 도달하라.

- 개인적인 결과에 대해 책임을 져라.
- 실패와 실수를 빠르고 겸허하게 시인하라.
- 이전에 스스로에게 요구했던 것만 다른 사람들에게 요구하라.
- 성공에 대한 의지가 아닌, 결과에 근거하여 성공을 측정하라.
- 당신이 효과를 발휘하지 못하는 상황에서는 스스로 손을 떼어라.

내가 관찰한 바로는 3단계의 어려운 결정에 직면했을 때, 많은 리더가 결정을 내리지 못했다. 그들은 그렇게 결정을 내리지 못하면 결국 그들이 자신이나 다른 사람들을 리드하는 자격을 박탈당하게 된다는 것을 뒤늦게 이해한다. 그들의 리더십 잠재력은 방해를 받게 되며, 그들은 3단계에 머물지 못한다.

내가 3단계에서 이러한 결정들 하나하나와 직면했던 일이 기억난다. 그 중에서 몇 가지는 결정을 내리는 데 오랜 시간이 걸렸다. 그것은 결코 쉽지 않았다. 아직도 종종 쉽지 않다. 그러나 그러한 결정 하나하나가 나의 리더십 여정에서 개인적인 돌파구를 만들어 주었다.

나는 당신이 리더십 인생의 이 과정을 이겨 내기를 격려한다. 홍해가 갈라지고 사람들이 모세가 자신들을 앞으로 데려가 주기를 기다렸을 때, "왜 나는 항상 앞장서야 하는 거지?"라고 혼잣말을 하는 모세의 기분을 느껴 보라. 앞장서는 것은 항상 쉽거나 재미있지만은 않을 것이다. 하지만 그것은 리더의 필수 조건이다. 그것은 따르는 사람들을 위해 길을 닦아 주며, 여정을 마치기 위한 성공의 기회를 증대시킨다.

4. 성과 리더십은 2단계에 대한 지속적인 관심을 요구한다

팀의 생산성에 책임을 지라는 말은 리더들이 자기가 리드하는 사람들을 배려하지 않아도 된다는 뜻이 아니다. 당신이 새로운 리더십 단계를 더했다고 이전 단계를 버리는 것이 아님을 기억하라.

성과 단계의 리더들은 실리적인 결과를 얻기 위해 관계를 무시하고 싶은 유혹을 받기도 한다. 그러나 리더들이 장기간 그렇게 한다면, 그들은 자기 사람들과의 관계를 태워 버리고, 결국 1단계로 돌아가게 될 것이다. 그 함정에 빠지지 말라. 당신이 결과를 만들어 내면서 계속 관계를 쌓고 사람들을 배려하라.

3단계
최선의 행동

■■■ 견고한 2단계 관계 리더십을 토대로 3단계에서 성과를 올리는 것은 결코 쉬운 일이 아니다. 많은 사람이 해내지 못할 것이라 여긴다. 다음은 당신이 3단계에서 성과를 올릴 기회를 잡았을 때 그것을 최대한 활용하기 위해 필요한 것들이다.

1. 비전에 기여하는 당신의 개인적인 재능이 무엇인지 이해하라

성과 리더십 단계에서 중요한 요소 중 하나는 조직의 비전을 달성하기 위해 당신의 재능과 능력을 어떻게 생산적으로 사용할 수 있는지 이해하는 것이다. 그중 일부는 개인적인 재능이다. 나는 앞서 자기 자신을 알고 난 뒤에 개인적인 리더십 스타일을 정하는 것이 중요하다고 언급했다. 하지만 여기서는 조금 다르다. 당신이 리더라면 자신의 리더십에 대한 비전을 생각해야 하고 적어도 그 비전은 현재 당신이 몸담은 조직의 비전과 잘 이어져야 한다.

나는 진정한 나의 강점은 무엇이고 내가 리드하는 조직에 어떻게 기여할 수 있는지 알아차리는 데 오랜 시간이 걸렸다. 과정은 상당히 혼란스러웠지만 결국 나에게 특별한 재능과 능력이 있다는 것을 깨닫게 되었다. (당신도 그럴 것이다.) 성과 리더십 단계의 리더가 갖는 재능과 효율성 사이에는 깊은 연관성이 있다. 나는 언제든 리더로서 잠재력에 도달하기 원했을 때 나의 개인적인 재능과 능력이 어떻게 조직에 기여할 수 있는지 알아야 했다. 당신도 마찬가지이다.

조직이나 팀의 생산성을 높이는 데 내가 개인적으로 기여한 네 가지 영역은 다음과 같다.

- 사람들에게 영향력 미치기(리더십)
- 사람들과 접촉하기(관계)
- 사람들과 의사소통하기(말하기)
- 사람들에게 도움이 되는 자료 만들기(쓰기)

이 영역을 구성하는 것이 내 강점 영역이다. 내가 생산성을 높이고 최상의 결과를 내도록 하는 열쇠인 것이다. 이 사실을 알기 때문에 나는 계속해서 공부하고 성장해 나갔다. 나는 처음으로 개인적인 성장 계획을 시작했던 1970년대 초로 돌아가 그때처럼 배우고 성장하기 위해 지금도 노력한다. 그때와 달라진 점이라면 지금 나는 이 네 영역에서 성장하기 위해 그것에만 거의 대부분의 시간을 투자했다는 것이다. 내 재능이 무엇인지 알게 된 다음부터 나는 노력을 쏟아붓기 시작했다.

당신의 재능에 더 집중할수록 더욱 빠르게 성장할 수 있다. 나아가 3단계 리더가 되는 데 필요한 당신의 잠재력 전반을 더 크게 향상시킬 수도 있다. 3단계에서 능력을 극대화하고 싶다면 월트 디즈니(Walt Disney)의 조언을 따라야 한다. 그는 이렇게 말했다.

"당신이 하고 있는 일을 아주 훌륭하게 해내세요. 그러면 당신이 그것을 해내는 것을 본 사람들은 당신이 그것을 하는 것을 보러 다시 올 것이고 당신이 어떻게 그 일을 해냈는지 다른 사람들에게 말할 것입니다."

당신의 팀이나 부서가 일을 잘해 내기를 바란다면 당신이 하는 일부터 잘해야 한다. 생산성은 리더에게서 시작되기 때문이다. 거기에 우선적으로 집중한다면 당신은 직원들을 성장시키고 그들이 잠재력에 도달하도록 돕는 기회를 얻게 될 것이다.

2. 성취해야 하는 비전을 제시하라

비전을 제시하는 것은 리더십의 필수 요소이다. 의사소통이 모호하면 지시가 명확하지 않아 일이 느슨해진다. 3단계 리더는 조직의 비전과 매일의 팀 성과 간에 명확한 연결 고리를 만든다. 그들은 단기 성과가 장기 비전에 어떻게 영향을 미치는지 보여 준다. 3단계 리더들은 명확하게 의사소통하고 자신의 팀을 위해 계속해서 길을 제시한다.

강력한 비전은 명확하고 잘 정의되어 있고 포괄적이고 도전적이다. 그것은 팀이 공유하는 가치와도 연결되어 있다. 수단이 아니라 결과에 중점을 두며, 팀의 재능과 맞아떨어진다. 그래서 비전을 이해하고 소통할 때 에너지가 가득 차게 된다.

리더들은 어떻게 자신의 팀에 비전 성취에 대한 큰 성공 가능성을 제공할 것인가? 팀원들을 돕는 세 가지 방법은 다음과 같다.

3단계 리더들은 사람들이 비전의 성공을 정의하도록 돕는다

내가 리드한 모든 조직에서 나는 직원들에게 성공이 어떤 의미인지 정의하거나 혹은 재정의할 필요가 있다는 것을 알았다. 예를 들면, 내가 인조이 스튜워드십 서비스(Injoy Stewardship Services)를 운영할 때의 비전은 교회가 재정을 확보하고 비전을 달성하도록 돕는 것이었다.

그리고 이큅을 설립했을 때의 비전은 전 세계 모든 나라에서 장기적으로 리더십을 개발하도록 하고, 현지 리더들에게 그들의 언어로 된 자료를 제공하는 것이었다. 존 맥스웰 컴퍼니(The John Maxwell Company)를 만들었을 때는 다른 이들에게 가치를 부여하려는 사람들을 위해 자료를 개발하고 코칭 기술을 가르치는 것을 비전으로 삼았다. 조직 구성원이 목표를 모른다면 세상에서 어떻게 조직이 성공할 수 있겠는가?

3단계 리더들은 사람들이 비전의 성공에 전념하도록 돕는다

팀의 헌신은 리더의 헌신에서 시작된다. 리더가 조직이 비전을 향해 전진하도록 자신의 생산력을 쏟아붓고 성공하기 위해 총력을 기울이려고 마음먹지 않으면 팀은 성공할 수 없다. 일단 리더가 비전 성취를 위해 자기의

시간, 재능, 자원을 사용하는 데 전념한다면 리더는 신뢰를 얻을 것이고 팀원들은 확신을 가지고 리더의 뒤를 따를 것이다. 비로소 팀 구축을 위한 기초가 다져지게 된다.

3단계 리더들은 사람들이 성공을 경험하도록 돕는다

승리만큼 사람을 고무시키는 것도 없을 것이다. 리더의 과업은 팀이 성공하도록 돕는 것이다. 팀원 개개인이 작은 성공을 경험하면, 그 경험은 팀원들을 계속해서 앞으로 나아가게 하고 좀 더 큰 성공에 도달하도록 격려한다. 만약 당신의 사람들을 성공하도록 북돋우고 싶다면 그들이 성취하는 일상의 작은 성공을 축하하고 보상하라. 그리고 가급적 팀원들을 당신 자신의 개인적 성공에 함께하게 하고, 그들에게 되도록 더 큰 신뢰를 안겨 주어라. 이것은 팀원들에게 동기를 부여할 뿐 아니라 과정을 즐기도록 도와준다.

3. 팀 안에서 팀원을 개발하기 시작하라

당신이 2단계에 도달하면, 팀원들은 함께 있는 것을 좋아하기 시작한다. 하지만 당신이 3단계에 이르면, 팀원들은 함께 일하기 시작한다. 성과는 팀 구축을 가능하게 한다. 팀원들에게 길을 리드하고 계속 밀고 나가려는 리더만이 그것을 성취할 수 있다.

코비 리더십 센터의 창립자인 스티븐 코비(Stephen Covey)의 저서 《원칙 중심의 리더십(Principle-Centered Leadership)》을 보면 이런 이야기가 나온다. 한 번은 콜럼버스가 만찬에 초대받았는데, 가장 좋은 자리에 배정

받았다. 비열하게도 콜럼버스를 질투하던 한 신하가 그에게 불쑥 이렇게 물었다.

"당신이 서인도 제도를 발견했죠? 스페인에는 그 일을 할 수 있었던 사람이 아무도 없었나요?"

콜럼버스는 대꾸도 하지 않고, 달걀을 하나 들고는 사람들에게 똑바로 세워 보라고 했다. 많은 사람이 시도해 보았지만 헛수고였다. 콜럼버스는 탁자에 달걀 한쪽 끝을 톡 깨트려 움푹 들어가게 한 다음에 달걀을 세웠다. 그 모습을 본 신하는 강하게 비난했다.

"그런 식이라면 우리도 할 수 있다고요!"

그러자 콜럼버스는 이렇게 쏘아붙였다.

"맞아요. 당신도 알았다면 그렇게 했겠죠. 일단 내가 신세계로 가는 길을 보여 주었으니, 그것을 따라하는 거야 식은 죽 먹기겠죠."

팀 구축은 내가 가장 선호하는 리더십의 한 측면이다. 왜냐하면 좋은 팀은 단순히 부분을 합한 것보다 항상 뛰어나고, 팀원 혼자서 하는 것보다 더 많이 성취할 수 있기 때문이다. 게다가 팀으로 일하면 분명히 재미도 있다. 나는 팀워크와 팀 구축을 대단히 좋아한다. 그래서 《팀워크를 혁신하는 불변의 17가지 법칙(The 17 Indisputable Laws of Teamwork)》을 포함한 몇몇 책에서 이에 대해 밝힌 바 있다. 이 책보다는 더 자세히 팀워크에 대해 다루었지만, 여기서는 3단계를 잘 해내기 위해 매진할 때 팀 구축과 관련하여 생각해 볼 몇 가지 중요한 점을 언급하겠다.

팀원들은 상호 보완해야 한다
_리더들은 그것이 가능하게 만들어야 한다

스티븐 코비는 이렇게 강조했다.

"리더는 모든 강점은 살리고 약점은 죽이는 보강된 팀을 구축해야 한다."

이는 모든 리더가 추구해야 할 이상이다. 즉 팀원들은 팀이 더 잘되도록 각자의 강점은 활용하고 다른 이의 약점은 보완해 주어야 한다. 어떻게 이것이 가능한가?

첫째, 당신은 각 팀원의 강점과 약점을 알아야 한다. UCLA 농구 코치 존 우든은 언젠가 내게 이렇게 말했다.

"우리 팀 선수 대부분이 고등학생 때보다 득점률이 더 높아졌어요."

나는 농구를 해 봤기 때문에 더 높은 단계에서 그렇게 되는 것은 흔치 않다는 것을 잘 안다. 나는 그에게 어떻게 그렇게 할 수 있었는지에 대해 물었다. 그러자 존 우든은 이렇게 대답했다.

"처음 훈련을 시작하고 며칠 동안은 선수들이 다양한 위치에서 슛을 던지는 것을 관찰했어요. 나는 선수들이 슛을 성공시킨 비율이 높았던 위치를 '그들의 자리'로 지정하고 선수들을 그리로 데려가 '여기가 당신이 슛을 던질 자리입니다. 그렇게 하도록 전략을 세울 것입니다.'라고 말했습니다."

존 우든은 슛을 던지는 것 외에 공을 패스하는 위치도 지정해 주었다. 이런 방식으로 강점을 최대한 활용하고(슛을 던지도록 한다.) 잠재적인 약점은 강점으로 바꾸었다(강점의 자리에 위치한 다른 선수에게 패스한다.). 이 훈련은 존 우든의 가장 유명한 말 중 하나를 남겼다.

"득점을 올리는 선수는 손이 열 개이다."

다시 말해, 한 선수가 득점하도록 모든 선수가 도왔다는 뜻이다. 그리고 리더는 선수들이 그렇게 하는 방법을 알아내도록 돕고 모든 과정에서 선수들을 리드했다.

적용 가능한 팀워크 법칙
- 중요성의 법칙 : 혼자의 힘으로는 위대한 일을 이루기 어렵다.
- 에베레스트산의 법칙 : 도전이 커질수록 팀워크가 향상된다.
- 촉매의 법칙 : 성공하는 팀에는 언제나 중요한 결과를 이끌어 내는 팀원이 있다.
- 대기 선수의 법칙 : 우수한 팀에는 실력이 다양한 여러 층의 선수가 있다.
- 배당금의 법칙 : 팀에 대한 투자는 시간이 지나면서 몇 배의 이익을 안겨 준다.

팀원들은 자신의 임무를 이해해야 한다
_리더들은 그것이 가능하게 만들어야 한다

좋은 리더들은 팀원들이 임무를 이해하고 있다고 절대 가정하지 않는다. 어떤 것도 당연하게 생각하지 않는다. 전설적인 NFL의 코치인 빈스 롬바디(Vince Lombardi)는 매 시즌 "이것이 축구이다."라는 말을 시작으로 연설을 시작했다. 존 우든이 시즌이 시작될 때마다 선수들이 발에 부상을 입지 않도록 제대로 양말 신는 법을 가르치는 이유도 이 때문이다. 그들은 리더가 임무를 수행하는 데 무엇이 필요한지 확실하게 알고 있었다.

3단계에 사람들을 리드할 때, 당신이 아는 것을 그들도 당연히 알고 있다고 생각해서는 안 된다. 그들이 자신의 재능과 노력을 팀의 임무에 어떻게 기여할 수 있는지 알고 있다고 가정하지 마라. 자주 의사소통하라.

적용 가능한 팀워크 법칙

- 큰 그림의 법칙 : 개개인의 역할보다 전체의 목표가 더 중요하다.
- 적재적소의 법칙 : 모든 선수는 제 기량을 가장 잘 발휘할 수 있는 곳에 있어야 한다.
- 나침반의 법칙 : 비전은 팀원들에게 방향성과 자신감을 가져다준다.
- 대가의 법칙 : 대가를 지불하지 않으면 팀은 잠재력에 도달할 수 없다.

팀원들은 자신의 성과에 대해 피드백을 받아야 한다
_리더들은 그렇게 되도록 해야 한다

나는 하프 타임에 후반전을 준비하도록 규칙적인 훈련을 하는 농구 코치에 대한 이야기를 종종 한다. 코치는 탈의실에 있는 화이트보드에 세 개의 칸을 만들었다. 그리고 각 칸에 잘한 것, 못한 것, 바뀌어야 할 것이라고 적었다. 사업가인 내 친구는 그 이야기를 듣고 상반기가 끝날 무렵을 조직의 하프 타임이라 부르고 똑같이 해 보기로 했다.

그녀는 각 칸에 자신의 목록을 만들어 회의를 준비했지만, 3단계의 유능한 리더인 그녀는 처음에 팀원들에게 스스로 관찰한 바를 나누도록 했다. 그녀는 팀원들이 언급하지 않은 내용에 대해서만 자신의 의견을 추가했는데 그럴 기회는 많지 않았다. 회의는 성공적이었다. 다음은 그녀가 결론적으로 알게 된 것들이다.

- 그녀는 리드할 때 미리 가정하지 않았다. 자신의 팀이 어느 수준이고 팀원들이 상반기에 수행한 일을 어떻게 생각하는지 알고 있었다.
- 그녀는 자신이 몰랐던 것을 배우고 새로운 관점을 얻었다. 그럼으로써 그녀는 팀과 같은

생각을 할 수 있었다.
- 팀은 너무 늦기 전에 상반기 평가를 할 수 있었다. 같은 회의를 연말에 했다면 이런 효과를 보지 못했을 것이다.
- 팀원들의 생각은 마음에서 우러나온 것이기 때문에 남은 하반기 동안 스스로 주인 의식을 가졌다.

이 과정은 매우 효과가 있어서 해마다 정기적으로 실시하게 되었다. 사람들은 항상 자기가 어떻게 일하는지 알기를 원하고 성공하고 싶어 한다. 잘 되지 않을 때는 개선시키기 위해 다른 방법들을 찾는다. 많은 사람이 변화가 성공을 가져온다고 확신하면 기꺼이 자신을 변화시킨다. 3단계 리더들은 책임감을 가지고 팀원들이 이러한 과정을 거치도록 돕는다.

> **적용 가능한 팀워크 법칙**
> - 연결 고리의 법칙 : 연결 고리가 부실할 때 팀은 심각한 타격을 입는다.
> - 썩은 사과의 법칙 : 불건전한 태도는 팀에 치명적인 실패를 부른다.
> - 상호 의존의 법칙 : 중요한 상황에서 팀원들은 서로 의지해야 한다.
> - 점수판의 법칙 : 현재의 위치를 제대로 파악하고 있어야 잘 조정할 수 있다.

팀원들은 성장하고 영감을 얻는 데 도움이 되는 환경에서 일해야 한다 _리더들은 그것이 가능하게 만들어야 한다

몇 해 전에 아내 마거릿과 함께 베네치아에 갔을 때, 우리는 1,500명의 리더가 정기적으로 모여 중요한 결정을 내리던 큰 방이 있는 옛 궁전을 방문했다. 가이드는 벽마다 걸려 있는 아름다운 그림에 대해 자세히 설명해 주었다. 각 그림은 베네치아의 리더들이 용기 있게 선택하고 행동으로 옮겨 큰 성공을 이룬 역사적 현장을 보여 주었다. 마거릿과 나는 감동을 받았다. 나는 그림을 보고 리더가 자신의 사람들을 위해 그들을 고무시키고 도전하고 능력을 펼칠 수 있는 환경을 만드는 것이 얼마나 중요한지 다시 한 번 되새겼다.

3단계에서 당신이 리드할 때, 당신은 다른 이들을 끌어올리고 그들이 최선을 다하도록 돕는 것을 목표로 삼아야 한다. 미국 건국의 아버지인 벤저민 프랭클린(Benjamin Franklin)은 이를 잘 알고 있던 리더였다. 프랭클린은 존 폴 존스(John Paul Jones)에게 쓴 편지에서 다른 이들을 리드하는 방법에 대해 새로운 조언을 했다.

> 장차 당신이 부하 장교나 친구들을 후하게 칭찬해 줘야 할 때, 분명히 당신 책임이 아닌데도 잘못을 시인해야 할 때, 당신은 훌륭한 함장으로서 그렇게 해야 합니다. 당신이 함께할 사람들을 비판하고 질책하면, 친구들을 멀어지고 적은 늘어나며 결국 일을 그르치게 됩니다.

프랭클린의 지혜는 그때만큼이나 지금도 유용하다. 프랭클린은 사람들을 성장시키고 고무할 수 있는 좋은 환경을 만드는 방법을 알고 있었다. 3단계의 효과적인 리더들은 이것을 잘한다. 이것이야말로 생산성을 실현시키는 열쇠이다.

나는 종종 필요 이상으로 지나치게 긍정적이고, 사람들을 후하게 칭찬한다는 비판을 받는다. 그런 비판은 당연하다고 생각한다. 내가 팀원을 그가 보여 주는 성과 이상으로 치켜세웠을 때 그것이 되려 나의 발목을 잡은 적도 있었다. 사람들의 최선을 것을 믿으면 긍정적인 결과가 나오지만 종종 그렇지 않을 때도 있었기 때문이다.

사람을 강하게 신뢰하는 것은 나의 강점이자 약점이다. 하지만 그 혜택이 워낙 크기 때문에 그러한(사람을 지나치게 신뢰하는) 약점을 지닌 채 기꺼이 살아가고자 한다. 게다가 나는 오히려 회의적이고 부정적으로 살지 않고 긍정적으로 살면서 상처를 받기도 한다. 나는 당신이 삶에서 기대하는 것을 대체로 모두 얻는다고 생각한다. 나는 나를 포함한 사람들에게 최악을 기대하고 싶지는 않다. 사람들은 생산성을 높이고 성공할 수 있는 긍정적인 환경이 필요하다.

팀, 부서, 조직에서 분위기를 만드는 사람은 바로 리더이다. 그들의 태도는 전염성이 있다. 만약 그들이 긍정적이고 힘을 북돋아 주고 성장할 가능성이 있다면 그들의 사람들 또한 그럴 것이다. 만약 3단계에서 성공하고자 한다면 당신의 영향력을 알고 모든 사람에게 최고의 혜택이 돌아가도록 그 영향력을 사용하라.

적용 가능한 팀워크 법칙
- 정체성의 법칙 : 가치를 공유하면 팀의 정체성이 분명해진다.
- 소통의 법칙 : 상호 작용은 행동에 활기를 불어넣는다.
- 차이의 법칙 : 똑같은 팀이라도 리더십에 따라 능력이 차이가 날 수 있다.
- 높은 사기의 법칙 : 이기고 있을 때는 어떤 것도 힘들지 않다.

그룹 내 사람들을 생산적인 팀으로 발전시키는 것은 쉬운 일이 아니다. 쉬운 일이었다면 모든 프로 스포츠 팀이 우승했을 것이고, 모든 사업은 높은 수익을 냈을 것이다. 모든 사람이 공동의 비전을 달성하기 위해 함께 일하는 것은 하나의 도전이지만 분명 노력할 가치가 있는 일이다. 팀의 일원이 되어 가치 높은 일을 하는 것은 인생에서 가장 보람된 경험이다. 리더로서 당신은 팀원들이 그런 경험을 하도록 돕는 기회를 가질 것이다. 이 위대한 기회를 겁내지 마라.

4. 높은 보상이 따라오는 일에 우선순위를 두어라

생산성을 높이는 주요한 열쇠는 무엇인가? 우선순위를 정하는 것이다. 유능한 3단계 리더가 되려면, 많은 일을 할 뿐 아니라 옳은 일을 많이 하는 것을 배워야 한다. 다시 말해, 시간, 직무, 자원 심지어 사람까지도 우선순위를 정하는 법을 이해해야 한다는 말이다.

《좋은 기업을 넘어 위대한 기업으로(Good to Great)》의 저자 짐 콜린스(Jim Collins)는 효과적으로 우선순위를 정할 때 하지 않아도 될 일을 없애는 것에서부터 시작한다고 했다. 그는 다음과 같이 썼다.

> 우리 중 많은 사람이 누군가를 바쁘게 리드하지만 삶은 엉망이다. 우리는 계속해서 일하고, 또 일하고, 반복해서 일함으로써 가속도를 내려고 엄청난 '할 일 목록'을 만든다. 하지만 이렇게 하는 것은 그다지 소용이 없다.
>
> 위대한 기업을 만든 사람들은 '할 일 목록' 못지않게 '하지 말아야 할

일' 목록을 많이 사용한다. 그들은 쓸모없는 모든 것을 골라내는 데 굉장히 숙달되어 있다.[4]

실제로 가장 뛰어난 회사들은 성공 가능성이 있는 몇 가지 영역에만 자원을 쏟아붓는다. 노력을 기울였을 때 가장 큰 보상을 가져올 수 있는 강점 영역에 머무르고 약점 영역에서는 벗어나는 것이 생산성을 높이는 방법이다. 그리고 당신의 팀이 그렇게 하도록 도울 수 있다면 당신은 성공적으로 3단계 리더십을 수행할 수 있다. 나는 수년간 집중할 만한 것과 그렇지 않은 것을 정하는 지침으로, 파레토 법칙에 의존해 왔다. 상위 20%의 일이 80%의 보상을 가져다준다는 것이 바로 파레토 법칙의 기본 원리이다.

무엇이 상위 20%에 해당하는 일인지 알아보기 위해 자신에게 세 가지 질문을 던져 보았다.

- 해야만 한다고 요구 받은 일은 무엇인가?(반드시 해야 할 일)
- 가장 큰 보상이 돌아오는 일은 무엇인가?(해야 할 일)
- 가장 보람되는 일은 무엇인가?(원하는 일)

당신이 일을 시작한 지 얼마 되지 않았거나 처음으로 리더가 되었다면 반드시 해야 할 일 목록(must-do-list)이 가장 큰 비중을 차지할 것이다. 다음 단계 리더십으로 올라가려면 당신은 해야 할 일(should-dos)과 원하는 일(love-to-dos) 쪽으로 시간과 관심을 돌리는 것을 목표로 삼아야 한다. 그리고 당신이 충분히 오랫동안 잘 리드해서 훌륭한 팀을 만들면 위의 세 질문에 같은 대답을 하게 될 것이다. 나는 아주 운 좋게도 그럴 수 있었다. 내가 즐기지 않는 일을 해야 하는 경우는 상대적으로 적었다.

팀을 리드할 때, 당신은 팀원들이 해야 할 일과 원하는 일을 하는 자리에 이를 수 있도록 돕는 것을 목표로 해야 한다. 그 자리가 팀원들이 역량을 가장 잘 발휘할 수 있는 곳이기 때문이다. 내 경험에 의하면 다음과 같은 방법으로 팀원을 기용하고 훈련시키고 자리를 배정하는 것이 좋다.

- 근무 시간의 80%를 강점 영역에 배정
- 15%의 시간은 학습 영역에 배정
- 5%의 시간은 장점 영역 바깥으로 배정
- 0%의 시간은 약점 영역에 배정

이것이 가능하려면 팀원들을 잘 알아야 하고 팀원들의 강점과 약점을 이해하고 기꺼이 솔직하게 대화해야 한다. 2단계 리더십을 충실히 이행했다면 그렇게 할 준비와 각오와 능력이 갖추어졌을 것이다.

5. 변화의 주체가 될 만반의 준비를 하라

발전하기 위해서는 언제나 변화가 필요하다. 이것은 자명한 사실이다. 리더는 대부분 진전을 꾀하고자 한다. 이 마음이 리더를 움직이게 한다. 하지만 리더들은 3단계에 도달해서야 변화에 영향을 줄 수 있다.

왜 그런 것일까? 당신은 1단계에서 지위를 얻었고, 2단계에서 팀원들과 강한 관계를 구축했다. 그리고 3단계에서 팀원들이 성과를 달성하도록 도왔다. 이제야 비로소 신뢰를 얻고 추진력이 생겼기 때문에 변화를 가져올 준비가 된 것이다. 조직이 정체되어 있을 때 변화를 만든다는 것은 매우 어렵다. 어떤 방향으로든 움직이고 있으면 옳은 방향으로 틀어 변화를 만들기가 쉽다. 추진력은 변화에 필요한 에너지를 공급한다.

조직에서 변화는 항상 리더십의 쟁점이 된다. 리더가 긍정적인 변화를 만들 수 있다. 그리고 리더가 변화의 주체가 되어 일을 시작하는 가장 좋은 방법은 관계를 구축할 때와 마찬가지이다. 공통점을 찾아야 한다. 변화를 만들고 싶어 하는 리더는 서로의 차이를 지적하고 왜 변화가 필요한지 다른 사람들을 납득시키려고 한다. 하지만 이렇게 하는 것은 효과가 없다. 대신, 비슷한 점에 집중하고 그것에 기반을 두어야 한다. 다음의 영역에서 공통점을 찾는 것부터 시작하라.

- 비전 : 팀원들의 비전이 당신의 비전과 비슷하고, 모든 사람이 비전을 달성하려는 강한 열망을 가진다면 함께 잘 해낼 수 있다.
- 가치 : 가치가 맞지 않는데 오랫동안 함께 여행할 수는 없다. 팀원들의 핵심 가치를 파악하고 팀원들과의 가치 기준 공유 영역을 찾아내라.
- 관계 : 위대한 팀에는 비전은 물론, 서로에게 헌신하는 것을 중요하게 여기는 사람들이 있다. 2단계 리더십을 잘 거쳤다면 관계 영역에서 공통점을 나눌 수 있을 것이다.
- 태도 : 긍정적인 변화를 위해 사람들이 함께 일하게 하려면 그들에게 긍정적인 자세와 집요함이 있어야 한다. 그렇지 않으면 문제가 계속 발생할 것이다.
- 의사소통 : 변화가 일어나려면 서로 정직하고 막힘없이 지속적으로 의사소통해야 한다. 모두가 같은 생각을 갖도록 사람들과 정보를 공유해야 한다.

위의 다섯 가지 영역에서 공통점을 찾거나 만들 수 있다면 당신은 앞으로 나아가 변화를 시작할 수 있다. 그렇다고 변화의 주체가 되는 것이 아주 쉽다는 의미는 아니다. 하지만 단언하건대 다섯 개 영역에서 공통점을 찾지 못하면 변화는 매우 어려워질 것이다.

6. 당신의 목표는 결과라는 사실을 명심하라

생산성에 대해 간단히 이론을 제시하는 비평가와 3단계 리더 사이에는 큰 차이가 있다. 좋은 리더들은 결과를 지향한다. 3단계 리더들은 얼마나 많은 장애물이 가로막고 있든, 경제 상황이 어떻든, 어떤 어려움이 따르든 상관없이 결과가 항상 중요하다는 것을 알고 있다. 그들은 생산성을 위해서 고군분투하고 어떤 것이든 책임진다. 성공할 때조차 마찬가지이다. 포드 자동차의 설립자인 헨리 포드는 이렇게 언급했다.

> 실패보다도 성공 때문에 실패하는 사람이 더 많다. 그들은 수많은 장애물을 헤치고 나아가 여러 가지 어려움을 극복하고 희생하고 땀 흘렸다. 불가능한 것을 가능하게 만들었고 이내 작은 성공이 뒤따랐다. 하지만 그 성공은 높은 자리에서 그들을 끌어내렸다. 그들은 느슨해지고 미끄러져 나가떨어지고 만다. 얼마나 많은 사람이 인정과 보상, 사람들의 일상적 칭찬 때문에 나아가지 못하고 곤란을 겪고 있는지 모른다.[5]

3단계의 뛰어난 리더들은 계속 밀고 나간다. 그들은 추진력을 얻었을 때 저절로 가게 두거나 뒤로 물러나지 않는다. 훨씬 더 위대한 것을 해내기 위해 추진력을 높이고 돌진한다. 자신의 사람들도 그렇게 하도록 돕는다. 3단계 리더들은 실패와 성공에도 불구하고 어떻게 계속 집중하고 그렇게 많은 것을 달성해 낼 수 있을까? 헨리 포드는 이렇게 제안했다.

"오랫동안 그리고 열심히 당신의 미래 전략을 세워라. 당신을 칭찬하는 사람들은 당신이 정말로 하려고 하는 것에 비해 항상 매우 사소한 것을 이야기하려고 할 것이다. 사람들의 칭찬 수준을 넘어서는 큰일을 하는 것이 낫다. 그들이 당신의 전략을 알아차리기 전에 당신이 좋은 출발을 할 수 있을 정도로 큰일이 좋다. 그 다음은 자유롭게 일하고 더 위대한 성공을 향해 여정을 계속해 나가면 되는 것이다."

3단계에 도달한 리더들은 항상 성공을 경험한다. 하지만 모두 그 성공을 활용해서 다음 단계로 나아가는 것은 아니다. 다음 단계로 올라가려면 리더들은 긍정적인 관계를 유지하고 쌓아 가는 중에도 계속해서 집중력과 생산성을 높여야 한다. 가장 좋은 방법은 성과 리더십 단계를 다른 사람들이 스스로의 힘으로 좋은 리더가 되도록 개발하는 4단계로 올라가는 발판으로 활용하는 것이다.

성과 단계에서의 리더십 법칙

■■■ 당신이 자신의 성장을 돕고 3단계에서 팀원들이 성과를 낼 수 있도록 하기 위해 리더십의 법칙을 사용하기를 원한다면 다음 사항들을 고려하라.

1. 존경의 법칙
_사람들은 본래 자신보다 더 강한 리더를 따른다

사람들은 본래 자신보다 약한 리더는 따르지 않는다. 자신이 존경하는 사람, 즉 자신이 신뢰하는 사람을 따른다. 만약 자신보다 더 크게 성공한 사람이 있다면 기꺼이 그를 따른다. 조직에서 리더가 이룬 업적은 리더를 따르는 사람들의 일과 삶으로 확산되는 경향이 있기 때문이다.

2단계에서 신뢰 관계를 얻기 위해 일하고 있을 때는 팀원들의 사기나 믿음과 같은 긍정적인 결과는 종종 눈으로 확인하기 어렵다. 이와 반대로 3단계의 결과는 눈으로 확인할 수 있다. 사람들은 더 나은 조직, 향상되는 생산성, 높은 수익성을 볼 수 있다. 그 결과, 그들은 당신의 강점과 당신이 할 수 있는 일이 무엇인지 이해하고 당신을 신뢰하게 된다. 사람들은 그 점을 높이 산다. 그들은 당신이 팀원들을 잘 다루어서가 아니라 팀과 조직을 위해 하는 일을 보고 당신을 따른다.

2. 자석의 법칙
_사람의 됨됨이가 다른 사람을 끌어당긴다

'유유상종'이라는 말이 있듯이 사람들은 보통 자신과 비슷한 사람에게 끌린다. 나는 리더들에게 종종 팀원에게 가장 바라는 특성을 몇 가지 나열해 보라고 한다. 그들이 그것에 대해 이야기하면 "당신도 이 같은 특성을 가지고 있습니까?"라고 물어본다. 리더가 그러한 특성을 보여 주지 않으면 그러한 사람들을 끌어당길 수 없기 때문이다. 우리는 대개 욕망이 아니라 됨됨이로 사람들을 끌어당긴다.

당신이 3단계에 도달해서 생산성이 높은 팀을 만들었을 때, 당신은 다른 생산자들을 끌어당기기 시작한다. 이때 좋은 점은 이미 생산적으로 성장한 팀을 더 성장하게 도울 수 있다는 것이다. 팀에 생산성 높은 사람을 새로 영입하는 것은 생산성에 대한 기대치를 높이고 기존 팀원들이 더 성장하도록 만든다. 그리고 팀에 도움이 되지 않는 사람이 있다면 그 자리를 대체하려는 사람들이 당신의 문 앞에서 줄을 서서 기다릴 것이다.

3. 모범의 법칙
_사람들은 보는 대로 한다

리더들은 보통 자신이 리드하는 사람들 눈에 잘 보인다. 특히 앞에서 리드할 때 더 그렇다. 그래서 리더들의 행동은 항상 눈에 띄게 된다. 당신이 생산자라면 잘된 일이다. 긍정적인 리더십의 모범을 보이는 것만큼 긍정적인 방법으로 사람들에게 동기 부여를 하는 것도 없다. 사람들은 자신의 리더에게서 결과를 보면 리더가 자신에게 기대하는 결과도 알게 된다. 결과를 기대할 때는 언제든지 생산성이 높아진다. 3단계의 좋은 리더들은 앞장서서 길을 보여 줌으로써 팀원들에게 길을 알려 주어야 한다는 것을 안다. 왜냐하면 사람들은 보는 대로 하기 때문이다.

4. 승리의 법칙
_리더는 팀을 승리로 이끌 방법을 찾는다

당신이 농구 경기를 한다고 가정하고 함께 뛸 사람을 고른다면 어떤 사람을 선택할 것인가? 축구 경기를 한다면? 사업을 시작한다면? 혹은 비영리단체를 운영한다면? 아마 당신은 그 업계에서 가장 뛰어난 리더들을 꼽을 것이다. 왜 그 사람들과 함께하고 싶은가? 승리한 전적이 있는 리더와 함께한다면 성공할 확률이 크기 때문이다.

뛰어난 3단계 리더들은 승리하는 방법을 찾는다. 그들은 항상 찾고 만든다. 역경과 장애물에 부딪히고 어쩔 수 없는 상황이 닥쳐도 언제나 그렇게 한다. 당신이 계속해서 승리를 가져오는 리더라면 누구든지 당신의 팀원이 되고 싶을 것이다. 그렇게 되면 훨씬 잘 리드할 수 있다.

5. 추진력의 법칙
_추진력은 리더의 가장 좋은 친구이다

3단계 리더십은 2단계보다 더 수월하다. 3단계는 추진력이 효과를 발휘하는 시점이기 때문이다. 좋은 결과는 추진력을 만들어 내고, 추진력이 있으면 더 큰 결과를 얻게 된다. 또한 더 큰 결과는 추진력을 더 높이고, 성과는 계속 작동하는 선순환 구조를 만든다. 추진력이 생기면 조직은 문제점이나 부정주의, 과거의 문제들, 성가신 일들 그리고 닥쳐올 난관까지도 극복할 수 있다.

3단계에서 추진력을 얻었다고 해서 쉬거나 뒤로 물러나서는 안 된다. 계속 밀고 나아가야 한다. 추진력을 당연한 것으로 생각하지 마라. 가지고 있는 모든 것을 쏟아부어라.

6. 우선순위의 법칙
_활동이 반드시 성과로 이어지는 것은 아니다

어느 유명한 플래너 판매자의 말에 따르면, 미국 근로자의 3분의 1이 매일 일정을 계획하고, 그중 10% 미만의 사람만이 계획한 것을 완수한다고 한다. 썩 기분 좋은 이야기는 아니다.

대부분의 리더는 많은 일을 해내야 한다는 압박감에 시달린다. 3단계 리더들은 반드시 모든 활동이 성과로 이어지지 않는다는 것을 안다. 온종일 열심히 일하는 것은 매우 쉽지만 그렇다고 자신과 팀의 생산성을 높여 주는 중요한 일을 하는 것은 절대 아니다. 무엇이 해결책인가? 바로 우선순위이다. 3단계 리더들은 합리적인 이유로 적절한 때에 제대로 된 방법으로 올바른 일을 한다. 그들은 어떤 일이든 다 하는 조직은 결국 아무 일도 되지 않는다는 사실을 잘 알고 있다. 그들은 계획하고 차례로 행동한다.

7. 희생의 법칙
_성장하기 위해서는 반드시 포기할 줄 알아야 한다

라디오 방송 진행자인 폴 하비(Paul Harvey)는 이렇게 말했다.

"당신이 성공 가도에 있다는 말은 항상 오르막길을 오른다는 의미이다."

더 높은 리더십 단계로 올라가는 것은 결코 쉬운 일이 아니다. 많은 노력이 필요하며 희생도 감수해야 한다. 이전 단계에서 사용한 기술로는 다음 단계로 나아갈 수 없다. 위로 올라가기 위해서는 특권과 자원을 포기해야 할 때도 있다. 하고 싶은 일이 있어도 충분한 보상이 돌아오지 않는다면 포기해야만 할 수도 있다. 그리고 당신이 끝까지 함께 가고 싶어 하는 사람이 거절할 수도 있다.

리더들은 한 단계 올라가는 데 꼭 필요한 요소를 제외하고 나머지는 흘러가는 대로 두는 법을 배운다. 정상에 오른 사람은 절대 "생각보다 수월했고 시간도 덜 걸렸다."라고 말하지 않는다. 높이 올라가려고 할 때 희생할 각오를 하라. 분명 더 나은 리더가 될 것이다.

8. 수용의 법칙
_사람들은 먼저 리더를 수용하고 나서 그 다음에 비전을 수용한다

많은 리더가 자신이 나아갈 방향과 리더가 믿는 것을 팀이 어떻게 달성할지에 대한 비전을 가지고 있다. 당신은 비전이 있는가? 팀원들이 당신의

비전을 수용하는지 어떻게 알 수 있는가? 그들이 당신을 수용할 준비가 되어 있는지를 알면 된다.

사람들은 비전보다 리더를 먼저 받아들인다. 수용은 다음의 두 가지에서 비롯한다. 팀원과의 관계 그리고 당신이 팀원에게 보여 주는 결과이다. 팀원들은 당신이 그들에게 관심이 있는지 그리고 성과를 낼 수 있는지 알고 싶어 한다. 그리고 당신을 관찰하고 당신의 본을 보면서 이것들을 알게 된다. 팀원들은 당신을 인간적으로 좋아하고 성과를 내는 사람으로 인식한 다음에서야 당신을 수용한다.

4단계로의
상승을 돕는 신념

■■■ 리더십은 흥미진진한 여정이다. 재능 있고 헌신적인 리더들은 더 높이 올라가려는 이끌림을 느낀다. 그들은 자신도 성장하고 다른 이들도 성장시키라는 소명을 듣는다. 그들의 신념은 다음 단계로 올라가도록 자극하고 행동은 확실히 그들을 다음 단계로 데려간다. 다음 단계로 나아가고 싶다면, 3단계에 머무는 동안 다음의 신념들을 가슴에 새겨라.

1. 성과만으로는 충분하지 않다

생산적인 팀을 리드하는 것은 중요한 진전이다. 목표를 성취하면 굉장히 뿌듯하다. 단지 일을 효과적으로 끝내고 결과를 내는 것보다 더 높은 단계의 리더십이 존재한다. 뛰어난 일처리 능력과 팀의 생산성을 높이는 것보다 더 좋은 것은 무엇인가? 바로 사람들을 리더로 성장시키는 것이다. 훌륭한 리더들은 다른 사람을 통해 이루어 낸 일로 자신을 평가한다. 리더십 문화 안에서 사람을 성장시켜야 한다는 뜻이다. 이것이 4단계 리더십의 핵심이다.

여러 해 동안 나는 3단계 리더인 것에 만족했다. 솔직히 말하면, 처음 3단계 리더가 되는 법을 배웠을 때 이미 높은 리더십 단계에 도달했다는 것을 알았다. 팀을 성장시키고 성과를 높이면서 즐거웠지만, 마음 한구석에서는 더 높은 리더십 단계에 오르고 싶었다. 나는 내가 더 해낼 수 있다는 것을 깨달았다. 나는 사람들이 자신의 힘으로 우수한 리더가 되도록 성장시킬 수 있었다. 그때 나는 조직의 능력을 향상시키고 어렵지 않게 리드할 뿐 아니라 팀원들에게 이득이 되는 방식으로 그들에게 가치를 부여했던 것이다. 나는 곧 그것에 매진했고, 큰 기쁨을 맛보았다.

당신이 3단계에 도달하고 생산적인 팀을 이끌게 되었다면 축하한다. 당신은 다른 사람들보다 더 많이 성취한 것이다. 하지만 여기에서 만족해서는 안 된다. 사람들의 삶을 변화시킬 수 있는 더 높은 단계를 추구하라.

2. 조직에서 가장 중요한 자산은 사람이다

조직의 자산 대부분은 시간이 지나며 가치가 하락한다. 시설은 낙후되고 장비는 구식이 되며 물건은 써서 없어진다. 그렇다면 시간이 지날수록 어떤 자산이 잠재적으로 가치가 올라갈 수 있을까? 바로 사람이다. 하지만 이것은 사람에게 투자하고 성장시키는 능력이 있는 누군가가 가치를 부여하고 도전하고 성장시킬 때에만 가능한 일이다. 그렇지 않으면 사람이라는 자산도 이자 없이 맡겨 둔 돈과 같다. 잠재력은 대단하지만 실제로 가치가 불어나지는 않는다.

사람들은 저절로 가치가 올라가거나 우연히 성장하지 않는다. 의도적으로 노력할 때에만 성장할 수 있다. 리더십의 다섯 단계 중 어디에서 성장이 일어나는가? 4단계이다. 4단계에서는 리더가 인재 개발에 관여한다. 당신이 다음 단계의 리더십에 진입하고 싶다면 3단계를 넘어서는 사고를 가져야 한다. 팀원들이 자신의 잠재력을 활용해서 스스로 성장할 수 있도록 돕는 방법을 고민하기 시작하라.

3. 리더로 성장시키는 것이 비전 성취에 가장 효과적인 방법이다

당신은 어떻게 조직을 더욱 나아지게 할 것인가? 이는 조직 구성원에게 투자함으로써 가능하다. 회사는 구성원들이 나아지면 좋아지게 마련이다. 그런 이유로 사람에게 투자하면 항상 조직은 큰 성과를 얻게 된다.

사람들은 모두 어떤 리더를 만나느냐에 따라 성장할 수도 있고, 퇴보할 수도 있다. 조직에 리더가 많을수록 조직의 힘은 강해지고, 리더가 훌륭할수록 조직의 잠재력은 커진다. 당신은 사람에게 과하게 투자할 수 없다. 당신이 조직 구성원의 능력을 향상시킬 때마다 비전을 성취하는 당신의 능력도 향상된다. 좋은 리더들이 조직을 리드하고 긍정적이고 생산적인 근무 환경을 만들 때 모든 것이 개선된다.

즐거운 근무 환경을 원한다면 2단계 리더십을, 생산적인 근무 환경을 원한다면 3단계 리더십을, 성장을 돕는 근무 환경을 원한다면 4단계 리더십을 잘 이행하라.

4. 인재 개발은 리더의 가장 큰 업적이다

나는 30대 후반에 내가 가진 능력보다 더 큰 비전을 성취하려고 애썼다. 내가 아는 유일한 방법은 다른 사람을 훈련시키고 성장시키는 것이었다. 그때 굉장한 일이 벌어졌다. 필요에 의해 시작한 일들은 곧 내 삶에서 성취의 원천이 되었다.

인생에서 다른 사람이 자신의 잠재력에 도달하는 것을 보는 것만큼 뿌듯한 일은 없다. 당신이 사람들의 내면이 좋아지고 대단해지도록 도우면 결국 그들의 겉모습까지도 훌륭해진다. 사람은 나무와 같다. 충분히 오랜 시간 지속적으로 성장에 필요한 것을 공급하면 안에서부터 차올라 이윽고 열매를 맺는다.

사람에 투자하면 그들은 반드시 변화한다. 당신에게도 해당되는 말이다. 스스로 돕지 않고서는 다른 사람을 도울 수 없다.

3단계를 통한 성장 가이드

■■■ 성과 리더십 단계와 관련된 긍정적 측면, 부정적 측면, 최선의 행동, 신념을 되짚어 보며 리더로서 당신의 성장을 돕는 지침들을 활용하라.

1. 당신이 원하는 팀원의 모습을 지녀라

어떤 리더들은 일부 부모들이 하는 실수를 반복한다. 그들은 사람들이 자기가 행동한 대로가 아닌 말한 대로 하기를 기대한다. 하지만 여기에 문제가 있다. 사람들은 보는 대로 행동한다. 만약 팀원들이 열성적이고, 사려 깊고, 생산적이기를 바란다면 당신이 모범을 보여야 한다. 시간을 가지고 팀원들에게 바라는 모든 특성을 나열해 보아라. 그런 다음 목록과 당신의 특성을 비교하라. 당신에게 없는 특성들 옆에 그런 모습이 되기 위해 어떻게 행동해야 하는지 적어라. 예를 들어 팀원들이 일에 열성적이기를 원한다면 '나는 문제를 해결하고 일을 완수할 때까지 포기하지 않겠다.' 또는 '모범을 보이기 위해 일찍 출근해서 늦게까지 일하겠다.'라고 적어라.

2. 개인의 생산성을 리더십으로 전환시켜라

당신이 생산적인 사람이 되었다고 해서 반드시 성과 단계의 리더라는 의미는 아니다. 이 차이를 어떻게 구별할 수 있을까? 당신이 팀원들에게 영향을 미치고 있는지 살펴보면 알 수 있다. 당신의 존재로 인해 팀원들이 발전하거나 더 생산적으로 변해 가는가? 아니라면 그 이유는 무엇인가? 팀 혹은 팀원 모두가 더 나아지도록 돕기 위해 당신이 할 수 있는 일을 생각하라. 자신의 성과에 집착하지 말고 초점을 외부로 돌려라. 그리고 다른 사람들이 생산성을 높이도록 돕기 시작하라.

3. 생산성에 대한 모든 사람의 역할을 이해하라

성공적인 3단계 리더의 전형적인 특성 중 하나는 그들이 팀의 어떤 부분에 가장 큰 가치를 부여하며, 팀원들이 어디에 가치를 부여하는지 안다는 것이다. 당신 자신을 포함하여 각 팀원이 기여하는 영역을 정의하라. 그리고 팀이 효과를 높이기 위해 팀원들이 함께 일하는 방법을 평가하라.

4. 계속해서 비전을 제시하라

오늘 비전을 제시하지 않았다면 당신은 비전 제시 기한을 넘기고 있는 것이다. 팀원들은 당신이 비전을 설명하고 성공을 정의해 주기를 원한다.

비전을 어떻게 제시할 것인지 숙고하고 가능한 한 자주 전달하라.

5. 당신의 팀을 구축하라

팀원들이 비전을 이해하고 자신의 강점과 역할을 알아가기 시작할 때, 생산적인 팀이 만들어진다. 성장을 돕고 성과를 높이는 환경을 만들 때 이것이 가능해진다. 매일 혹은 적어도 일주일에 한 번 팀 회의를 열어 성과에 대해 피드백하라. 팀원들이 모험을 한다고 나무라지 말고 그들의 노력을 칭찬하라. 팀원들이 실패와 성공을 통해 배울 수 있도록 도와라.

6. 추진력을 이용하여 문제를 해결하라

문제를 해결하는 가장 효과적인 방법은 무엇일까? 바로 추진력을 이용하는 것이다. 리더는 어떻게 추진력을 만들어 내는가? 팀원들이 승리를 경험하게 도움으로써 가능하다. 당신이 이 점을 고려하지 않는다면 3단계 리더처럼 생각하지 않고 있다는 것이다.

팀원들이 개인의 성공을 경험할 수 있도록 작은 도전들을 찾아내라. 그런 다음 하나의 팀으로 함께 승리할 수 있도록 수용 가능한 도전들을 찾아보라. 혼자서 그리고 조직적으로 많은 성공을 경험할수록 도전의 난이도를 높일 수 있다. 그러면 더 많은 추진력을 얻을 수 있다.

7. 팀원들이 추진력에 어떤 영향을 미치는지 파악하라

모든 팀에는 추진력을 만드는 사람, 추진력에 편승하는 사람, 추진력을 파괴하는 사람이 있다. 팀 리더로서 당신은 팀원들이 어떤 부류에 속하는

지 파악하여 추진력을 만드는 사람은 극대화하고, 추진력에 편승하는 사람에게는 동기를 부여하며, 추진력을 파괴하는 사람은 최소화해야 한다. 팀원을 다음과 같이 구분할 수 있다.

- 추진력을 만드는 사람(일이 되게 하는 생산자)
- 추진력에 편승하는 사람(소극적으로 참여하는 사람)
- 추진력을 파괴하는 사람(문제를 일으키고 사기를 떨어뜨리는 사람)

추진력을 만드는 사람에게 가장 많은 시간과 에너지를 투입하고, 그들이 영향력을 끼칠 수 있도록 전략적으로 조직에 배치하라. 그리고 추진력에 편승하는 사람들에게 동기 부여를 할 때 추진력을 만드는 사람들이 그들을 리드하도록 만들어라. 그 사이에 추진력을 파괴하는 사람들과 진솔한 대화를 나누어라. 그들이 태도를 바꾸고 생산적인 팀원이 될 수 있도록 기회를 주어라. 하지만 그 도전에 실패하면 팀에서 방출하라. 만약 그럴 수 없다면 그들이 끼칠 수 있는 악영향을 최소화하기 위해 나머지 팀원들과 따로 떼어 놓아야 한다.

8. 파레토 법칙을 실천하라

당신의 생산성을 가장 높은 수준으로 올리고 싶다면 '80대 20 법칙'에 따라 일하라. 첫째, 당신의 전반적인 노력에 초점을 맞추어라. 시간을 따로 확보해서 맡고 있는 일의 목록을 만들어라. 그런 다음에 조직에 이익을 가져오는 영향력의 정도에 따라 중요한 순서대로 나열해라. 당신의 시간과 노력의 가장 좋은 몫을 상위 목록에 반드시 집중시켜라. 둘째, 매일 80대 20 법칙을 실천하라. 당신이 꼭 해야 하는 일의 목록을 매일 만들어라. 그리고 상위 20%의 일에 80%의 시간을 쏟아부어라. 셋째, 당신의 팀을 상위 20%의 일에 집중시켜라. 정기적으로(매일 혹은 매주), 팀원들과 우선순위를 살펴보고 80%의 노력을 중요도 측면에서 상위 20%에 있는 일에 집중시키는지 확인하라.

9. 변화 주체로서 당신의 역할을 받아들여라

3단계의 유능한 리더들은 책임지고 성공에 필요한 변화를 만들고 결정을 내린다. 당신이 리더라면 이 책임감을 받아들여라. 팀을 향상시키고 변화를 만드는 방법을 계속해서 찾아라. 오늘부터 하루에 한 시간씩 투자하여 긍정적인 변화를 가져올 수 있는 방법을 다섯 가지씩 고민해 보라. 그리고 무언가 잘못되었을 때는 거기에 대해서도 책임을 져라.

10. 2단계를 소홀히 하지 마라

3단계에서 해야 할 일이 많기 때문에 많은 리더가 리드할 때 인적 요소를 놓친다. 성과 리더십 단계에 있을 때 당신의 사람들과 연결된 관계를 유지하는 것을 잊지 마라. 그들에게서 배우고 함께 시간을 보내라. 필요하다면 팀원들과 만나는 시간을 일정에 포함시켜라. 2단계에서 당신이 얻은 것을 흘려보내지 않도록 하라.

4단계

인재 개발 리더십

리더 개인의 성장을 돕는 것은
당신의 영향력과 역량을 키워 준다

❺

❹ 인재 개발 리더십
구성원들을 리더로 성장시켜 함께 조직을 이끌어 가는 수준

❸ 성과 리더십
조직의 성과 창출을 통해 사람들이 따르게 하는 수준

❷ 관계 리더십
신뢰 구축을 통해 사람들이 자발적으로 따르게 하는 수준

❶ 지위 리더십
주어진 지위를 이용하여 사람들을 따르게 하는 수준

유능한 리더들은 현재의 리더십 단계에 도달한 것이 다음 단계로 올라가는 데 충분하지 않다는 것을 잘 알고 있다. 그들은 자신이 리더로서 계속 나아지고자 한다면 지속적인 성장과 변화를 위해 노력해야 한다는 것을 잘 알고 있다. 또한 5단계 리더십 중 각 단계의 향상을 위해서는 리드하는 방법에 있어서의 근본적인 변화와 전환이 필요하다는 것을 인식하고 있다.

3단계에서는 개인과 단체의 성과가 강조된다. 높은 성과를 올리는 팀이나 부서 혹은 조직을 만들어 내는 능력은 대부분의 사람이 보여 주는 것보다 높은 단계의 리더십 능력을 암시한다. 그러나 엘리트 조직을 만들어 내는 보다 상위의 리더십 단계에 오르기 위해서는 리더들이 생산자에서 개발자로 바뀌어야 한다. 조직에 있어 자산 가치가 가장 높은 것이 사람이기 때문이다.

4단계의 훌륭한 리더들은 다른 사람들을 리더로 키우는 데 자신의 시간과 에너지, 물질, 사고를 투자한다. 그들은 남녀를 불문하고 모든 사람에 대해 개인의 직함이나 지위, 나이 혹은 경험과 상관없이 리더가 될 수 있는 성장 잠재력을 평가한다. 사람은 누구나 개발 가능한 잠재 후보자이다. 사람을 발굴하여 개발하는 것은 사람의 최대 장점을 이끌어 내는 것이 팀의 최대 강점을 살리는 결정체가 된다는 점에서 그들의 조직이 갖고 있는 긍정적인 것들을 강화시키는 행위이다. 한 개인의 리더십과 성공을 위한 개발은 다른 사람들의 성공 능력을 개발하는 초석이 된다.

피터 드러커는 다음과 같은 사실을 발견했다.

"올바른 조직 관리를 위해 적합한 인물의 선정은 가장 중요한 수단이 된다. 그러한 결정은 조직의 효율적인 관리와 가치관 그리고 투철한 직무 의식을 보여 준다. 관리자가 자기들의 결정을 아무리 비밀로 하려 해도 의사 결정은 숨길 수 없다. 그것은 분명하게 드러나게 되어 있다. 중역들이 올바른 인사 관리를 위해 노력하지 않을 때 그들은 초라한 업무 성과에 직면하는 것보다 더 심각한 위기를 맞는다. 그들은 조직의 명예가 실추되는 위험을 감수해야 한다."[1]

사람과 인사 결정에 대한 이러한 강조를 어떻게 행동으로 옮길 수 있을까? 인재 개발 리더십 단계의 리더들은 그들의 초점을 다른 사람들에 의해 성취되는 성과에서 그들의 잠재력 개발로 바꾼다. 따라서 그들은 다른 사람들을 개발하고 리드하는 것에 80%의 초점을 두는 반면, 그들의 개인적인 성과에는 20%의 초점만 둔다. 이러한 변화가 자신들의 직접 일을 처리하는 데 익숙한 효율 높고 생산적인 사람들에게는 어려울 수 있다. 하지만 그것은 조직을 개혁시켜 조직의 밝은 미래를 약속하는 대전환이 될 수 있다.

인재 개발 리더십의 긍정적 측면

■■■ 4단계에서 당신이 사람들을 리드할 수 있게 될 때, 리더십의 긍정적인 면은 더욱 강해지고 그로 인해 조직의 잠재력은 극적으로 증가한다. 인재 개발 리더십 단계에서의 리드는 다음과 같은 중요한 긍정적인 유익을 가져다준다.

1. 인재 개발은 당신을 대부분의 리더와 차별화시킨다

대부분의 리더는 자기들의 조직을 성장시킬 수 있는 방법을 찾는다. 그렇다면 그들이 주로 관심의 초점을 두는 곳은 어디일까? 바로 3단계 리더십이다. 그들은 성과를 높이기 위해 노력하지만 그것은 초점이 잘못된 것이다. 조직을 성장시키는 것은 회사에서 일하는 사람들을 성장시키는 방법을 통해 가능하다. 그러므로 당신이 진심으로 조직과 조직의 잠재력을 확대시키기 원한다면, 리더들을 성장시키는 데 초점을 두어라.

나의 친구이자 저술가인 데니스 웨이틀리(Denis Waitley)는 인재 개발과 관련하여 내게 놀라운 통찰력을 제공했다. 그는 이렇게 말했다.

"당신은 자신이 노력과 시간, 에너지를 투자해서 개발할 만큼 가치가 있는 사람이라는 믿음을 가져야 한다."

다른 사람들을 개발하는 것에 대해서도 똑같이 말할 수 있다. 우리는 그들의 가치를 믿어야 하고, 그들의 꿈을 소중히 여겨야 한다. 그들이 노력과 시간, 에너지 그리고 물질을 투자하여 개발할 가치가 충분한 자들이라는 것을 믿어야 한다. 그러나 안타깝게도 많은 리더가 그러한 믿음을 가지고 있지 않다.

시노버스(Synovus)에서 수년 동안 리더로 근무한 짐 블랜차드(Jim Blanchard)는 내가 존경하는 리더 중에 한 사람이다. 1999년, 《포춘》은 시노버스를 미국에서 일하기에 가장 좋은 회사로 선정했다. 나는 시노버스가 성공을 거두고, 근무하기 좋은 곳이 된 것은 인재 개발을 위한 그들의 헌신 때문이라고 생각한다. 그것은 처음 블랜차드에게서 시작되었다. 그는 리더십 훈련을 위해 독서를 즐겼고, 가능한 한 모든 기회를 놓치지 않으려고 애썼다. 블랜차드는 이렇게 설명했다.

"25년 전, 우리는 사람을 훈련시키는 데 투자하지 않아 준비되지 않은 자들에게 일을 맡기는 과오를 범하지 않기로 결정했습니다. 리더들을 훈련시키고 준비시키며, 그들에게 필요한 것들을 가르치고, 그들로 하여금 자기의 최고 리더십 단계를 추구하도록 고취시키려는 노력은 훌륭한 방법이었으며, 기업 환경을 위해 좋은 투자였죠. 거기에는 분명히 보상이 따랐습니다. 우리는 기업들이 리더를 개발하는 것이 가장 확실한 유익을 얻는다는 사실을 깨닫게 되었지요. 지금 혹은 앞으로 리더가 될 사람들은 그들의 성장을 위한 당신의 투자가 자기들에게는 돈보다 훨씬 더 중요하다는 것을 잘 알고 있어요. 상사가 직원에게 개인적인 관심을 보이며 직장에서 자기 일에만 전념할 것을 권하는 것은 어디까지나 부차적인 것이죠 이보다 더욱 중요한 것은 성장을 위한 투자라는 것이 나의 견해입니다."[2]

이것은 리더가 사람들과 관계를 형성하고, 그들에게 자신들의 직무에서 성과를 내도록 도와주는 2, 3단계에서 리더가 사람들에게 그들의 잠재력을 개발시켜 스스로 유능한 리더가 되도록 도와주는 4단계로의 이동을 잘 설명해 주고 있다.

블랜차드는 "성장 가능성을 가진 사람의 특징은 그것을 위해 필요한 과정을 수용하는 것이다."라고 말했다. 또한 그는 이렇게 진술했다.

"어떤 이가 보다 많은 것을 배우는 것에 열정적인 것을 그들이 지금 제대로 가고 있다고 확신해도 됩니다. 그런데 당신이 말하고 있는 사람이 더 이상의 가르침을 원하지 않는다면, 그들은 전혀 가망이 없는 자들입니다. 구제 불가능한 자들입니다."

당신이 최상의 조직을 만들기 원한다면, 구성원들에게 투자해야 한다. 사람이야말로 가장 커다란 잠재력을 갖고 있기 때문이다. 그리고 경쟁적인 기업 세계에서 인재 개발 능력은 종종 서로가 비슷한 재원을 활용하여 성공을 꾀하는 두 개의 조직 사이에 차이를 만들어 내는 역할을 한다. 미국의 전임 노동부 장관인 로버트 라이히(Robert Reich)는 이렇게 지적했다.

"고용주가 피고용인을 인재로 키우지 못하면, 오로지 자본만으로 경쟁을 해야 합니다. 누구나 물리적 자본은 복제할 수 있습니다. 그러나 어느 누구도 복제할 수 없는 한 가지 자원이 있습니다. 그것은 바로 피고용인들의 헌신과 팀워크 그리고 기술입니다."

피고용인을 인재로 키워라. 그러면 당신은 군계일학과 같은 리더가 될 것이다.

2. 인재 개발은 성장의 지속성을 보장한다

성공을 이루는 것은 결코 쉽지 않다. 매년 수천 개의 새로운 기업이 창업하지만 오래 버티지 못하고 문을 닫는다. 성공을 거둔 사람들도 그것을 유지하는 것이 쉽지 않다는 사실을 잘 알고 있다. 많은 기업이 지속적인 성공을 목표로 창업하지만, 실제로 그 목표를 달성하는 기업은 많지 않다. 망할 것처럼 보이지 않는 탄탄한 대기업들 중에서도 성공이 오래가지 못하는 경우가 있다.

그렇다면 조직의 성장과 성공의 유지를 위한 가장 좋은 방법은 무엇일까? 바로 사람을 개발하고, 훈련시키는 것이다. 사람들이 그들의 잠재력을 발휘할 수 있도록 돕는 것만이 조직의 잠재력을 극대화할 수 있다.

리더십 초기에 나는 이에 대해 잘 이해하지 못했다. 사람들을 준비된 자들로 만들고, 성장시키는 것은 내게 우선순위가 아니었다. 나는 성과 리더십 단계에 도달했을 때, 내 모든 에너지를 쏟아부었다. 쉬지 않고 일하고, 나의 노동 윤리와 성과에 대해 사람들로부터 칭찬을 듣는 것이 좋았다. "당신은 어떻게 그렇게도 많은 성과를 이룰 수 있지요?"라는 말이 내 귀에는 음

악으로 들렸다. 하지만 내가 조직을 떠난 후에는 그러한 음악이 중단되었다. 특정한 업무나 노력에 대한 나와의 직접적인 관계가 끝나자 그것은 더 이상 지속되지 않았다. 그 결과, 내가 쌓아 온 많은 것이 내가 떠나면서 발전이 멈추거나 사라졌다.

저술가이자 나의 친구인 켄 블랜차드(Ken Blanchard)는 이렇게 말했다.

"당신의 리더십 역량에 대한 평가 결과는 당신이 현직에 있을 때 나타나는 것이 아니라 그곳에 없을 때 나타난다."

나는 그 비밀이 무엇일까 궁금했다. 리더가 떠난 후에도 계속 성장하는 조직이 있는 반면, 망하는 조직이 있는 이유가 무엇일까? 나는 전혀 생각하지 않은 데서 리더십에 대한 통찰력을 얻기 시작했다. 어느 날 밤에 아내 마거릿과 함께 서커스 구경을 갔는데, 무대 중앙에서 한 남자가 막대기 끝에 접시를 올려놓고 돌리기 시작했다.

그는 첫 번째 접시가 돌아가자 다른 막대기 끝에 두 번째 접시를 올려놓고 돌리기 시작했다. 그는 그렇게 여섯 번째 접시까지 돌렸다. 그리고 마지막 몇 분은 막대기 사이를 바쁘게 움직여 여러 개의 접시가 떨어지지 않고 계속해서 돌아가게 했다. 많은 접시가 돌아갈수록, 그의 손은 더욱 바쁘게 움직였다.

그 순간 나는 내가 바로 그렇게 하고 있다는 사실을 깨달았다. 나는 모든 일을 직접 했으며, 온 힘을 다해 빠르게 움직임으로써 모든 것을 잘 관리했다. 그러나 내가 멈추는 순간, 주위의 모든 것이 무너졌다. 나는 아무에게도 리더십이라는 접시 돌리기를 훈련시키지 않았다. 그래서 스스로 지쳐 가고, 조직의 잠재력을 제한시키고 있었다. 정말 큰 실수였다. 그후 나는 사람들에게 조직의 중요한 일을 리드할 수 있는 훈련을 시켰다. 그것은 나의 리더십에 혁명적인 변화를 가져다주었고, 내가 이끄는 모든 조직에 엄청난 영향을 주었다.

나는 많은 사람이 리더는 조직 내의 중요한 것들은 직접 챙겨야 한다는 사고방식에 젖어 있다고 생각한다. 저술가인 제임스 A. 벨라스코(James A. Belasco)와 랄프 C. 스테이어(Ralph C. Stayer)는 이러한 심적 경향을 우두머리 물소가 무엇을 하기 원하는지 알고자 주위를 서성이며 기다리는 물소 떼의 성향에 비유했다. 하지만 그들은 효과적인 조직이 되기 위해서는 물소 떼가 아니라, V자형을 이루어 비행함으로써 서로의 짐을 나누는 기러기 떼를 닮아야 한다고 강조했다. 그들은 공저를 한 《물소들의 비상(Flight of the Buffalo)》에서 다음과 같이 기술하였다.

> 나는 낡은 물소의 리더십 패러다임이 아닌 새로운 기러기의 리더십 패러다임을 개발했다. 리더십 현장 경험이라는 모진 시련 속에서 만들어진 이 패러다임은 다음과 같은 리더십 원리를 바탕으로 설명되고 있다.

- 리더는 업무에 대한 주권을 실무자에게 위임한다.
- 리더는 주권에 대해 사람들 각자가 책임 의식을 갖고자 하는 환경을 조성시킨다.
- 리더는 개인의 능력 개발을 지도한다.
- 리더는 자기가 먼저 신속하게 학습한 후에 다른 사람에게도 속히 배울 것을 권한다.[3]

리더가 이러한 접근 방법을 취할 때, 모든 사람은 적어도 특정한 영역과 역량에 있어 리드할 수 있는 능력을 갖게 된다. 당신이 지난날 리더들을 개발하는 것을 우선순위로 삼지 않았다면 지금이라도 그렇게 하기를 권한다. 그것은 시간과 헌신을 요하는 일이지만 당신은 그것을 해낼 수 있다.

당신이 1, 2, 3단계의 리더십 과정을 성공적으로 통과했다면, 당신은 4단계로 올라갈 수 있는 충분한 잠재력을 갖추고 있는 것이다. 그러려면 당신은 업무 수행에서 인재 개발로 관점을 바꿔야 한다. 또 사람들을 믿고, 사람들과 함께 짐을 나누어지는 것이 요구된다. 그러나 당신이 관점을 바꾸기를 열망하며 실천한다면 그렇게 할 수도 있다. 사람들을 그들의 현재 모습에서 보다 바람직한 모습으로 변하도록 도와주는 기술이 바로 리더십이라는 것을 기억하라.

스티븐 코비는 사람과 조직은 관리자의 능력에 의해 제한되고, 개인의 강점과 약점 두 가지 모두를 반영한다는 점에서 업무의 위임과 잘 준비된 직원들 없이는 커다란 성장이 불가능하다는 것을 발견했다. 자신으로 인해 조직의 발전이 저해되지 않게 하라. 다른 리더들을 개발시킴으로써 조직에 밝은 미래를 위한 최고의 기회를 제공하라.

3. 인재 개발은 다른 이에게 그들의 리더십을 완수케 하는 권한을 부여한다

많은 리더가 그들의 팀이나 조직에 장애물이 되고 있다. 그러한 장애물의 전형적인 예가 리더의 역할을 감당할 능력이 없으면서 리더의 위치에 있는 사람이다. 사람이란 자신이 감당할 수 없는 수준에까지 올라가려는 경향이 있다는 피터의 법칙(Peter Principle)은 이를 잘 보여 준다. 그들은 사람들에게 권한을 주거나 동기를 부여하지 않기 때문에 자신의 책임 영역이 진통을 겪게 되고, 사람들은 성장을 하지 못한다. 반면에 자신이 리드하는 이들에게 걸림돌이 되는 다른 부류의 리더도 있다. 바로 유능하지만 책임을 나누지 않는 사람이다.

인재 개발은 그것이 가지고 있는 본질적 특징상 직무 수행을 위해 책임을 분담한다. 이유는 인재 개발이 단순히 사람을 가르치는 것 이상을 의미하기 때문이다. 인재 개발은 사람을 변화시키는 것이다. 인재 개발은 경험을 통해 배울 수 있도록 사람을 리더십 과정에 참여시킨다. 다른 사람들의 타고난 재능을 충분히 발휘하게 하고, 활동 영역을 넓혀 주며 그것을 개발하고 영감을 주는 것에서 가장 위대한 능력을 보여 준 사람들에 대한 역사적인 예가 많이 있다.

존 퀸시 애덤스(John Quincy Adams)는 이렇게 말했다.

"당신의 행동이 다른 사람들에게 영감을 주어 그들이 보다 많은 것을 꿈꾸고, 더 많이 배우며, 보다 많은 것을 행하고, 더욱 나아지게 된다면 당신이야말로 진정한 리더이다."

당신이 다른 사람에게 책임과 권한을 부여할 때, 그들은 배울 뿐 아니라 자신들의 리더십 책임을 성취하게 된다. 그러한 행동은 사람과 조직을 변화시킨다.

숙련된 리더가 인재 개발에 중점을 두고 다른 사람들에게 리드할 수 있는 권한을 주면 모두에게 효과적이다. 첫 번째 유익은 리드를 받는 사람들에게 나타난다. 새로운 리더들이 개발될 때 그들은 업무 수행 능력이 향상되어 자신들과 함께 일하는 자들도 똑같이 할 수 있도록 그들을 도와준다. 이러한 새로운 리더들이 2단계에서 자기가 담당한 사람들과의 관계를 세위 나가기 시작할 때 리더들은 그들을 더욱 잘 대하고 작업 환경은 개선된다. 그들이 3단계를 숙달하면 생산성이 향상된다.

두 번째 유익은 조직에 나타난다. 보다 훌륭한 리더들이 증가함으로써 조직의 현재 노력이 개선된다. 개발된 리더들에 의해 조직에는 마력과 같은 추진력이 더해진다. 그리고 조직의 리더십 확대는 조직의 영역을 확장시키며 새로운 주도권을 행사할 수 있는 능력을 부여한다.

세 번째 유익은 새로운 리더들이 업무 분담을 도와준다는 점에서 인재 개발을 담당하는 리더들에게 나타난다. 모든 리더는 리드하는 것에 막중한 책임을 느낀다. 그들은 리더로서 무엇이든 성과를 내야 한다는 것을 알고 있다. 그들은 조직과 자신들의 리더의 비전을 만족시키는 것에 책임감을 느낀다. 만약에 주주가 있다면, 수익 창출과 관련하여 그들에게 책임을 느낄 것이다. 그들은 주주들이 성공하도록 돕길 원한다. 그리고 마침내 그들이 사람들의 업무를 분담해야 한다는 사실을 깨닫게 된다.

나는 리더십에는 항상 부침(浮沈)이 있다는 원리를 가르친다. 대부분의 사람은 이러한 원리를 생산성에 적용시킨다. 하지만 그것은 임무에도 적용된다. 나는 세 개의 회사를 경영했을 때, 리더십에 대한 막중한 책임감에서 하루도 벗어날 수 없었다. 회사의 경영 방침과 생산 제품, 조직의 손익 성과에 대한 책임이 모두 내게 있었다. 조직의 많은 책임을 맡고 있는 리더는 누구나 그러한 부담을 느끼게 된다.

당신이 인재를 개발하여 그들에게 리더십에 대한 짐을 분담시키려면, 그들에게 올바른 기대치를 부여하는 것이 매우 중요하다. 당신은 그 결과가 아니라 그들에 대해 책임질 뿐이라는 것을 알게 하라. 이는 당신에게 그들의 개발을 위해 훈련시키고, 필요한 도구를 조달하며, 기회를 제공하고, 유익한 환경을 만들어 줘야 할 책임이 있다는 것을 의미한다. 반면에 선택과 태도, 노력을 통해 자신을 성장시키는 책임은 그들에게 있다.

그들이 그렇게 하지 않을 경우, 당신은 그 실패에 대해 그들과 함께 대가를 치르게 되지만, 그들이 성공할 경우 누리게 될 장점이 매우 크다는 점에서 그것은 위험을 감수할 만한 충분한 가치가 있다. 따라서 그렇게 되어 사람들에게 성장하고 리드할 수 있는 기회가 주어진다면 참으로 멋진 일이지 않은가.

자선 사업가인 멀린다 게이츠(Melinda Gates)는 매우 어린 나이에 이처럼 놀라운 사실을 깨달았다. 1982년, 그녀는 어설린 아카데미(Ursuline Academy)에서 행한 자신의 고별 연설에서 이렇게 말했다.

"만약 여러분이 지금 성공한 상태라면 그것은 언제, 어딘가에서 누군가가 여러분에게 바른 길을 걸어가게 하는 삶이나 아이디어를 주었기 때문입니다."

이는 우리 모두에게 적용되는 말이다. 세상에 스스로 만들어지는 리더는 아무도 없다. 모든 리더에게는 다른 사람에 의해 최초의 계기가 주어졌다. 따라서 우리는 책임 의식을 가지고 효과적이며, 성실하게 다른 사람들을 리드하는 것에 자신의 재능을 돌려줘야 한다.

페퍼다인대학교(Pepperdine University)의 리더십 담당 교수인 파르진 마찌디(Farzin Madjidi)는 이렇게 주장했다.

"우리는 사람들에게 권한을 부여하고, 다른 리더들을 만들어 내는 리더가 필요하다. 관리자가 모든 사람에게 일을 맡겨 성과를 내는 것만으로는 부족하다. 오늘날 피고용인은 자기가 하는 모든 일을 수용하여 주인 의식을 갖는 것이 요구된다. 이것을 활성화하기 위해서는 피고용인들이 그들에게 직접 영향을 미칠 결정은 스스로 하는 것이 매우 중요하다. 그렇게 할 때 최고의 의사 결정이 이루어진다. 권한 부여의 본질적인 특징이 바로 이것이다."

파르진 마찌디의 설명은 다른 사람들에게 일을 분담시키고자 권한을 주는 4단계의 리더십에 관한 것이다. 4단계의 리더들에 의해 리드되는 건전한 조직에서는 다른 사람들 위에 군림하는 것이 아니라, 그들에게 권한을 부여할 때 보상이 따른다.

조직의 개선을 원한다면 그곳의 리더들을 향상시켜라. 조직의 성장을 원한다면 그곳의 리더들을 성장시켜라. 당신이 리더의 수를 늘리고 그들을 더욱 개발시킬 때, 조직의 잠재력은 크게 향상될 것이다.

4. 인재 개발은 리더에게 보다 큰 리드 능력을 부여한다

많은 리더가 자신의 권한을 잃고 싶지 않아 다른 사람들과 책임을 분담하는 것을 좋아하지 않는다. 그러나 다른 사람들과 리더십을 분담한다고 해서 그것이 실제로 당신에게서 떠나는 것은 아니다. 대신, 당신은 다른 사람들을 개발시킴으로써만 무언가를 얻게 된다. 다시 말해, 당신은 당신이 투자했던 시간을 돌려받게 된다. 사람들을 개발하고 그들에게 리드할 수 있는 권한을 부여할 때, 그들의 영역과 당신의 영역이 모두 확대된다. 당신에게는 보다 중요한 것들을 할 수 있는 자유가 주어지는데, 그중에서도 생각하고, 계획하며 전략을 세우는 것은 종종 가장 중요한 요인이 된다.

리더들에게는 항상 보다 깊이 생각할 수 있는 시간이 필요하다. 그러나 대부분의 리더는 과도한 활동 때문에 그렇게 하지 못한다. 당신이 다른 리더들을 개발하고 그들에게 리드할 수 있는 권한을 부여하면, 그들이 당신의 일을 떠맡기 때문에 당신은 그 시간을 팀이나 조직을 다음 단계로 향상시키는 데 사용할 수 있다. 따라서 그것은 모든 사람에게 유익이 된다.

업무에 대한 책임을 다른 사람에게 맡긴다는 것이 종종 어려울 때가 있는데, 특히 그들이 당신이 원하는 만큼 일을 잘 해내지 못할 것이라고 생각될 때 그렇다. 하지만 그것은 변명에 지나지 않는다. 당신이 자신이 맡은 책임의 일부를 다른 사람들에게 기꺼이 양도하지 않고는 유능한 4단계의 리더가 될 수 없다.

그렇다면 리더십 임무에 대한 소유권을 다른 사람에게 양도함에 있어 좋은 경험 법칙은 무엇일까? 나는 '80% 법칙'을 사용하고 있다. 나는 우리 팀의 누군가가 나의 업무를 내가 하는 정도의 80%나 그 이상만 할 수 있으면, 그것에 대한 책임을 그(혹은 그녀)에게 맡긴다. 당신이 유능한 리더가 되기 원한다면, 완벽주의자에서 실용주의자로 바뀌어야 한다.

5. 인재 개발은 개인에게 위대한 성취 기회를 제공한다

에버렛 쇼스트롬(Everett Shostrom)은 자신의 저서 《능숙한 조종자(Man, The Manipulator)》에서 사람에게 다가가 그들의 삶을 변화시키는 비법에 능숙한 교사를 소개했다.

> 나는 어린 학생들은 교과목 이상의 것이 필요하다는 사실을 이해하기

시작했을 때, 커다란 안도감을 갖게 되었다. 나는 수학에 대해 잘 알며, 잘 가르친다. 나는 그것이 내게 필요한 모든 것이라고 생각하곤 했다. 사실 나는 수학을 가르치는 것이 아니라 아이들을 가르치고 있다. 나는 내 자신이 그들 중 몇 사람에게만, 그것도 부분적으로 성공할 수 있을 뿐이라는 사실을 인정한다. 나는 모든 답을 알지 않아도 될 때, 내가 전문가가 되려고 했을 때보다 더 많은 답을 아는 것 같다. 나로 하여금 정말 이것을 이해하게 한 학생은 에디(Eddie)였다. 어느 날 내가 에디에게 그가 작년보다 훨씬 더 잘하고 있다고 생각하는 이유를 물었을 때, 그는 내게 완전히 새로운 방향 지침을 제시해 주었다. 그는 "그것은 선생님과 함께하는 시간이 좋기 때문이지요."라고 말했다.[4]

우리는 살면서 남에게 무언가를 베풀 때 가장 큰 만족을 얻는다. 우리는 자기 중심성을 벗어나 타인에게 초점을 맞출 때 가장 많은 것을 성취할 수 있다. 놀라운 것은 우리가 4단계의 인재 개발에서 취한 남에게 베푸는 것을 2단계에서 개발시킨 견고한 관계에 더할 때, 그로 인해 나타나는 친밀감과 따뜻한 관계가 우리의 삶 가운데 가장 풍족한 경험을 제공해 준다는 것이다. 우리는 자신의 성장을 돕는 사람들과 종종 가장 가까운 사이가 된다.

나와 가장 절친한 친구들은 알고 보면 내게서 가장 뛰어난 점을 발굴해 낸 사람과 내가 그들이 최고가 될 수 있게 도와주려고 한 사람들이다. 우리의 성장 과정은 웃음과 눈물, 성공과 실패, 소망과 상처, 질문과 답변들로 가득하다. 나는 나와 더불어 성장하고 성공한 사람들이 그것에 대해 아낌없이 표현하는 고마움을 매우 소중하게 여긴다.

스타벅스의 창업자인 하워드 슐츠는 이렇게 말했다.

"승리는 그것이 단 한 사람이 아닌 여러 사람의 결합된 노력으로 이루어질 때 더욱 의미가 있다. 모든 참여자가 마음을 다해 리드하여 자신만 아니라 서로를 위해 승리할 때 기쁨이 오래간다."

이는 내 삶에서 가장 가까운 사람인 가족과 측근들에 대해 느끼는 감정을 매우 잘 묘사해 주고 있다. 바로 어젯밤에 나는 성장에 어떤 식으로든 도움을 준 사람들과 저녁 식사를 했다. 우리는 웃으며 대화를 나누고 서로의 의견을 공유했다. 시간은 금세 지나갔다.

그 자리에는 마크(Mark)와 스테파니 콜(Stephanie Cole)이 함께했다. 그들은 결혼식 때 내가 도움을 준 사람들이다. 그런데 몇 년이 지난 지금 마크는 내가 가장 믿고, 의지하는 사람이 되었다. 나는 훌륭한 리더의 도움이 필요한 프로젝트가 있으면 그에게 맡긴다. 스테파니는 내게 마크가 필요할 때 그가 나와 함께 여행 떠나는 것을 기꺼이 허락한다. 얼마나 고마운 선물인가? 그들이 없이는 아무것도 할 수 없을 것 같다.

식사 자리에는 데이비드(David)와 로리 호이트(Lori Hoyt)도 참석했다. 데이비드는 나의 강연 약속이 잡히면 지대한 관심과 전문성을 바탕으로 나 대신 사람들을 만나 섭외하며 일정을 조율한다. 로리는 만날 때마다 나에 대한 자신의 사랑과 지원을 표현한다.

그리고 찰리(Charlie)와 스테파니 웨첼(Stephanie Wetzel)도 있었다. 찰리는 17년 넘게 내가 글 쓰는 일을 도와주었다. 나는 그가 나의 측근들 중 타인에게 가장 위대한 영향력을 주는 사람이라고 자신 있게 말할 수 있다. 스테파니는 소셜 미디어(Social Media) 역할을 하고 있다. 그녀는 나의 트위

터와 페이스북 계정은 물론, 블로그를 맡아서 관리하고 있다. 출판 업계에서 나의 성공적인 서적 판매와 관련하여 그녀의 공로를 크게 인정한다.

마지막으로, 패트릭(Patrick)과 린다 에거스(Linda Eggers)가 동석했다. 패트릭은 우리의 팀원이었다. 나와는 30년 넘게 친한 친구로 지내 왔다. 그는 나의 보디가드를 하기에 안성맞춤일 만큼 건장한 체구를 가지고 있었고, 한때 뛰어난 로켓 과학자로 일한 전력이 있을 만큼 상당히 똑똑하다. 린다는 지난 15년 동안 나의 조력자 역할을 해 왔다. 그리고 아내 마거릿과 내게는 둘도 없는 친구이다. 린다는 내가 말하기도 전에 미리 알아서 내가 필요한 것들을 처리한다.

어젯밤에 나는 테이블을 둘러보며 세 가지를 생각했다. 첫째는, 내 도움으로 성장한 이 사람들이야말로 진정 나를 성숙하게 했다는 사실이다. 처음에는 그들이 내게 도움을 준 것보다는 내가 그들을 도와준 것이 더 컸다. 그러나 지금은 그들이 나를 더 많이 도와주고 있다. 인재 개발에 있어 커다란 변화가 일어난 것이다.

둘째는, 이 사람들이야말로 진정한 친구라는 것이었다. 우리는 서로가 함께할 때 최고의 시간을 보낸다. 2010년, 우리는 다 함께 이스라엘을 방문해 아주 행복한 시간을 가졌다. 삶의 여정은 혼자 하는 것이 아니었다. 나는 대부분의 여행을 그들과 함께한다는 것에 매우 고맙게 생각한다.

셋째는, 내가 이룬 업적들 가운데 가장 위대한 것은 내가 쓴 책들이나 내가 설립한 회사 혹은 그동안 받은 찬사가 아니었다. 그것은 내가 사랑하는 사람들, 그중에서도 특히 성장할 수 있도록 내가 도움을 준 사람들이었다.

랍비인 해럴드 쿠시너(Harold Kushner)는 이렇게 주장했다.

"인생의 목적은 이기는 것이 아니다. 인생의 목적은 성장하고 나누는 데 있다. 당신이 그동안 살아오면서 행한 것들을 돌이켜 볼 때, 당신은 다른 사람들을 앞지르거나 이겼을 때보다 다른 사람의 삶을 기쁘게 해 준 것에서 더 큰 만족감을 느낄 것이다."

이것이야말로 위대한 지혜이다. 리더는 다른 사람들의 성장과 개발을 도울 때 커다란 기쁨과 만족과 힘을 얻는다. 당신이 리더로서 4단계를 완수할 때 승리의 축하와 감사가 넘치며 모두가 충성하는 공동체 의식을 형성하게 될 것이다. 리더가 이루어 내는 모든 단계 가운데 가장 기쁨을 느낄 수 있는 것이 4단계이다.

인재 개발 리더십의
부정적 측면

■■■ 많은 리더가 인재 개발을 하지 않는 데는 이유가 있다. 그것은 쉽지 않은 일이기에 성공하리라는 보장이 없기 때문이다. 모든 리더는 다른 사람들에 대한 투자가 철저하게 실패로 돌아간 참담한 경험을 갖고 있다. 당신이 다른 사람을 위해 자신을 희생하다시피 했는데도 아무런 성과가 나타나지 않는다.

사람들 중에는 받기만 할 뿐 전혀 갚을 줄 모르는 사람이 있다. 그런가 하면 열심히 노력하지만, 당신의 기대에는 크게 못 미치는 사람이 있다. 때로는 당신이 누군가에게 최선을 다했는데, 그가 크게 성공하면서 팀을 떠나 다른 조직에 들어가기도 한다. 이보다 더 나쁜 것이 어디 있겠는가? 그렇다면 그들을 훈련시키지 않고 계속 머물게 하는 것은 어떨까? 그 문제라면 리더인 당신에게는 한 가지의 중요한 선택이 있을 뿐이다. 다시 말해, 당신이 자신의 잠재력을 극대화시키기 원한다면, 팀원들에게 투자하라.

인재 개발에는 매우 높은 수준의 성숙이 요구된다. 그리고 매우 높은 수준의 기술도 요구된다. 일부 리더들에게는 그것이 문제를 야기시킬 수 있으며, 많은 사람이 그것 때문에 끝까지 일을 완수하지 못하기도 한다. 4단계의 중요한 실패 원인에는 다음과 같은 것들이 있다.

1. 자기중심주의는 인재 개발을 소홀히 하는 원인이 될 수 있다

성숙하다는 것은 자신을 넘어 생각하고, 다른 사람들의 관점에서 사물을 바라보며 그들에게 필요한 것을 자신의 것보다 우선시하는 능력을 말한다. 이기주의는 그러한 수준의 성숙에 이르지 못하게 한다.

나의 친구인 제럴드 브룩스(Gerald Brooks)는 이렇게 말했다.

"당신이 리더가 되면, 자신에 대해 생각할 수 있는 권한을 과감하게 포기해야 한다."

4단계의 리더가 되려면 우리가 자신이 특별한 방법으로 사람들을 섬겨야 할 위치에 있어 그러한 능력을 실천에 옮겨야 한다는 사실을 인식할 필요가 있다. 그러나 이기적인 태도를 갖고서는 그렇게 할 수가 없다.

당신이 4단계에서 리드하고자 한다면, 자기 관심의 80%를 다른 사람들에게 쏟고, 그들로 하여금 성장하고 배우며 성과를 내도록 도와야 한다. 당신이 자신과 자신이 원하는 것에만 초점을 둔다면, 사람들이 당신의 목표에 장애물이 된다. 그들이 필요로 하는 것이 당신의 목적에 방해가 되는 것처럼 보인다. 따라서 그들이 당신의 이기적인 행동 지침에 방해가 되고, 부

답을 주기 때문에 그들과 보내는 대부분의 시간이 불편하다.

리더십 전문가이자 저술가인 막스 디프리(Max Depree)는 이렇게 말한 바 있다.

"리더란 사람들에게 그들의 직무 수행을 방해하는 장애물들을 제거해 주는 하인이다."

얼마나 훌륭한 묘사인가. 그러한 성향의 4단계는 성숙을 요구한다. 그것은 매일 직장에 출근하는 것이 생각과 행동에 있어 다른 사람을 나보다 중요하게 여기는 훈련이라는 것을 의미한다. 또한 이런 질문을 던지는 것과 같다.

"오늘은 내가 누구의 가치를 높여 줄 수 있을까?"
"오늘 내가 다른 사람들을 위해 할 수 있는 것이 무엇일까?"

이는 미성숙한 리더의 심적 성향이 아니라, 인재를 개발하는 사람의 심적 성향이다. 그러므로 당신이 4단계의 리더십으로 올라가고자 한다면, 자신의 이기심을 극복하고, 자기중심에서 벗어나 강연자이자 훌륭한 세일즈맨인 지그 지글러의 말에 귀를 기울여라.

"당신이 다른 사람들에게 그들이 원하는 것을 얻도록 도와주면, 그들도 당신이 원하는 것을 얻도록 도와줄 것이다."

2. 불안감은 인재 개발에 대해 위협을 느끼게 할 수 있다

나는 친구이자 인디애나 웨슬레대학교의 웨슬레 신학교 부총장인 웨인

슈미트(Wayne Schmidt)로부터 "인간이 아무리 능력이 많아도 그의 불안감을 상쇄시켜 주지 못한다."라는 말을 들은 적이 있다. 그의 말은 100% 옳다. 불안한 리더들은 항상 자신과 다른 사람들에게 방해가 된다. 그리고 자신의 지위와 현재 상태에 대해 염려하기 때문에 다른 사람들에게 투자하기가 어렵다. 왜 그런 것일까? 그것은 다른 사람이 자신의 자리를 빼앗을까 두려워하기 때문이다. 그러한 이유로 불안감을 다스리고 극복하지 못하는 리더들은 대부분 4단계에 이르지 못한다.

만약에 당신이 자신의 불안감 때문에 인재 개발의 리더십 단계에 오르는 것이 불가능하다고 의심되면, 다음의 세 가지 영역에 있어 해야 할 것들을 준비하도록 하라.

자아

정직한 리더라면 자기가 모든 해답을 갖고 있지 않다는 것을 알 것이다. 그들은 성공이 언제나 모든 팀원의 결합된 기여를 통해서만 가능하다는 것을 인정한다. 성공은 사람들이 함께 노력하고, 각자가 자기 역할을 다할 때 이루어진다. 이러한 이유로 그들은 모든 문제를 자신이 직접 해결하려고 하지 않고, 자신이 알아서 어떠한 결정을 하려고 하지 않는다. 그들은 성취를 공동 노력의 결과로 본다. 따라서 그들의 목표는 다른 사람들로 하여금 리더들에 대해 높이 생각하게 하는 것이 아니라, 본인들에 대해 높이 생각하게 하는 것이다.

당신의 자아가 4단계로 올라가기 위해 필요한 자신의 능력에 장애가 되는지의 여부를 어떻게 알 수 있는가? 당신이 팀원들과 논의할 때 일어나는 것을 고찰하라.

- 당신의 팀원들은 자신의 생각과 아이디어를 자유롭게 말하는가?
- 최선의 아이디어들이 당신의 아이디어와 크게 다른가?
- 종종 당신이 아이디어를 제안하면, 금세 최상의 아이디어로 받아들여지는가? 당신은 그것에 만족하는가?

팀원의 행동과 관련해서는 어떤가?

- 당신의 팀이 성과를 낼 때, 그 공로가 대부분 다른 팀원들에게 돌아가는가?
- 행하는 일에 대해 서로가 함께 자부심을 가지고 있는가?
- 일이 잘못될 때, 당신이 가장 많은 비난을 감수하는가?

이상의 질문들에 대해 정직하게 "예."라고 대답할 수 있다면, 자아가 문제가 된다고 볼 수 없다. 그러나 많은 질문에 "아니요."라고 대답했다면, 주의가 요구된다. 당신에게는 자아를 다스리는 것이 필요할 수 있기 때문이다. 안정된 리더들에 의해 리드되는 긍정적인 작업 환경이라면 공로가 팀원들에게 돌아가게 할 것이다. 4단계의 리더들은 다른 사람들의 성공에서 진정한 기쁨을 경험한다. 다른 사람들이 빛날 때, 리더들도 그렇게 된다.

통제

저술가인 톰 피터스(Tom Peters)는 이렇게 말했다.

"하루가 끝나고 잠자리에 들 때, '아, 오늘 하루 정말 그럭저럭 보냈네.'라고 말하는 사람보다 더 무가치한 것이 없다."

그렇게 아무 목적 없이 사는 이유가 무엇일까? 그것은 실수하는 것을 두려워하기 때문이다. 불안함을 느끼는 많은 근로자는 가능한 한 적게 일하거나 행동을 자제함으로써 실수를 면하려 한다. 불안한 리더들은 종종 문제를 다르게 처리한다. 그들은 통제에 의존한다. 그들은 만약 자신이 사람들을 세세한 것들까지 통제하면, 그들이 실수를 범하는 것을 막을 수 있을 것이라고 생각한다.

안타깝게도 통제형 리더들은 위험을 무릅쓰거나 실수를 해야만 그 과정에 이를 수 있다는 사실을 이해하지 못한다. 그들은 '실수 쿼타(Mistake Quota)'의 개념을 개발한 아이디어 커넥션 시스템(Idea Connection System)의 척 브라운(Chuck Braun)의 조언을 따르는 것이 좋을 것이다. 그는 사람들을 훈련시킬 때, 참가자들에게 매번 훈련 과정마다 30개의 실수를 허용한다고 말한다. 또한 사람들이 긴장을 풀고 참여를 시작할 때 교실 안에서 안도의 한숨을 들을 수 있다고 말한다.

훌륭한 리더는 전진하고, 새로운 것을 시작하지만 실수도 범한다. 그리고 자기 팀의 다른 사람들도 똑같이 그렇게 할 것이라고 여긴다. 저술가인 제임스 M. 코우제스(James M. Kouzes)와 배리 Z. 포스너(Barry Z. Posner)는 그에 대해 이렇게 말했다.

"리더는 미지의 세계에 들어가는 것을 두려워하지 않는 개척자이다. 그들은 새롭고, 보다 효과적인 업무 처리 방법을 찾아내기 위해 기꺼이 모험을 감수하고, 새로운 것을 행하며 실험하는 자이다."

4단계의 리더로 성공하기 위해서는 이러한 자세를 수용하고, 다른 사람들을 통제하는 것을 중단해야 한다. 실수를 막을 수 없다면 당신과 당신의 팀이 그것들로부터 배우려는 자세를 갖는 것이 어떨까? 그것이 우리가 실수를 통해 진정 유익을 얻을 수 있는 유일한 방법이기 때문이다. 따라서 사람을 구속하려 하지 마라. 그들로 하여금 실수나 실패 혹은 과오를 최대한 유익하게 사용하도록 도와주어라.

전 제너럴 일렉트릭의 CEO인 잭 웰치는 이렇게 말했다.

"리더의 역할은 사람을 다스리거나 다른 것들 위에 군림하는 것이 아니라 이끌어 주고, 활력을 북돋우며 용기를 더하는 것이다."

이것이 바로 4단계의 리더가 하는 것이다.

신뢰

리더마다 신뢰를 보는 시각이 다르다. 안정감 있는 리더는 신뢰에 대해 상호 간의 관계를 유지시키고, 사업상의 거래를 터 주는 매개체로 본다. 《신뢰의 속도(The Speed of Trust)》의 저자인 스티븐 M. R. 코비(Stephen M. R. Covey)는 이렇게 말했다.

"신뢰는 그것이 협조와 성실 그리고 마침내는 결과를 이루어 낸다는 점에서 속도를 가속화시키는 것이다."

이를 미국의 미디어 그룹 가네트(Gannett)의 전임 CEO이자 《어느 S. O. B의 고백(Confessions of an S. O. B.)》의 저자인 앨런 뉴하트(Allen H. Neuharth)의 말과 비교해 보라. 그는 이렇게 기술했다.

최고의 자리에 있든 나는 다른 사람들이 어떻게든 나를 쓰러뜨리려 한다는 것을 알았다. 나는 S. O. B.의 황금률(당신이 다른 사람들에게 하는 것을 그들도 똑같이 당신에게 한다.)을 우리가 그대로 실천해야 한다고 믿는다.

당신에 대해 내가 알지 못하지만, 나는 이러한 자세로 사는 것을 원하지 않는다. 불안정한 리더들은 다른 사람들을 신뢰하지 않고, 남들로부터 신뢰를 얻지도 못한다. 그 결과, 그들은 다른 사람들에게 투자하지 않는다. 따라서 그들은 4단계의 리더가 되지 못한다. 리더로서 당신은 신뢰를 당연한 것으로 받아들여서는 안 된다. 신뢰를 잃게 되면 당신은 그것의 가치를 절실히 이해하게 될 것이다.

나의 딸 엘리자베스(Elizabeth)는 고등학교 때 치어리더로 활동하면서 그것을 깨달았다. 딸은 체구가 작아서 몸이 가벼웠다. 그래서 항상 인간 피라미드 쌓기를 할 때마다 꼭대기에 올라가거나 높이 공중던지기의 주인공이 되었다.

이때 딸은 어떻게 그런 위험들을 감수할 수 있었을까? 신뢰, 즉 믿음이 있었기 때문이다. 그녀는 자기 팀원들과 함께 던졌다가 안전하게 받는 연습을 몇 시간 동안 수백 번이나 했다. 그런데 3학년 때, 부주의하게도 팀원 중 한 사람이 엘리자베스를 놓쳐 매트 위에 떨어뜨렸다. 그 후로는 조금 달라졌다. 그때부터 엘리자베스는 공중던지기 공연을 할 때마다 마음이 주저되는 것을 경험했다.

만약 당신이 인재 개발 단계의 리더가 되기 원한다면, 먼저 사람들에게 신뢰를 주고, 또 그들로부터 신뢰를 얻어 내야 한다. 4단계에 성공하기 위해서는 그 외에 다른 방법이 없다.

3. 근시안적인 태도는 인재 개발의 필요성을 느끼지 못하게 할 수 있다

당신은 지금까지 다른 사람에게 일을 맡길까 하다가도 '그냥 내가 하는 게 편하지.' 하고 생각한 적이 있는가? 물론 종종 있었을 것이라고 생각한다. 나 역시 마찬가지이다. 어떠한 일을 자신이 직접 하는 것이 다른 사람들을 발굴하여 시키는 것보다 더 빠르고, 쉬운 것이 사실이다.

하지만 그것은 매우 근시안적인 생각이다. 당신이 인재를 개발하는 사람이 되려면 장기적인 사고방식을 가져야 한다. 먼저 작은 것들을 투자해 두면, 나중에 큰 것을 거두게 된다. 4단계에 있어서의 중요한 질문은 "당신이 무엇을 할 수 있는가?"가 아니라 "누구를 개발할 것인가?"이다. 사람에 대한 투자는 많은 시간과 노력을 필요로 한다.

근시안적인 태도 역시 이기주의나 불안감과 마찬가지로 리더의 미성숙을 나타내는 또 하나의 증표이다. 인재 개발에는 큰 틀의 사고가 요구된다. 그것에는 인내심이 있어야 한다. 다른 사람을 유능한 리더가 되도록 돕는 것은 대체로 생각보다 오래 걸리고, 예상보다 어려운 것이 사실이다. 하지만 그것을 반드시 해야 한다. 그렇지 않을 경우, 당신은 자신과 팀원 그리고 조직의 잠재력을 제한하게 된다.

4. 헌신의 결여는 인재 개발이라는 힘든 과업에 방해가 될 수 있다

지위를 이용해서 다른 사람들을 리드하는 것은 누구나 가능하다. 관계를 통해 다른 사람들을 리드하는 것은 많은 사람이 할 수 있다. 반면에 성과를 내면서 팀을 하나가 되게 하여 목표를 이룰 수 있는 사람은 많지 않다. 그러나 다른 사람들을 리더가 되도록 개발시킬 수 있으며 기꺼이 그렇게 하는 사람은 극히 적다.

대부분의 리더가 따르는 사람들을 리드만 하는 이유가 여기에 있다. 사람들과의 관계를 잘 유지하고, 개인적인 성과를 창출하며 비전을 제시할 수 있는 사람은 따르는 사람들을 모으기에 충분한 능력이 있는 자이다. 하지만 다른 리더들로 하여금 자신을 따르게 하고, 그들을 개발하며 리드하는 것은 훨씬 더 어렵다. 그러므로 대부분의 리더는 그것을 위해 반드시 필요한 엄청난 노력이나 헌신을 하지 않으려 한다.

내가 리드하는 조직들에서는 인재 개발이 중요한 우선순위가 되어 왔다. 나는 함께 일하는 리더들에게 "여러분이 가장 먼저 해야 할 것은 자기의 일에서 벗어나는 것입니다."라고 말한다. 이것은 내가 리더들이 일을 어떻게 하면 가장 뛰어나게 할 수 있고, 팀을 모으고 구성원들을 발전시키며, 리더십의 본이 되고, 후계자를 발굴하여 훈련시키고 개발하며, 그 혹은 그녀에게 리더들을 대신하여 리드할 수 있도록 권한을 위임하는 방법을 이해하기 바란다는 것을 의미한다. 그렇게 할 때, 사람들은 자신의 일에서 벗어나 그 다음 일로 올라갈 수 있는 준비가 된다.

자기 스스로 그 일을 해낼 수 없을 뿐 아니라 다른 사람이 그 일을 할 수 있도록 개발하는 일은 더 말할 필요도 없다. 그런데 4단계의 리더십이 요구하는 것이 바로 다른 사람들이 할 수 있도록 그들을 개발하는 것이다. 나의 리더십 세계에서는 인재 개발을 내가 맡고 있는 모든 리더 교육의 목표로 삼고 있다. 그러므로 만약에 그들이 자기들의 일에서 기꺼이 벗어나려 하지 않거나 그렇게 하지 못할 때는 내가 그들에게서 일을 빼앗아 그것을 할 수 있는 다른 사람에게 줄 수밖에 없다. 따라서 나와 함께 일하는 리더들의 목표는 그들의 일을 끝까지 고수하는 것이 아니다. 나는 그들에게 이렇게 묻는다.

"다른 사람들을 개발하여 일을 넘겨주겠습니까. 아니면 다른 사람들을 개발하지 않음으로써 일을 잃겠습니까?"

그 선택은 항상 리더에게 달려 있다. 내가 운영하는 비영리 단체인 이큅은 세계 각국의 리더들에게 4단계에서 리드할 수 있는 인재 개발을 돕기 위한 조직이다. 이큅은 6개월마다 한 곳에 리더들을 훈련시키기 위해 두 사람으로 구성된 코치(associate trainers)를 보낸다. 이틀 동안 그들은 현지의 리더들을 선발하여 교육 현장에서 훈련용 자료를 통해 그들에게 리더십에 대해 준비시킨다. 교육을 마칠 때는 리더들에게 그들의 언어로 된 훈련용 자료를 주어 그들로 하여금 자기들의 영역에서 앞으로 리더가 될 사람들을 훈련시키는 데 사용할 수 있게 하고 있다. 그들에게는 부교재를 주어 6개월 뒤 이큅의 두 사람으로 구성된 코치들과 다시 만날 때까지 지속적인 성장을 돕게 한다. 이들 현지 리더들이 자국인을 훈련시키고, 4단계의 리더가 되기 위해 헌신적인 노력을 기울이는 기간 동안 그들에게는 이큅의 훈련 과정에 참여하는 것이 허락된다. 이런 식으로 이큅은 지난 10년 동안 전 세계에 걸쳐 수백만 명의 리더를 훈련시킬 수 있었다.

이큅이 활동하고 있는 많은 나라에서 처음에는 이 개념을 잘 납득하지 못했다. 많은 리더, 특히 개발 도상국의 리더들은 매우 지위형이며 권위적이다. 그들의 목표는 힘 있는 자리를 차지하고, 할 수 있는 대로 많은 추종 세력을 모으며 자기의 권력을 유지하기 위해 필요한 것이라면 수단과 방법을 가리지 않는 것이다. 다른 사람들을 개발하고 그들에게 권한을 위임하여 리드하게 해서 자신은 자리에서 떠나겠다는 생각은 그들이 갖고 있는 상식과 맞지 않는다.

그러나 이제는 많은 사람이 그것을 받아들이고, 그렇게 한다. 그들은 인재 개발을 통해 나타날 수 있는 엄청난 영향을 안다. 그것은 조직을 변화시킬 뿐 아니라 문화적 영향도 준다. 그런데 그렇게 하기 위해서는 고도의 자존감과 기술이 필요하다. 그것에는 또 상당한 수준의 희생이 요구되기도 한다.

4단계
최선의 행동

■■■ 리더만이 다른 사람들을 리더가 되도록 개발할 수 있다. 의도가 아무리 좋다 해도 리더십에 대한 지식과 경험 없이는 다른 사람에게 리드할 수 있는 훈련을 시킬 수 없다. 요리책만 읽었을 뿐 주방 경험이 전무한 사람이 다른 사람에게 조리법을 가르칠 수 없는 것처럼 실제 해 보지 않고 리더십을 공부하여 이론적으로만 아는 사람은 남을 리드하는 것이 불가능하다. 자기가 직접 해 보지 않고는 아무도 리더십에 대해 제대로 이해할 수 없다. 달리 표현하면 이렇다.

- 진정한 리더만이 리더의 잠재력을 제대로 알아볼 수 있다.(채용하기, 배치하기)
- 진정한 리더만이 리더의 본을 제대로 보여 줄 수 있다.(시범 보여 주기, 준비시키기)

- 진정한 리더만이 리더를 제대로 성장시킬 수 있다.(개발하기, 권한 위임하기, 평가하기)

이러한 관점에서 인재 개발에 대한 본 목표는 당신이 다른 사람들이 리드할 수 있도록 개발할 때 따라야 할 분명한 길을 제시하는 것이다. 이것을 시작하고 있는 지금 나는 당신이 어딘가에서 어떤 방법으로든 이미 사람들을 리드하고 있다고 생각한다. 당신이 지금(혹은 과거에) 그것을 경험한 적이 있다면 다음에 소개하는 일곱 단계를 쉽게 이해할 수 있을 것이다. 그러나 경험이 없다면, 4단계의 최선의 행동들을 실천하기 위해 1, 2, 3단계의 리드 경험이 필요하다.

당신이 인재 개발을 최대한 활용하고 다른 사람들이 리드할 수 있도록 그들을 세우기 원한다면, 다음의 지침을 따르도록 하라.

1. 채용하기(Recruiting)
_가능한 한 최고의 인물을 찾아라

사람을 뽑는 것은 인재 개발과 성공적인 조직의 수립에 있어 첫 번째이자 가장 중요한 과제이다. 대학교의 미식축구 코치인 바비 보우덴(Bobby Bowden)은 이렇게 말했다.

"경기에서 이기는 비결은 우수한 선수들을 선발해 철저하게 가르치는 것이다."

대학 스포츠계의 가장 성공적인 코치들은 선수 선발에 가장 뛰어난 자들이다. 당신이 아무리 열심히 노력할지라도 가능성이 없는 사람은 개발시킬 수 없다. 따라서 당신은 개발시킬 분야에서 타고난 능력이 있으며 성장에 대한 의욕을 보이고, 조직에 적합한 사람을 뽑아야 한다.

사람을 잘 뽑으려면 당신이 어떤 인물을 찾는지 확실히 알아야 한다. 찰리 그림(Charlie Grimm)은 과거 메이저리그 시카고 컵스(Chicago Cubs)의 매니저였다. 그런데 팀 대변인인 린다 엘러비(Linda Ellerbee)는 컵스가 우수한 타자가 없어서 한 시즌 동안 경기에 이기는 데 얼마나 힘들었는지에 대한 이야기를 들려주었다. 어느 날, 매우 흥분한 스카우트가 찰리에게 전화를 걸어 이렇게 말했다.

"찰리, 제가 우리 나라에서 가장 젊은 투수와 계약을 맺었어요. 타석에 들어서는 타자마다 그에게 삼진 아웃을 당했습니다. 그것도 연속 27명의 타자들이요. 9회 투 아웃까지 파울볼 하나도 없었고요. 투수가 지금 나와 함께 있는데, 어떻게 할까요?"

그러자 찰리는 이렇게 대답했다.

"파울볼을 친 사람과 사인하세요. 우리는 지금 타자를 찾고 있으니까요."

그림의 대답이 지나치게 단순하게 들릴지 모르지만, 그것은 사실이다. 당신이 자기가 찾고 있는 것이 무엇인지를 알면 그것을 발견하기가 더욱 쉬워진다. 예를 들어, 당신이 어질러진 작업대 위에서 연장을 하나 찾고 있다고 가정하자. 만약에 당신이 그것이 어떻게 생긴 것인지를 안다면 알지 못할 때보다 그것을 훨씬 빠르고, 쉽게 찾을 수 있을 것이다. 당신이 주방에서 통조림을 하나 찾으려고 할 때 그것의 색깔과 크기를 안다면 그것을 보다 빠르고 쉽게 찾아낼 수 있을 것이다.

이것은 앞으로 리더가 될 사람들에 대해서도 마찬가지이다. 당신이 자기가 찾고 있는 것이 무엇인지를 알 때는 그것들을 발견할 수 있는 가능성이 매우 높아질 것이다. 리더십 교육을 시켜도 리더가 될 수 없는 사람을 채용하는 것은 말에게 나무 위로 올라갈 것을 명령하는 것과 같다. 그것은 절대 불가능한 일이다. 나무에 올라갈 수 있는 것을 원한다면, 다람쥐를 찾아야 한다. 장차 리더가 될 사람을 원한다면, 좋은 리더의 자질을 갖춘 사람을 찾아라. 우리는 장차 리더가 될 사람을 찾아 나설 때, C로 시작하는 네 개의 단어를 기억해야 한다.

친밀감(Chemistry)

가장 쉬운 것부터 시작하자. 당신이 어떤 직업에 지원하거나 당신에게 조언을 구하는 자를 좋아하는지의 여부를 아는 데는 그리 많은 시간이 걸리지 않는다. 그들을 좋아하는 것이 그렇게 중요한가? 그렇다. 당신이 상대를 좋아하지 않을 때, 당신은 그에게 효과적인 멘토가 될 수 없다. 당신이 좋아하지 않으며 곁에 있기를 원하지 않는 사람들과 함께 시간을 보낸다거나 마음을 터놓고 대화한다거나 그들에게 투자한다는 것은 결코 쉬운 일이 아니다.

만약에 당신이 누군가를 영입하거나 승진시키는 문제에 대해 심각하게 고려하고 있다면, 당신의 팀원들에게 그 사람과 함께 시간을 가져 보라고 하라. 특별히 사교적인 분위기라면 더욱 좋을 것이다. 그리고 나서 당신의 팀원들이 그 혹은 그녀를 마음에 들어 하고, 그와 함께 일하는 것을 좋아하는지의 여부를 알아보라. 만약에 그렇지 않다면, 그 혹은 그녀는 적합한 사람이 되지 못할 것이다. 나의 저서인 《신뢰의 법칙(Winning with People)》에 기술되어 있는 우정의 원리(Friendship Principle)는 이에 대해 잘 말해 준다.

같은 조건이라면 사람들은 자기가 좋아하는 사람과 일하고자 한다. 그런데 조건이 다르더라도 사람들은 여전히 자기가 좋아하는 사람과 일하고자 한다.

이처럼 친밀감은 상당히 중요하다.

인격(Character)

훌륭한 인격은 신뢰를 가능하게 한다. 신뢰는 튼튼한 관계를 가능하게 한다. 그리고 튼튼한 관계는 멘토링을 가능하게 한다. 당신은 인격을 신뢰할 수 없는 사람을 개발시킬 수가 없다.

인격은 아는 것과 행동의 차이를 좁히는 역할을 한다. 그것은 의도와 행동을 하나로 묶어 준다. 그러한 일치는 사람의 마음을 끌 뿐 아니라, 신뢰할 수 있고 좋은 리더십에도 필수적인 요소가 된다. 나는 내가 영입을 고려하는 사람이 훌륭한 인격의 소유자인지 의심이 들 때는 뽑지 않는다.

짐 론(Jim Rohn)은 '좋은 사람은 발굴되는 것이지, 바뀌는 것이 아니다.'라는 사실을 깨달았다. 그는 우연히 어떤 회사의 다음과 같은 슬로건을 보았다고 했다.

'우리는 직원에게 친절하게 되라고 가르치지 않는다. 다만 친절한 사람을 채용할 뿐이다.'

그는 그것이 현명한 방법이라고 생각했다. 그것은 좋은 리더십이기도 하다. 만약에 당신이 상대의 인격을 바꾸겠다는 생각으로 멘토링 관계에 들어간다면, 당신은 반드시 실망하게 될 것이다.

능력(Capacity)

NBA 플레이오프 기간 중에 해설가와 NBA 선수 출신인 찰스 바클리(Charles Barkley)가 스타 플레이어와 평범한 선수 사이의 차이점에 대해 말하는 것을 들은 적이 있다. 바클리는 이렇게 말했다.

"팀을 위해 도움이 필요하면 언제든지 그것을 충족시킬 수 있는 것이 스타 플레이어입니다. 그런데 평범한 선수는 가끔 그것을 할 수 있을 뿐이지요."(이것이 바로 내가 강조하려는 바이다.)

그렇다면 이러한 두 종류의 선수의 차이를 결정하는 것은 무엇일까? 바로 능력이다. 4단계의 완성은 사람의 최대 장점을 끌어낸다. 있지도 않은 것을 끌어내려고 할 때 우리는 절망하게 된다. 당신이 사람들을 개발시켜 그들이 좋은 리더가 되게끔 돕고자 한다면 그들이 발휘하고 싶지만 갖고 있지 않은 것을 요구할 것이 아니라, 그들이 가진 잠재력을 발휘할 수 있도록 요구해야 한다. 나는 다른 사람의 능력을 평가하는 것이 결코 쉽지 않다는 것을 항상 발견해 왔다. 내가 리더십과 관련하여 처음 일을 시작했을 때 그것은 특히 어려웠다. 그러나 경험이 쌓이면서 나는 사람들의 유형을 파악하게 되었다.

장차 리더가 될 사람을 찾을 때는 다음과 같은 영역들에서 그들의 능력을 평가하도록 하라.

- 스트레스 관리 : 압박감과 실패, 마감 시간, 장애물을 견디고 극복할 수 있는 능력
- 기술 : 구체적인 업무를 해낼 수 있는 능력
- 사고 : 창의적이고, 전략을 개발하며, 문제를 해결하고 적응하는 능력

- 리더십 : 따르는 사람들을 모아 그들로 팀을 만들 수 있는 능력
- 태도 : 부정적인 상황에서도 긍정적이며 용기를 잃지 않는 능력

리더로서 당신은 그들의 능력을 발견하고 그들이 자기에게 어떠한 능력이 있다고 생각하는지 알아내 그들이 이 둘 사이의 차이를 좁혀 나갈 수 있도록 동기를 부여하고, 도전할 거리를 주며 준비시키는 것에 목표를 두어야 한다.

공헌(Contribution)

사람들 중에는 X 팩터, 즉 알 수 없는 능력을 갖고 있는 자들이 있다. 그들은 언제나 승자이다. 그들은 자기가 맡은 직무 이상으로 기여하고, 모든 팀원의 실적을 향상시킨다. 만약 이러한 특징이 있는 사람들을 발견한다면, 당장 영입하라. 그들은 개발하기에 충분한 대상이며, 그들에게 투자하는 것마다 몇 배로 늘어나서 돌아올 것이다.

앞서 언급한 마크 콜(Mark Cole)이 바로 그런 사람이다. 그는 지금까지 12년 동안을 나와 함께 일해 왔는데, 그가 관여한 모든 일에서 실적이 올랐다. 그와 함께 일하는 사람들은 그로 인해 업무의 성과가 향상되고 있다. 봉사하는 자세와 뛰어난 기술 덕분에 그는 지금까지 즐겁게 자신을 개발하고 있다. 얼마나 훌륭한 조화인가.

언젠가 루 홀츠(Lou Holtz) 코치와 점심 식사를 하는데, 그가 이렇게 우스갯소리를 했다.

"그동안 좋은 선수와 나쁜 선수를 다 겪었는데, 그 좋은 선수들 덕분에 지

금은 더 나은 코치가 되었습니다."

이는 리더들에게도 마찬가지이다. 당신이 더욱 나아지기를 원한다면, 훌륭한 선수들을 선발하라. 당신이 훌륭한 리더를 개발하고자 한다면 지금까지 말한 4C에 따라 잠재력이 있는 사람을 영입하라.

2. 배치하기(Positioning)
_적재적소에 적임자를 앉혀라

레드 아우어바흐(Red Auerbach)는 보스턴 셀틱스(Boston Celtics)의 코치로, 아홉 차례 NBA 우승을 차지한 것을 비롯하여 코치와 단장, 본사 사장으로 재직하는 동안 총 열여섯 번이나 우승을 차지했다. 스포츠계에서 그의 업적을 쫓아갈 만한 리더가 거의 없다. 팀의 성공 비결을 묻자, 그는 이렇게 대답했다.

"내가 처음 코치 생활을 시작했을 때, 사람들은 내게 최고의 선수 5명을 코트에서 뛰게 하라고 말했어요. 하지만 나는 이것이 성공 비결이 아니라는 것을 일찍감치 터득하고 있었어요. 우리는 우승하기 위해 5명의 베스트 플레이어를 코트에 투입시키지 않았어요. 대신 최고의 팀워크를 이루어 낼 수 있는 5명의 선수를 투입시켰지요. 우리가 여러 차례 우승을 차지한 것은 사람들을 잘 조화시켰기 때문이에요."

다시 말해, 단지 훌륭한 선수를 스카우트하는 것만으로는 부족하다는 것이다. 리더는 어떻게 하면 팀이 가장 조화를 잘 이룰 수 있을지를 고려하여 선수들을 알맞은 자리에 배치시켜야 한다. 그것을 위해 리더는 선수 각자의 강점과 약점 그리고 그들이 팀의 부족한 부분을 채울 수 있는 방법을 정확하게 알아야 한다.

짐 콜린스는 많은 사람에게 이러한 원리를 이해하도록 도움을 주었다. 그는 자신의 저서인《좋은 기업을 넘어 위대한 기업으로(Good to Great)》에서 기업을 버스에 비교하여 버스의 좌석에 사람들을 제대로 앉게 하는 것의 중요성에 대해 기술했다. 성공적인 사람은 자신의 올바른 자리를 찾는다. 성공적인 리더는 자신의 구성원들이 올바른 자리를 찾을 수 있도록 도와준다. 그렇듯이 사람이 가장 위대한 공헌을 할 수 있는 곳을 찾기 위해 종종 그를 이동시키는 것이 필요한 경우가 있다. 때로는 그러한 시도가 실패로 끝나는 경우도 있다.

리더는 그것을 잘할 수 있어야 한다. 사람을 제대로 배치하는 것은 하나의 과정이며, 따라서 우리는 그것을 거기에 맞게 처리해야 한다. 만약에 그렇게 하지 않는다면, 우리는 사람들에게 그들의 잠재력에 이르도록 도움을 주지 못하고, 레드 아우어바흐처럼 우승팀을 만들어 낼 수 없을 것이다.

3. 시범 보여 주기(Modeling)
_다른 사람들에게 리드하는 법을 보여 주어라

나는 자신의 아들을 데리고 인도의 지도자였던 마하트마 간디(Mahatma Gandhi)를 찾아간 한 여인에 대한 이야기를 접한 적이 있다. 그녀는 간디에게 "마하트마여, 우리 어린 아들에게 단것 좀 먹지 말라고 말씀해 주십시오." 하고 부탁했다. 간디는 "3일 후에 다시 오시지요."라고 말했다. 3일이 지난 후, 여인은 아들과 함께 다시 간디를 찾아갔다. 간디는 어린 꼬마에게 이렇게 말했다.

"애야, 앞으로는 단것을 그만 먹으렴. 아이들에게 좋지 않단다."

그 모습을 지켜보고 있던 여인은 황당해하며 이렇게 물었다.

"우리에게 3일 후에 다시 오라고 한 이유가 무엇이지요? 이해가 되지 않네요."

그러자 간디는 이렇게 대답했다.

"내가 3일 후에 아이를 데리고 다시 오라고 한 것은 3일 전까지 나도 단것을 먹고 있었기 때문이지요. 나도 단것을 끊지 않은 상태에서 아이에게 단것을 먹지 말라고 할 수가 없었어요."[5]

자기가 다른 사람들에게서 보고자 하는 것의 본이 되는 것이 얼마나 중요한지에 대해서는 이미 썼기 때문에 여기에서는 더 이상 말하지 않겠다. 그러나 다른 사람을 개발하는 문제를 고찰하고 있는 지금 4단계에서의 인재 개발을 돕기 위해 우리가 성실한 자세로 본을 보여야 한다고 믿는 몇 가지를 소개하려 한다.

- 신뢰 : 인재 개발의 기초가 된다.
- 섬김 : 인재 개발의 정신이 된다.
- 성장 : 인재 개발의 측정 기준이 된다.
- 열정 : 인재 개발의 연료가 된다.
- 성공 : 인재 개발의 목표가 된다.
- 탁월성 : 인재 개발의 기준이 된다.

여기에서 한 가지만 더 언급하고자 한다. 성과에 초점을 두는 3단계를 논하면서 나는 2단계의 관계를 소홀히 하지 않는 것이 얼마나 중요한지에 대해 이야기했다. 마찬가지로, 인재 개발에 대한 4단계에 주목할 때도 당신은 3단계에서 어렵게 이룬 모델을 소홀히 해서는 안 된다.

4. 준비시키기(Equipping)
_사람들에게 직무 수행을 잘 하도록 도와주어라

희극 배우인 잭 베니(Jack Benny)는 할리우드 올스타스(Hollywood All-Stars) 야구팀의 명예 매니저로 선정된 적이 있다. 그의 팀이 로스앤젤레스에서 다른 프로팀과의 시범 경기를 준비하고 있을 때, 잭이 팀의 1번 타자에게 배트를 건네주며 이렇게 말했다.

"타석에 들어가 홈런을 한 방 치세요."

그런데 타자가 스트라이크 아웃을 당하자, 잭 베니는 매니저 자리를 그만두겠다고 했다. 그러면서 다음과 같이 농담조로 말했다.

"명령대로 따라 주지 않는 사람들을 내가 어떻게 관리할 수 있겠습니까?"

사람들에게 그들이 할 일을 일러 주는 것만으로는 충분하지 않다. 그것은 결코 그들의 잠재력을 개발하는 것이 아니다. 대신에 리더는 그들이 맡은 일을 하면서 그것을 잘할 수 있도록 도와주어야 한다. 피터 드러커는 이렇게 지적했다.

"승진에 실패하는 중요한 이유는 다른 사람들이 그들의 새로운 직무에 무엇이 필요한지 심사숙고하도록 돕지 않기 때문이다."

그러면 리더는 사람들이 각자 맡은 일을 하고 그 일에 성공할 수 있도록 어떻게 준비시킬 수 있을까? 지금까지 내가 발견한 최고의 방법은 5단계로 된 준비 과정이다. 단계별로 정리하면 다음과 같다.

- 1단계 : 내가 한다.(역량)
- 2단계 : 내가 하고, 당신은 지켜본다.(시연)
- 3단계 : 당신이 하고, 내가 당신을 거든다.(코칭)
- 4단계 : 당신이 한다.(권한 부여)
- 5단계 : 당신이 하고, 제3자가 당신을 지켜본다.(재생산)

당신이 이러한 방법을 수용할 때, 당신은 리더들을 준비시킬 뿐 아니라 그들에게 다른 사람들을 준비시키는 방법을 가르치므로 그들은 4단계의 리더가 된다.

5. 개발하기(Developing)
_잘 사는 법을 일러 주어라

20대 젊은이들과 함께 일하는 미국의 리더들로부터 내가 자주 듣는 이야기는 그들이 재주는 많으나, 삶의 지혜가 부족하다는 것이다. 오늘날 사람들은 가족의 붕괴와 가부장적 특성이 사라지면서 야기되는 삶의 문제들 때문에 몹시 시달리고 있다.

원인이 무엇이든 사람들에게 삶을 잘 영위하는 법을 배우도록 돕는 것은 4단계 리더의 책임이다. 만약에 당신이 새로운 리더에게 직장 생활에서 앞서가는 방법만을 배우도록 도와주고 있다면, 당신은 진정 그를 성공하도록 개발하지 못하고 있는 것이다. 우리의 삶에는 일과 직장 외에도 아주 많은 것이 있기 때문이다.

그리스의 철학자인 소크라테스는 이렇게 말했다.

"사람들은 자신이 리드하고 있는 사람들에게 그들의 인간적인 잠재력을 개발함으로써 성공하도록 리드한다."

인재 개발에 있어서 바로 이것이 당신의 목표가 되어야 한다. 창조적 리더십 센터(Center for Creative Leadership)는 평가와 도전, 지원 세 가지가 다른 사람의 리더십 개발을 이끌어 내는 중요한 요소가 된다는 것을 알아냈다. 그러면 이러한 것들이 리더 개발자인 당신에게 의미하는 것이 무엇일까?

평가(Assessment)

4단계의 리더인 당신은 자신이 리드하고, 개발하는 사람의 삶의 기술에서 문제점이 무엇인지 항상 주시해야 한다. 따라서 자신에게 다음과 같이 질문하도록 하라.

- 이 사람은 지금 어떤 면에서 실패하고 있는 것처럼 보이는가?
- 이 사람의 맹점이 무엇인가?
- 직관적으로 볼 때 이 사람의 사고의 '문제점'은 무엇이라고 생각하는가?
- 이 사람이 자기의 잠재력을 최대한 발휘하지 않는 이유가 무엇일까?
- 자신을 그릇된 방향으로 인도하고 있을지도 모르는 사람을 따르는 이 사람은 누구인가?
- 이 사람은 언제 잘하는가?
- 이 사람은 언제 실책을 범하는가?

- 이 사람이 어떤 도움이 필요한지 알 수 있는 단서들이 있는가?
- 이 사람이 최상의 실력을 발휘할 수 있는 영역은 어디인가?

4단계의 훌륭한 리더는 자기가 그 사람을 이용하기 위해서가 아니라, 그(혹은 그녀)를 더욱 강하게 하고 성공하도록 돕고자 사람의 약점과 잘못된 사고를 항상 주시한다.

도전(Challenge)

당신이 사람들과의 튼튼한 관계를 세우는 2단계의 임무를 마치고, 성공과 성과의 모델이 되어 3단계에서 자신을 입증해 보였다면, 사람들에게는 당신의 리더십을 발판 삼아 자신들을 개선하기 위해 당신의 도전을 받아들일 좋은 기회이다. 그러므로 당신이 리드하는 사람들에게 다음과 같이 행할 것을 요구하라.

- 그들의 강점 부분과 관련된 책을 읽게 하라.
- 그들에게 영감을 줄 수 있는 모임에 참석하게 하라.
- 그들이 최상의 실력을 발휘할 수 있는 영역에서 새로운 도전 과제를 맡게 하라.
- 서서히 인격을 성장시키는 어려운 훈련을 하게 하라.
- 멘토링을 위해 당신과 정기적으로 만날 것을 권하라.

당신이 그들에게 발전이 필요하다고 생각되는 삶의 모든 영역에서 도전을 주는 것은 대단히 훌륭한 아이디어이다. 그 과정을 시작하기 전에 반드시 그들의 동의를 얻어 내도록 하라.

지원(Support)

누구도 다른 사람들의 도움과 지원 없이는 삶에서 성공할 수 없다. 인재 개발 단계에서 리드하는 특권들 가운데 하나는 새로운 리더들에게 삶의 어려운 문제들을 헤쳐 나가도록 돕는 것이다. 그것을 위해 나는 기본적으로 내가 멘토하는 사람들에게 도움이 필요할 때마다 나와 면담을 할 수 있도록 하고 있다. 그리고 그때마다 이들이 구체적이고 어려운 질문을 하게 함으로써 자기 의견을 과감하게 제시하게 한다. 나는 그들의 질문에 최선을 다해 답변해 주고, 다음에 만나면 그들이 배운 것을 어떻게 적용했는지에 대해 이야기할 것을 요구한다.

앞으로 남은 인생이 완전히 망가진 사람이 그의 리더십 잠재력을 최대한 활용한다는 것은 절대 쉬운 일이 아니다. 뛰어난 삶의 기술들은 사람이 가정과 직장 그리고 영적 생활을 세우기에 든든한 기초를 쌓는 데 도움을 준다. 나는 사람들이 자신의 최대 리더십 잠재력에 이르는 것을 볼 때 가장 커다란 기쁨을 누리지만, 내가 도와준 사람이 인생을 즐겁게 잘 산다는 사실을 알 때도 커다란 만족을 느끼게 된다는 것을 말하지 않을 수 없다.

6. 권한 위임하기(Empowering)
_ 사람들이 스스로 성공할 수 있게 하라

테오도어 루스벨트(Theodore Roosevelt) 대통령은 이렇게 말한 바 있다. "탁월한 경영자는 자기가 원하는 것을 감당할 수 있는 사람을 선발하는 능력이 탁월하고, 그 사람들이 하는 일에 간섭하지 않는 자제력이 뛰어나다."

이것은 권한의 위임에 대해서 하는 말이다. 권한 위임은 사람들에게 다른 사람의 도움 없이도 자기가 할 수 있는 것을 알게 도와주고, 그것을 할 수 있는 권한을 주는 것이다.

나는 리더로서 간섭하지 않는 것이 매우 어려운 일이라는 것을 안다. 특히 우리가 매우 잘 아는 일을 그것에 익숙하지 않은 사람에게 맡길 때 더욱 그러하다. 하지만 다른 사람들에게 일을 위임하는 것은 그들에게 권한을 부여하고, 궁극적으로는 그들을 리더로 개발하는 일을 연결해 주는 필수 요소가 된다.

당신이 개발하고 있는 리더들에게 업무를 맡길 때는 그들을 신뢰하며 그들에게 책임을 부여해야 한다. 신뢰는 당신과 그들 사이에 유대 관계를 강화시킨다. 자신이 믿는 사람에게 권한을 주는 것은 자신의 일부를 그의 손에 맡기는 행위이다. 그리고 그들이 똑같이 반응할 때, 그들과 당신 사이에 심오한 관계를 만들어 주는 상호 존중이 형성된다.

우리는 자기가 믿는 사람에게 동기를 부여한다. 다른 사람을 믿는 것만큼 서로에게 격려가 되는 것도 없다. 그런데 그 믿음은 진실한 것이어야 한다. 진실하지 않은 믿음에는 권한의 위임에 대한 열정이 따르지 않는다. 그리고 그러한 믿음은 능력이 없기 때문에 다른 사람으로부터 신뢰를 얻지 못한다. 당신은 그들과 함께 경험한 것 그리고 그들이 이미 보여 준 성장을 믿어야 한다. 그것은 그들 뿐만 아니라 당신에게도 도움이 된다. 당신이 그들을 믿지 않을 때, 당신은 그들에게 성과를 올릴 기회를 줄 수 없을 것이다.

다른 사람에게 책임을 맡기는 것은 그들이 긍정적인 결과를 가져다줄 수 있는 기회를 증가시킨다. 왜 그런 것일까? 그것은 모든 사람이 목표에 집중하고 있기 때문이다. 그들은 기한에 맞추고자 더욱 열심히 일하게 된다. 그리고 대부분 리더의 기대치를 달성한다. 책임이 주어지지 않으면, 사람은 목표를 상실한다. 그러나 책임이 주어지면 반드시 목표를 성취한다.

7. 평가하기(Measuring)
_당신이 개발하는 이들이 노력을 극대화할 수 있도록 그들을 평가하라

많은 사람이 경기에 승리한 팀을 보면, 팀의 성공 비결을 코치의 뛰어난 지식으로 돌리는 경향이 있다. 그러나 경기의 승리는 코치의 지식에 의해 결정되지 않는다. 경기의 승패는 코치가 지도하는 선수들이 숙지하고 있는 것에 달려 있다. 리더로서 당신은 그것을 어떻게 평가할 수 있을까? 당신의 팀원들이 각자 독립적으로 어떻게 역할을 감당할 수 있는지에 대한 판단을 통해 가능하다.

오하이오 주의 신시내티에 있는 조직효율센터는 권한의 위임과 관련하여 팀원이 얼마나 독립적으로 일할 수 있느냐에 따라 능력의 등급이 달라져야 한다고 제시했다. 다음은 그들이 파악한 가장 의존적인 것부터 가장 독립적인 것까지 여섯 가지 등급이다.

1. 자세히 살펴보라. 보고하라. 무엇을 할 것인지 내가 결정하겠다.
2. 자세히 살펴보라. 건의 사항과 함께 장단점을 분석한 대안을 보고하라.
3. 자세히 살펴보라. 당신이 하려는 일을 내게 알려 주되 내가 허락하기 전에는 하지 마라.

4. 자세히 살펴보라. 당신이 하려는 일을 내게 알려 주되 내가 반대하지 않는 한 시행하라.

5. 시행하라. 그리고 당신이 한 일을 내게 알려 주어라.

6. 시행하라. 이제부터 혼자 알아서 하라.

당신은 인재 개발 단계에서 팀원들과 함께 일할 때, 앞에서 언급한 여섯 가지 등급에 따라 그들이 주로 어떻게 역할을 행하는지에 기초하여 그들의 리더십 개발 단계 등급을 평가할 수 있을 것이다. 한 가지 분명한 사실은 당신이 그들로 하여금 당신의 지시가 없이도 행동할 수 있는 리더가 되게 도와야 한다는 것이다. 당신이 개발하는 리더들이 그 등급에 이를 때, 그들과 당신은 모두 내가 이 책의 마지막 부분에서 논하게 될 최고의 리더십 단계인 5단계에서 사람들을 리드할 준비가 되어 있을 것이다.

인재 개발 단계에서의 리더십 법칙

■■■ 인재 개발 리더십을 숙달하기 위해서는 다음의 리더십 법칙들이 어떻게 작용하고 있는지를 기억해야 한다.

1. 과정의 법칙
_리더십은 하루만에 되는 것이 아니라 매일 발전한다

당신이 좋은 리더가 되기를 아무리 원할지라도, 당신의 리더십을 향상시키는 데는 시간이 걸린다. 리더십은 하루 만에 완성되는 것이 아니며 매일 발전한다. 그것은 우리가 '전자레인지'를 사용해서 요리하는 것처럼 그렇게 빨리 할 수 있는 것이 아니다. 그것에는 단계가 필요하다. 사람을 훌륭한 리더로 만들기 위해서는 많은 시간을 멘토링하는 데 투자하고, 수개월, 수

년, 때로는 수십 년을 기다려야 한다. 하지만 그러한 노력을 쏟을 만한 충분한 가치가 있다. 단 멘토링은 경기가 아니라는 것을 명심하라. 만약에 당신이 빨리 달려 가장 먼저 결승선에 도착하려 한다면, 다시 말해 1등으로 마치고자 한다면 당신 혼자서 하게 될 것이다. 4단계의 리더들은 그들이 개발한 사람들과 함께 결승점에 들어온다.

2. 덧셈의 법칙
_리더들은 다른 사람들에 대한 봉사를 통해 가치를 더한다

젊은 시절에 나는 리더로서 '사람들이 나의 비전을 따르고, 그것을 이루도록 나를 돕게 할 수 있다면 정말 좋겠는데.'라는 생각을 했다. 나는 다른 사람들이 나를 그들의 삶에서 우선순위에 둘 때까지 거의 기다릴 수가 없었다. 나는 순전히 잘못된 이유로 사람들을 리드하고 있었다. 좋은 리더는 자신이 아니라 구성원들을 우선순위에 둔다.

당신이 훌륭한 리더가 되고자 한다면 당신이 리드하는 사람들을 섬겨라. 그들의 성공을 당신의 성공으로 여겨라. 그들이 성공할 수 있도록 모든 방법을 행하라. 그들이 성공할 수 있도록 그들에게 투자하라. 섬기는 자의 마음을 항상 간직하라. 많은 사람이 성공을 추구하지만, 자기 팀 구성원의 성공을 추구하는 사람은 많지 않다.

3. 이너서클(Inner Circle)의 법칙
_리더의 잠재력은 그와 가까운 사람들에 의해 결정된다

혼자만의 노력으로는 인생의 최고 업적을 이룰 수 없다. 사람에게는 다

른 사람이 반드시 필요하다. 당신이 리더로서 아무리 큰 꿈을 갖고 있다 할지라도, 이너서클(핵심 측근)의 도움 없이는 그것을 이룰 수 없다. 그들은 당신이 리드하고, 꿈을 이루는 것을 도와줄 뿐 아니라, 넓은 의미에서 가족이나 다름없는 자들이다. 따라서 당신이 위대한 이너서클을 원한다면, 인재 개발을 시작하라. 당신은 리더들을 키우고, 그들에게 당신과 함께 꿈을 추구하도록 독려할 때 비로소 당신의 위대한 계획을 실현하게 된다.

니콜로 마키아벨리는 이렇게 말했다.

"통치자의 지혜를 평가하는 첫 번째 방법은 그의 주변 사람들을 보는 것이다."

당신과 가까이 있는 사람들을 보라. 그들이 어떠한 사람들인가? 그들의 성실성은 어떠한가? 리더의 이너서클은 그 혹은 그녀의 삶을 보여 주는 가장 정확한 그림이다. 당신이 그 그림이 마음에 들지 않는다면 장차 리더가 될 사람들에게 자신을 더 많이 투자하여 그들이 성공하도록 하라. 그러면 그들도 당신에게 똑같이 할 것이다.

4. 권한 위임의 법칙
_자존감이 있는 리더만이 다른 사람들에게 권한을 부여한다

언젠가 나는 잭 웰치가 한 인터뷰에서, GE에서 근무하던 시절에 리더에는 두 가지 유형이 있다는 것을 알았다고 말하는 것을 들은 적이 있다. 즉 자신의 핵심 인재들을 감추는 리더와 그들을 홍보하는 리더가 있다는 것이다. 그런데 자신의 핵심 인재들을 숨기는 리더들은 한결같이 이기적인 마음을 가지고 있었다고 한다. 그에 반해, 자신의 핵심 인재들을 홍보하고, 그

들에게 권한을 위임하는 리더들은 늘 포용력을 가지고 있었다고 한다.

자신이 개발하는 리더들에게 기꺼이 권한을 부여하고, 그들을 홍보해 주고 그들이 리더십을 발휘할수 있도록 허용하지 않는 한, 결코 4단계에 오를 수 없다. 이를 위해서는 강한 마음가짐이 요구된다. 당신이 인재 개발 리더십 단계에서 성공하고자 한다면 다른 리더들에게 권한을 위임할 수 있도록 자신의 불안 심리를 해소하는 데 힘써라.

5. 곱셈의 법칙
_크게 성장하기 위해서는 리더들을 리드하라

리더십 성과와 조직에 미치는 영향은 리더가 3단계에 이를 때 나타나기 시작한다. 4단계에서는 이러한 것들이 증가한다. 당신이 사람들을 개발하고, 그들에게 리더가 되도록 도울 때마다 당신은 그들의 능력을 얻고 조직을 위해 그들의 힘을 사용할 뿐 아니라, 그들이 리드하는 모든 사람의 능력을 활용하게 된다. 당신의 시간과 노력과 그 밖의 모든 능력을 가장 빠르고, 효과적으로 극대화시키는 데는 리더들을 개발하는 것보다 더 좋은 방법이 없다.

6. 수용의 법칙
_사람들은 먼저 리더를 수용하고 나서 그 다음에 비전을 수용한다

당신은 이것이 내가 수용의 법칙에 대해 세 번째 말하는 것임을 알아차릴 것이다. 그렇게 하는 이유가 무엇일까? 그것은 다른 사람들에 대한 영향력을 개발하는 것이 그들을 마음을 얻어 내는 연속된 과정이기 때문이다.

팀의 구성원을 섬기고, 그들이 자신의 잠재력을 최대한 발휘하며, 리더의 자리에 오르는 것을 보고자 하는 리더만큼 더 영감을 주고, 힘을 북돋워 주는 것은 없다. 리더가 1단계에서는 자기의 지위에 맞게 행동하고, 2단계에서는 좋은 관계를 구축하며, 3단계에서는 성과의 모델을 보여 주고, 4단계에서는 사람들을 개발함으로써 그들에게 투자할 때, 사람들은 단순히 비전을 아는 정도를 뛰어넘는다. 그들은 비전을 몸으로 느끼게 된다. 왜냐하면 그 비전이 리더의 삶 속에 살아 움직이기 때문이다. 사람들은 그로 인해 영감을 받고, 활력을 얻게 되며, 결국 이를 수용한다.

5단계로의
상승을 돕는 신념

■■■ 만약 당신이 현재 4단계에 올라와 있다면, 당신은 90%의 다른 리더들보다 높은, 매우 높은 단계에서 리드하고 있는 것이다. 하지만 아직도 당신이 도달할 수 있는 단계가 하나 더 남아 있다. 그것을 이루는 사람은 모든 리더 중에 1%도 안 된다. 그런데 당신이 마지막 등반을 시도하여 정상에 오를 수 있는 최상의 기회를 누릴 준비를 하기 위해서는 먼저 다음에 소개하는 신념들을 수용해야 한다.

1. 리더십의 최고 목표는 리더들을 개발하는 것이다

맡은 일을 끝내는 것은 분명히 중요하고, 가치 있는 일이다. 그리고 다른 사람들을 리드하고, 그들로 하여금 당신이 비전을 성취하도록 돕게 하는 것은 훌륭한 일이다. 그러나 다른 사람들을 개발하는 것은 그보다 더 훌륭한 일이다. 리더로서 당신은 이것을 목표로 삼아야 한다.

내게는 리더십 개발에 주력함으로써 리더들이 얼마나 더 성과를 낼 수 있는지 관찰할 좋은 기회가 있었다. 그러나 나는 리더 개인의 삶의 발전이야말로 리더십 발전의 최고 목표가 된다는 것을 말하고자 한다. 다른 사람들이 리더가 되도록 도울 때 당신은 그들의 삶을 변화시키고, 그들의 세계관을 바꾸고 능력을 바꾸며 잠재력을 증가시키게 한다. 따라서 만약에 그들이 훌륭한 리더가 될 경우, 당신은 그들에게 자신들의 삶뿐 아니라, 그들이 상대하는 모든 사람의 삶을 향상시키도록 돕게 된다. 그것은 또 당신이 세상을 보다 좋게 변화시키는 것이기도 하다.

그렇다면 리더는 이것을 어떻게 할까? 파레토 법칙(Pareto Principle)을 적용하면 된다. 나는 3단계에서 80대 20 법칙이 생산성을 높이는 데 어떻게 사용될 수 있는지에 대해 설명한 바 있다.

리더를 개발할 때도 동일한 법칙을 사용할 수 있다. 4단계의 리더로서 당신은 관심의 80%를 당신 팀의 리더 중 최상위 20%에 두어야 한다. 그렇게 하면 당신에게 최상의 성과를 가져다줄 것이다. 소수의 리더가 수백 명의 추종자보다 조직에 훨씬 더 커다란 성과를 가져다준다.

상위 **20%**의 리더

1
2
3
4
5
6
7
8
9
10

1
2
3
4
5
6
7
8
9
10

80%의 성과

당신이 개발의 초점을 상위 20%에 두는 것은 5단계의 성공 가능성을 높여 주기도 한다. 이는 잠재력이 가장 뛰어나고 당신의 투자에 대해 최고의 성과로 보답하는 리더들은 안주하지 않고 다른 리더들을 세울 가능성이 매우 높기 때문이며, 5단계에서 강조되는 것이 바로 이것이다.

2. 리더들을 개발하려면 리더십 문화를 만들어야 한다

당신이 리더들의 개발을 매우 강조하고 80대 20 법칙을 실천할지라도, 리더십 문화를 만들지 않는 한 5단계 진입은 불가능할 것이다. 짐 블랜차드는 시노버스에서 그렇게 했다. 그는 조지 바나(George Barna)와 가진 인터뷰에서 이렇게 말했다.

"나는 조직에 리더십이 정말 중요시되는 문화를 만드는 것이야말로 가장 중요하고도 어려운 일이라고 생각합니다. 회사의 직원들에게 우리 회사가 성장 지향적인 회사라는 것을 일깨워 주고, 그들이야말로 자신의 성장을 통해 이 회사를 더욱 발전시킬 주역이므로 회사에서 성장에 가장 주력해야 할 대상이 바로 그들이라는 사실을 깨우쳐 주는 것은 대단히 중요한 일이지요. 따라서 나는 리더 개발의 중요성을 인식하는 문화를 만드는 것은 매우 가치 있는 일이라고 생각합니다."

블랜차드는 계속해서 리더들로 하여금 자기가 과연 리더십 문화를 만들기 위해 노력하며, 리더 개발을 정말 강조하고 있는지에 대해 점검하도록 도와주는 몇 가지 중요한 질문을 했다.

- 리더십 개발에 쓰는 돈이 급여의 몇 %나 되는가?
- 어떤 공식적인 훈련을 실시하는가?
- 리더십에 대해 어느 정도의 보상을 하는가?
- 훌륭한 멘토들에 대한 명부를 갖고 있는가?[6]

당신이 5단계의 리더들을 양성할 리더십 개발 문화를 만드는 일에 착수하고자 한다면 다음의 지시 사항을 실천하도록 하라.

- 리더십 강조 : 좋은 리더십에 대해 정의하고, 모델을 제시하라.
- 리더십 교육 : 리더들을 정기적으로 자주, 일관성 있게 훈련시켜라.
- 리더십 실천 : 신입 리더들이 계획을 수립해서 실행하고 실패를 딛고 성공하도록 도와주어라.
- 리더십 코치 : 새로운 리더들의 활동을 점검하고, 그들의 잘못을 바로잡아라.

- 리더십 보상 : 훌륭한 리더십에 대해 급여 인상과 공로 인정 그리고 그 밖의 다른 방법을 통해 보상하라.

당신이 리더십을 강조하고, 가르치고, 실천하고, 코치하고 보상하는 것에 조직의 목표를 둔다면, 사람들은 누구나 훌륭한 리더가 되기를 소망할 할 것이다. 그리고 그들은 다른 사람이 좋은 리더가 되도록 돕고자 노력할 것이다. 그로 인해 조직의 비전을 실현할 수 있는 능력이 폭발적으로 증가할 것이다.

3. 리더 개발은 직업적인 헌신이 아니라 삶의 헌신이다

4단계 리더들은 사람을 개발한다. 5단계 리더들은 평생을 리더 개발에 바치고, 그들이 육성하는 리더들은 또 다른 리더들을 개발한다. 그것은 그들이 실행하는 프로그램 혹은 종종 실천하는 과제가 아니라 항상 어디서나 행하는 생활 방식이 된다.

멘토링은 그들에게 있어 항상 입고 다니는 외투와 같은 것이며, 그들은 다른 사람들에게 가치를 부여하기 위해서도 부단히 노력한다. 그들이 이것을 중히 여기는 것은 성공의 자리를 쫓던 것에서 의미 있는 역할을 추구하는 것으로 바뀌었기 때문이다.

우리는 지금 많은 것이 부족한 세상에서 살고 있다. 당신에게 종종 '그렇게 많은 필요를 우리가 어떻게 채우지?'라는 질문이 생길 때 가장 큰 필요는 그러한 필요들을 채우기 위해 일할 수 있는 리더들을 준비시킬 때 비로소 채워진다는 사실을 깨닫기 바란다. 내가 리더들을 훈련시키는 이유들 가운데 하나가 이것이다. 나는 이것이야말로 일생을 바쳐 헌신할 만한 가치가 있는 목표라고 믿는다. 나는 당신도 사람들을 개발하고 리더를 육성하는 도전에 응하기를 원한다. 절대 후회하는 일은 없을 것이다.

4단계를 통한 성장 가이드

■■■ 인재 개발 단계의 리더십과 관련된 긍정적 측면과 부정적 측면, 최선의 행동 그리고 신념에 대해 고찰하면서 당신이 리더로서 성장하는 것을 도울 다음의 지침들을 사용하기 바란다.

1. 지속적으로 성장하려고 하라

세상에서 대화가 통하지 않는 교사보다 더 나쁜 것은 없다. 당신은 리더로서 당신과 같은 사람들을 재생산하게 될 것이다. 당신이 가르침을 잘 받아들이면 당신 조직의 구성원들도 가르침을 잘 받아들일 것이고, 당신의 마음이 폐쇄적이라면, 당신이 멘토하는 사람들의 마음도 똑같이 폐쇄적일 것이다.

그렇다면 당신은 어떻게 지속적인 성장을 유지하고, 열린 마음을 가질 수 있을까? 첫째는 '모든 사람이 다 나의 스승이고, 모든 것이 다 나의 스승이다.'라고 이야기하는 배움의 정신을 갖는 것이다. 그리고 둘째는 지속적인 성장 계획을 세우는 것이다. 당신 자신이 성장을 꾀하고 있지 않다면 다른 사람들이 성장하도록 돕는 것은 불가능하다. 여기 좋은 소식이 있다. 당신이 자신의 개인적인 개발을 위해 이미 투자하고 있다면, 그것이 무엇인지 생각해 보라. 당신은 굉장히 힘든 일을 이미 실행한 것이다. 배우는 것을 계속하라.

2. 사람은 노력을 기울일 만한 가치가 있다는 것을 확신하라

코미디언이자 여러 권의 책을 출간한 작가인 데이비드 세다리스(David Sedaris)는 이렇게 말했다.

"나는 사람을 변화시키는 방법에 대해 전혀 아는 것이 없지만, 아직도 내가 그것에 대해 알 경우를 대비하여 변해야 할 사람들의 긴 명부를 가지고 있습니다."[7]

이것은 인재 개발에 접근하는 방법이 아니다. 인재 개발은 사람들이 문제를 일으키므로 당신이 그들을 변화시키려는 목적에서 해서는 안 된다. 인재 개발은 사람에게는 그만한 가치가 있으며, 당신이 그들을 돕기 위해 어떠한 어려움도 감당하겠다는 각오가 있을 때 해야 한다. 만약 당신에게 아직 그러한 결단이 없다면, 인재 개발 과정에 들어가기 전에 먼저 마음의 결단을 하라.

3. 불안감을 극복하라

부정적으로 생각하거나 자신의 자리를 빼앗길 것을 두려워하는 리더들은 다른 리더들을 개발하는 일을 거의 하지 않는다. 만약 이러한 상황이 당신에게도 적용된다면, 당신이 리더십의 상위 단계들로 올라가기 위해서는 이러한 문제들을 이겨 내야 한다. 당신이 신뢰하고, 당신의 문제에 대해 이야기할 수 있을 만큼 당신을 잘 아는 사람들과 함께 시간을 가져라. 그들에게 도움을 청하고, 책임을 맡겨라. 필요할 경우, 전문 상담가의 조언을 받아라. 필요하다면 무엇이든지 하라. 심리적으로 불안정한 리더는 사람들을 개발하지 않으며 인재 개발을 하지 않는 리더들은 결코 4단계 리더가 될 수 없기 때문이다.

4. 개발할 수 있는 최고의 인재를 영입하라

대부분의 리더는 하위 20%에 해당하는 잘못된 사람들에게 시간과 노력을 투자한다. 일반적으로 리더의 대부분의 시간을 빼앗는 사람들은 말썽꾸러기와 불평분자 그리고 마지못해 따라 하는 자들이다. 이런 사람들은 흔히 조직을 리드하고, 발전시키는 데 필요한 잠재력이 가장 취약한 자들이다. 4단계 리더들은 관심을 기울이면 큰 유익을 가져올 상위 20%의 구성원들에게 자신들의 가장 소중한 시간과 노력을 집중시킨다. 당신의 영향권 안에 있는 모든 사람을 둘러보라. 리드하고, 영향력을 행사할 수 있는 가장 커다란 잠재력이 있는 사람이 누구인가? 그들이 바로 개발 대상으로 삼아야 할 자들이다.

5. 리더 개발을 위해 시간을 투자할 것을 결단하라

인재 개발에는 많은 시간이 걸린다. 4단계의 리드에 있어 당신이 인재 개발을 위해 사람들에게 제대로 투자하고자 한다면 당신 시간의 약 절반을 바쳐야 할 것이다. 그렇게 하려면 먼저 당신이 시간적인 제약을 받지 않을 수 있도록 지원 체제를 구축해야 한다. 모든 것을 당신이 직접 해야 할 경우 당신에게는 다른 사람들을 멘토할 수 있는 시간이 거의 없다.

그 다음에 당신은 사람의 잠재력에 따라 그 혹은 그녀를 위해 바칠 시간의 양을 정해야 한다. 리더의 진정한 가치는 그가 개인적으로 할 수 있는 것이 아니라 그가 다른 사람들에게 투자할 때 나타난다. 그러한 투자는 지혜롭게 준비되고, 높은 우선순위를 가져야 한다.

6. 개인적인 인재 개발 프로세스를 만들어라

벤저민 프랭클린(Benjamin Franklin)은 이렇게 말했다.

"달인의 한 눈이 그의 두 손이 하는 것보다 많은 것을 한다."

보고, 식별하며, 분석하는 능력은 인재 개발에 필수이다. 4단계 리더들은 사람들의 능력을 식별하여 그들과 융통성 있게 일한다. 일반적으로 리더들이 모든 사람을 똑같은 방법으로 리드하는 데 반해, 4단계 리더들은 사람에 따라 다른 방법으로 리드한다. 그것에는 창의력과 자신감이 요구된다.

나는 지금까지 말한 것 외에 4단계 리더들은 인재 개발 프로세스에 일정한 형식과 안정성을 꾀한다는 사실을 덧붙여 말하지 않을 수가 없다. 리더를 개발할 때는 필히 다음 지침들을 유념하기 바란다.

- 인재 개발 프로세스는 매일 계속되어야 한다. 당신의 성공 비결은 당신이 매일 수행하는 일에 의해 결정된다.
- 인재 개발 프로세스는 측정할 수 있어야 한다. 비록 내적인 성장이긴 하지만, 그것은 외적으로 입증되어야 한다. 따라서 성장의 목표는 당신과 당신이 멘토하는 사람이 눈으로 보고, 확인할 수 있는 것이어야 한다. 그들 자신이 지금 어디로 가고 있는지 모른다면 도착지가 어디인지 어떻게 알겠는가?
- 인재 개발 프로세스에는 그들이 소중히 여기는 것이 포함되어야 한다. 그들이 원하는 것을 인재 개발 프로세스에 포함시킬 때, 이것을 이루고자 하는 강한 동기가 주어질 것이다.
- 인재 개발 프로세스는 당신의 강점에 맞게 조정되어야 한다. 사람들이 내게 멘토해 줄 것을 부탁할 경우, 나는 먼저 "무엇에 관한 것이지요?"라고 묻는다. 그것은 내가 일부 영역에서만 잘할 수 있고, 내가 자신 있는 분야에서만 사람들을 도와줄 수 있기 때문이다. 인재 개발을 위해 준비할 때는 당신이 자신 있는 것들을 가르치고, 당신이 할 수 없는 영역에 대해서는 그들에게 도움을 줄 수 있는 다른 사람들을 찾아볼 것을 권하라.
- 인재 개발 프로세스는 그들의 꿈을 실현하기 위한 계획과 일치해야 한다. 나는 내 저서인 《꿈을 이루기 위한 질문들(Put Your Dream to the Test)》에서 사람은 자신의 꿈을 실현해야 할 합당한 이유가 많을수록 그것을 이룰 수 있는 가능성이 높다고 기술했다. 또한 자신의 성장을 위해 끝까지 노력할 가능성을 높여 준다.

7. 절대 혼자 일하지 마라

4단계에서의 리더 개발 비결 가운데 하나는 당신이 멘토링하는 사람들을 가능한 한 자주 당신의 곁에 있게 함으로써 그들로 하여금 다양한 상황에서 당신이 어떻게 사고하고 행동하는지 배우게 하는 것이다. 처음에는 그들에게 당신의 리더십 모델을 관찰하게 하는 데 목표를 두어야 한다. 그러나 가능한 한 빨리, 그들에게 책임을 부여하고 그것을 평가하라. 그리고 그들이 준비되는 대로 그들에게 스스로 행동할 수 있는 권한을 위임하라.

8. 인재 개발의 부드럽고, 강한 양면을 혼합시켜라

4단계 리더들은 사람들과의 문제와 업무적인 문제를 동시에 다루되, 이 두 가지를 효율적으로 할 수 있어야 한다. 그것은 하나의 기술이다. 인재 개발을 할 때는 그들을 존중하고 높이 평가하는 관계 중심적인 방법을 유지하라. 동시에 좋은 결과를 얻기 위해 필요한 것을 반드시 하도록 하라. 이 두 가지를 효과적으로 다룰 수 있어야 한다. 그리고 그것이 실제 도움이 된다면, 중요도에 따라 우선순위를 정해 지침으로 사용하라.

9. 책임지고 사람들에게 활력을 주어라

당신이 개발하는 사람들에게 자발적인 동기 부여가 필요한 것이 사실이지만, 리더들이 다른 사람들에게 목표의 성취를 위해 활력과 의욕을 고취시키는 것도 사실이다. 그러므로 인재를 개발할 때는 그들이 위험을 감수하고, 자기가 경험하는 것들을 즐겁게 받아들이도록 격려하는 감성적 교감 프로세스를 구축하도록 노력하라. 그러나 많은 리더가 이런 일에 무관심하다. 그들은 마음을 끄는 것이 아니라 멀어지게 하는, 자기들도 해 봐서 안다는 식의 정신 자세를 가지고 있다. 그와 반대로, 당신이 해 봤는데 좋았다는 사고방식을 가지고 있다면, 사람들은 당신에게 매력을 느끼고, 당신과 함께할 때 최선을 다하고 싶을 것이다.

10. 리더와 역할 모델, 코치로서 가까이 할 수 있는 사람이 되어라

당신의 문과 마음을 열어 사람들에게 리더의 삶 속으로 들어오도록 초청하라. 그러한 열림은 리더가 자발적으로 그것에 대한 책임을 행할 때만 가능하다. 나는 당신이 그러한 책임을 감당할 것을 권한다. 왜냐하면 당신이 사람들과의 특별한 관계를 발전시키기 위해서는 그렇게 해야 하기 때문이다. 열린 마음과 겸손, 정직은 언제나 사람들의 마음을 끈다. 이러한 특징들은 다른 사람들이 질문하고, 위험을 감수하며, 자기 본래의 모습을 드러낼 수 있도록 해 준다. 그리고 이것은 리더십 개발을 완전히 새로운 단계로 이끌어 준다.

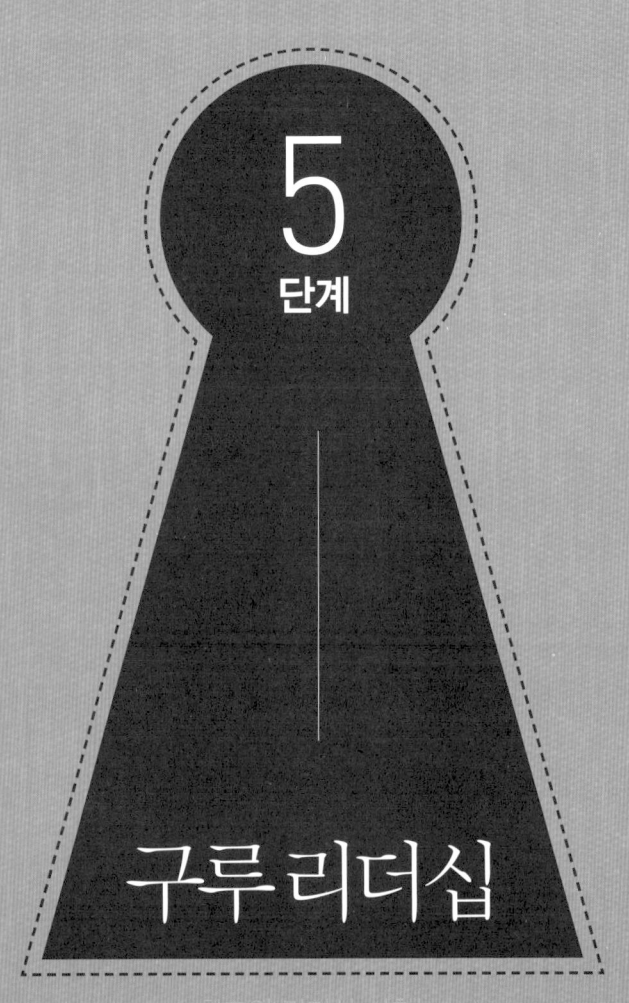

5단계

구루 리더십

최고의 리더십 성취는
다른 리더들을 4단계 리더로 키우는 것이다

⑤ 구루 리더십
오랜 기간에 걸쳐 검증된 탁월한 리더십과
인품을 통해 존경을 받는 수준

④ 인재 개발 리더십
구성원들을 리더로 성장시켜 함께 조직을 이끌어 가는 수준

③ 성과 리더십
조직의 성과 창출을 통해 사람들이 따르게 하는 수준

② 관계 리더십
신뢰 구축을 통해 사람들이 자발적으로 따르게 하는 수준

① 지위 리더십
주어진 지위를 이용하여 사람들을 따르게 하는 수준

5단계인 구루 리더십까지 올라가는 리더는 많지 않다. 5단계는 다른 네 단계에서 리드를 잘했을 때 올라가는 최고의 리더십 단계일 뿐 아니라 높은 수준의 기술과 어느 정도의 타고난 리더십 능력이 요구된다. 다른 리더들을 4단계에 이르도록 개발하는 데는 많은 것이 필요한데, 그것이 5단계 리더들이 하는 일이다. 5단계에 오르는 자들은 자기가 일하는 조직에 리더십이란 유산을 남길 만큼 오랫동안 잘 리드하는 사람들이다.

구루 리더십 단계의 리더들은 다른 사람들과 확실히 구별된다. 그들은 누구보다 한 수 위로, 그 어느 곳에서든 성공을 이룬다. 이처럼 높은 단계의 리더십은 조직 전체의 수준을 향상시키고, 조직의 모든 구성원에게 혜택을 주는 환경을 만들어 내 그들의 성공에 기여한다. 5단계 리더들은 종종 자기들이 일하는 조직과 산업을 뛰어넘어 영향력을 행사한다.

구루 리더십 단계에 이르는 리더들은 대부분 자신들의 리더십 경력 후반기에 그렇게 한다. 구루 리더십 단계는 리더들이 멈추어 자신의 성공을 되돌아보는 휴식처가 아닌, 리더들이 자신의 인생에서 가장 위대한 영향력을 만들어 내는 재생산의 장소이다. 구루 리더십 단계의 리더들이 자신이 할 수 있는 한 그것을 가장 잘 활용해야 하는 이유가 여기에 있다. 리더들은 감사와 겸손한 태도로 자신들이 할 수 있는 한 많은 리더를 세우고, 커다란 도전들을 받아들이며 자신들의 조직과 산업 영역을 뛰어넘어 긍정적인 차별화를 이루기 위해 영향력을 확대시켜야 한다.

구루 리더십의
긍정적 측면

■■■ 나는 1단계에 대해 쓸 때, 당신이 리더십의 여러 단계에 올라오는 동안 부정적 측면이 줄어들면서 긍정적 측면이 계속 증가할 것이라는 점을 거론했다. 그런데 5단계는 다르다. 구루 단계의 리더십에는 세 가지의 중요한 긍정적 측면만이 있을 뿐이다. 비록 수는 얼마 되지 않지만 하나하나가 대단한 중요성과 영향력을 가지고 있다.

1. 구루 리더십은 5단계의 조직을 만들어 낸다

많은 조직이 존립을 유지하기 위해 몸부림을 치고 있다. 그리고 성장이나 이익의 증대를 향해 한 발짝이라도 앞으로 나아가고자 열심히 노력한다. 하지만 다른 조직들보다 출중하거나 훨씬 더 높은 단계에서 기능을 하는 조직은 얼마 되지 않는다. 그렇다면 건실하게 유지되는 기업의 비결은 무엇일까? 바로 리더십이다. 위대한 조직에는 훌륭한 리더들, 즉 최고의 역량을 발휘하여 기능을 수행하는 5단계 리더들이 있다.

제너럴 일렉트릭은 지난 수십 년 동안 비즈니스계의 모델이 되어 왔다. 《포춘》은 매년 제너럴 일렉트릭을 상위 10위권의 리더십 조직으로 선정했다. 그 이유는 무엇일까? 그것은 오랫동안 5단계 리더인 잭 웰치가 조직을 리드하고, 다른 리더들을 4단계 리더가 되도록 개발하는 데 중점을 두었기 때문이다.

5단계 리더들은 많은 사람에게 보다 넓은 범위에 걸쳐 리드할 수 있도록 권한을 부여하기 때문에 조직의 모든 구성원에게 리더십에 대한 기회를 준다. 그들은 자신들이 리더의 자리에 있는 동안 장기간에 걸쳐 리더들을 양산하며 조직 내에 그러한 사고방식을 고양시킨다. 조직 내의 구성원들은 자신들에게 지속적인 기회가 부여되기를 기대한다.

리더의 개발과 기회의 추구로 인해 조직은 계속해서 더욱 강해진다. 따라서 어느 정도의 시간이 지난 후에는 리더십이 DNA의 일부가 된다. 심지어는 리더가 자리에서 물러나거나 퇴직을 해도 5단계 조직을 통해 리더가 계속 배출되기 때문에 전임자의 역할을 대신할 수 있는 준비된 유능한 리더가 많다.

5단계 리더들은 각 단계를 통과하기 위해 열심히 노력한 끝에 구루 리더십 단계에 올라온 자들로서 최고의 단계에서 리더십에 대해 충분히 알고 그것을 행한다. 그들은 한 단계에서 다른 단계로 이전하는 다양한 변화를 경험하고, 그로 인해 다른 리더들이 리더십 과정의 어떤 위치에 있는지를 알며, 그들 리더가 다음 단계로 올라가기 위해 필요한 여러 가지 변화를 이겨 내도록 도와줄 수 있는 통찰력을 갖고 있다.

2. 구루 리더십은 조직에 유산을 남긴다

5단계 리더들은 단순히 조직을 잘 이끌어 가는 것 이상의 것을 하기를 원한다. 그들은 성공하는 것 이상의 것을 하고 싶어 하고, 유산을 만들어 내기 원한다. 저널리스트인 월터 리프만(Walter Lippmann)은 이렇게 말했다.

"리더의 마지막 시험은 뒤에 남은 사람들에게 계속해서 진행해 나갈 확신과 신념을 남기는 것이다."

만약 당신이 구루 리더십 단계에 있다면, 당신은 자신의 임기 내에, 나아가 일생을 초월해서까지 영향을 줄 수 있는 능력을 갖고 있다. 당신은 차세대를 개발할 리더들을 개발함으로써 그 일을 해낸다.

5단계 리더들은 그들의 리더십 역량이 아니라 그들이 개발하는 리더들의 역량에 의해 평가된다. 따라서 리더십에 대한 그들의 접근 방법은 변화된다. 앨리드 시그널(Allied Signal)의 전임 CEO인 래리 보시디(Larry Bossidy)의 다음 질문은 그가 이에 대해 잘 이해하고 있었다는 사실을 보여 준다.

나는 리더로서 지금 어떻게 하고 있는가? 당신이 리드하는 사람들이 지금 어떻게 하고 있느냐가 그것에 대한 답변이 된다. 그들은 배우고 있는가? 그들은 불편한 관계가 있을 때 그것을 잘 극복해 내는가? 그들은 변화를 주도하는가? 당신은 퇴직할 때 자신이 1994년 처음 석 달 동안 무엇을 했는지를 기억하지 못할 것이다. 그러나 자신이 얼마나 많은 사람을 개발시켰는지에 대해서는 기억할 것이다.

그 밖에 당신은 자신이 그들을 얼마나 잘 개발했으며, 당신이 그들을 리드하는 것을 그만둔 뒤 그들이 얼마나 효과적으로 맡은 임무를 수행할 수 있었는지를 기억할 것이다. 5단계의 조직들에서는 최고 리더가 자리에서 물러날지라도 앞에 나서서 조직을 통솔할 수 있는 준비된 리더가 많은 것이 일반적인 현상이다. 따라서 5단계의 조직은 극소수의 리더가 움직이는 조직들에게는 익숙하지 않을 정도로 오랫동안 지속되는 경험을 하게 된다.

3. 구루 리더십은 리드할 수 있는 더 넓은 무대를 제공한다

미국에서는 모든 사람에게 표현의 자유가 보장된다. 그러나 자유주의 사회에서도 우리가 공개된 장소에서 말하기 위해서는 허가를 받아야 한다. 5단계 리더들은 대가를 지불하고, 그것에 대한 권한을 얻은 자들이다. 그들은 다른 사람들을 잘 리드하고 개발한다. 따라서 종종 그들의 영향력은 그들의 영역을 넘어서까지 확대되기도 한다.

그들의 직접적인 영향력 범위 밖에 있는 사람들도 5단계 리더들에 대한 소식을 듣고, 그들에게 조언을 구한다. 5단계 리더들은 그들이 종사하는 산업이나 전문 영역을 벗어나서도 말에 권위를 가지고 있다. 사람들은 리더들의 인품과 역할에 존경심을 표한다. 그것은 리더들에게 보다 커다란 활동 무대를 제공하고, 영향력을 확대시켜 준다. 그들에게는 종종 사회적으로 광범위한 영향력을 행사하거나 리더십의 대의명분을 증진시키고 재정의하며 차세대 리더들을 위해 자신을 헌신할 수 있는 기회가 주어지기도 한다.

정부와 사업계, 교육계, 종교계의 위대한 리더들에 대해 생각해 보라. 그들의 영향력은 자신들이 리드하고 있는 조직의 범위를 훨씬 뛰어넘는다. 국경을 초월하는 영향력을 가진 넬슨 만델라는 모든 사람으로부터 존경을 받았으며, 잭 웰치는 더 이상 제너럴 일렉트릭을 리드하고 있지 않지만, 전 세계 사람들은 그에게 리더십에 대한 조언을 구한다. 미국의 대통령들은 지난 수십 년 동안 빌리 그레이엄에게 자문을 구했다. 그들의 영향력은 매우 광대하며, 그들의 명성은 전설적이라고 할 수 있다.

이처럼 확장된 영향력과 함께 그것을 행하는 자들에게는 한 가지의 책임이 따른다. 5단계의 리더들은 최고의 리더십 위치는 다른 사람들로부터 섬김을 받는 것이 아니라 그들을 섬기는 자리가 된다는 것을 안다. 그것은 받는 자리가 아니라 베푸는 자리이다.

마거릿과 나는 최근 스웨덴의 스톡홀름에 있는 노벨 박물관(Nobel Museum)에 방문했다가 섬김에 대한 증거를 보았다. 가이드는 우리에게 우리가 살고 있는 세상을 더욱 좋은 곳으로 만들어 놓은 위대한 사람들에 대한 이야기를 들려주었다. 노벨상 수상자 가운데 한 사람인 알베르트 아인슈타인(Albert Einstein)은 이런 말을 했다.

"우리는 이 땅에서 낯선 이방인처럼 산다. 이유를 모른 채 종종 그것에 대한 목적을 발견하는 것처럼 하면서 잠시 왔다 가는 존재일 뿐이다. 하지만 일상적인 삶의 관점에서 우리는 분명하게 알고 있는 것이 있다. 그것은 지상에 있는 사람들이 다른 사람들을 위해 있다는 사실이다. 우리의 기쁨은 그들의 미소와 행복에 달려 있기도 하다. 나는 나의 외적이고 내적인 삶의 얼마나 많은 것이 현재 살아 있거나 고인이 된 동료들의 노고에 기초하고 있으며, 내가 받은 것을 갚기 위해 얼마나 열심히 노력해야 하는지 하루에도 수없이 깨닫는다."

아인슈타인의 명성은 학문의 전당과 물리학계를 훨씬 넘어서까지 퍼져 나갔다. 그의 영향력은 사후에도 지속되고 있다. 구루 리더십 단계의 리더들에게 나타나는 특징이 바로 이것이다.

리더십 여정은 배우고(learn), 보상받으며(earn), 돌려주는(return) 3단계 프로세스를 거치게 한다. 리더십 지위가 부여되어 이러한 여행의 출발선에 있는 사람들은 한 가지 중대한 결단에 직면하게 된다. 그것은 그들이 보다 잘 리드하기 위해 배우려 하느냐, 아니면 자신의 기득권 유지를 위해 자기의 현재 자리에 안주하고 그것을 보호하거나 다른 사람들을 제치고 우두머리가 되려고 하느냐이다.

배우는 쪽을 택하는 자들은 학습 단계(learning phase)에 들어가 리더십 단계들을 서서히 오르기 시작한다. 대체적으로 그들은 성과 단계에 이를 때 리더십에 대한 인정과 보상을 처음으로 받기 시작한다. 대부분의 리더가 보상 단계(earning phase)에 들어가는 것이 바로 이 때이다. 많은 사람이 이 상태에서 머무는 것에 만족한다. 그들은 조직 내에서 지위가 향상되고, 동료들로부터 존경을 받으며 더욱 윤택해진 삶을 산다.

그런데 다른 사람들에게 돌려주고, 리더들을 개발하기로 결심하여 돌려주는 단계(returning phase)로 들어가는 리더들이 있다. 보다 많은 리더를 개발하는 것에 자신을 헌신하고, 그 일에 자신의 모든 것을 바치며 다른 리더들을 세우는 일에 본인이 가지고 있는 최고의 에너지와 역량을 바치는 리더들만이 구루 리더십 단계에 올라갈 수 있는 기회를 갖는다. 나는 당신이 지금 자신의 리더십 여정의 어디에 있든지 상관없이 가능한 한 많이 배우고, 그것을 지속해 나갈 것을 권한다.

그리고 보상 단계에 이를 때는 거기에서 멈추지 마라. 당신 자신만의 유익을 위해 다른 사람들을 리드하지 마라. 우리는 다른 사람들에게 주고, 리드하는 것을 가르칠 때 돌려주는 국면에 들어갈 수 있다. 그것을 오랫동안 잘하도록 하라. 그러면 5단계에 이르러서 그것이 주는 긍정적 측면들을 경험할 기회를 갖게 될 것이다.

구루 리더십의
부정적 측면

■■■ 모든 리더십 단계에는 부정적 측면이 있다. 구루 단계 역시 예외가 아니다. 그런데 한 가지 고무적인 것은 구루 리더십 단계에서는 다른 단계들에 비해 부정적 측면에 희생당하는 사람이 적다는 것이다. 그 이유는 굉장히 성숙한 자들만이 구루 리더십 단계에 이를 수 있기 때문이다.

리더들이 이전 단계에서 배우는 모든 가르침은 그들로 하여금 궤도에서 벗어나지 않도록 도와주는 제어 기능을 한다. 하지만 여기에는 한 가지 부정적인 것이 있다. 그것은 구루 리더십 단계의 부정적 측면에 쉽게 영향을 받는 사람들은 속수무책으로 추락할 수 있다는 사실이다. 그들은 자신들이 지금까지 노력해서 쌓아 놓은 모든 것을 무너뜨릴 수 있다.

다음은 당신이 구루 리더십 단계에 이를 때 주의하지 않으면 안 될 세 가지 부정적 측면이다.

1. 구루 리더십 단계는 자신이 정상에 올라와 있다고 생각하게 할 수 있다

역설적이게도, 최고 단계인 구루 리더십 단계의 리더들에게 있어 가장 위험한 것 중에 하나는 지위 리더십의 부정적 측면과 마찬가지로 자신이 정상에 올라와 있다고 생각하는 것이다. 당신이 다섯 개의 리더십 단계에 오르는 동안 계속해서 목적을 지향하는 사고방식을 가지고 있었다면, 구루 단계의 리더십이 휴식을 취하고, 장미꽃 향기를 맡으며, 자신의 특권을 만끽할 수 있는 곳이라고 생각할 수 있다. 만약 그러한 사고를 가지고 있다면 주의하도록 하라.

짐 콜린스는 자신의 저서 《위대한 기업은 다 어디로 갔을까(How the Mighty Fall)》에 실패하는 사람들 중 일부는 오만으로 인해 특권 의식에 빠진 사람이라고 기술했다. 그는 그러한 리더들에 대해 이렇게 설명했다.

> 그들은 성공을 예상치 못한 것, 덧없는 것, 나아가서는 어려운 상황에서 열심히 노력해서 얻는 것이라기보다 하나의 '당연한 것으로' 간주한다. 그리고 사람들은 조직이 무엇을 하고, 하지 않고를 결정하는 것과 상관없이 거의 성공이 지속될 것이라고 믿는다.

리더의 결정은 좋든 나쁘든 반드시 영향을 준다. 자신의 직업이나 조직에서 최고의 자리에 오른 리더들은 무엇이든 당연한 것으로 여겨서는 안 된다. 지난날에 아무리 성공했다 할지라도, 그들에게는 여전히 높은 단계에서 전략을 세우고 신중하게 결정하며, 계획을 수립하고 실천하는 것이 필요하다. 추진력(momentum)은 많은 문제를 극복할 수 있지만, 아무리 강한 추진력을 가졌다 해도 태만이나 오만, 어리석음을 지속적으로 보상해 줄 수 있는 것은 아니다.

리더들은 그들의 조직을 자신의 사유물처럼 취급해서는 안 된다. 구성원들이 함께 노력하는 모든 조직은 하나의 신탁 재산과 같다. 만약 당신이 리더라면, 당신은 혼자 그리고 자신의 개인적인 이해관계만을 고려하여 결정을 해서는 안 된다. 많은 것이 주어지는 사람에게는 많은 것이 요구된다는 사실을 항상 기억하라.

한 분야의 정상에 오른 사람들은 자신은 더 이상 배울 것이 없다고 생각하곤 한다. 이는 상당히 위험한 생각이다. 만약 당신이 그런 생각에 빠져 있다면, 그것은 파멸의 시작이다. 유능한 리더가 되기 위해서는 항상 열심히 배우는 학습자가 되어야 한다. 우리는 결코 리더십 정상에 오를 수 없다. 다만 보다 더 나아지기 위해 노력할 수 있을 뿐이다. 이것이 바로 당신이 자신의 리더십에 날마다 적용시켜야 할 마음 자세이다. 배움을 통해서만 성장한다는 것을 절대 잊어서는 안 된다.

2. 구루 리더십 단계는 자기의 능력을 과신하게 할 수 있다

자신에 대해 지나칠 정도로 진지하게 생각한 끝에 하나님께서 자신을 다른 사람들을 위한 선물로 이 땅에 보내셨다고 믿는 리더들이 있다. 이보다 우스꽝스러운 것도 없다.

인류 역사를 보면 자신의 권력과 자리에 도취된 사람들에 대한 이야기가 수없이 많다. 그러한 리더에 속하는 대표적인 사람들 중에 한 명이 바로 스웨덴의 구스타부스 아돌푸스(Guatavus Adolphus) 왕이다. 그는 뛰어난 군사령관으로 이름을 떨쳤고, 자신의 통치 기간 동안 스웨덴을 약소국에서 유럽의 강대국으로 끌어올렸다. 이른바 스웨덴의 황금기를 열었다 해도 과언이 아니다. 성공에 성공을 거듭한 그는 자신이 하고자 하는 일이 반드시 성공을 거둘 것이라는 믿음을 갖게 되었다.

그는 30년 전쟁(Thirty Years War)에 참전했을 때, 발트해 연안을 손에 넣고 싶어 했다. 그래서 다른 배들을 능가하는 배를 한 척 건조하기로 결심했다. 그는 해군에 대한 전문적인 지식이 전무했음에도 불구하고, 배의 용량과 군비를 혼자서 결정하여 선박 기술자들에게 그대로 배를 만들 것을 지시했다. 그의 무모한 행동을 담은 기록이 있다.

> 지금까지 바다 위에 떠 있는 것들 가운데 그의 배에 장식된 화려한 장식물 만큼 왕으로서 그의 위엄을 드러낸 것은 없을 것이다.

배는 그 당시 왕실의 이름을 따 바사(Vasa) 호로 불렸다. 전쟁이 더욱 치열해지면서, 왕은 배가 건조되기를 몹시 갈망했다. 배의 안전성에 대한 점검이 이루어져야 했지만, 왕은 건조가 지체되는 것을 용납하지 않았다. 이윽고 1628년 8월 10일, 군함은 건조되어 처녀 출항을 했다. 수천 명에 이르는 사람이 배가 스톡홀름 항구를 떠나가는 것을 지켜보았다. 그러나 배는 출항하자마자 사나운 바람을 만나 침몰하기 시작했다. 배는 출항 후 1마일도 못 가 뒤집혔고, 물이 차 수십 미터 바다 밑으로 가라앉았다. 자신의 꿈을 이루려던 왕의 확신은 물거품이 되었다.

　리더는 자기의 힘을 믿기 시작하는 순간 고통을 겪는다. 자신이 몸담고 있는 분야에서 높이 오르고자 욕심을 내면 그 주위에 믿을 수 없는 사건이 일어난다. 다른 사람들의 눈에는 그들이 동떨어진 사람으로 보인다. 과대망상에 사로잡히는 경우가 대부분이다.

　5단계 리더들은 사람들이 생각하는 것처럼 그렇게 뛰어나지 않다. 그리고 아무리 오랫동안 혹은 아무리 잘 리드해 온 리더들도 리더십의 법칙을 능가하는 사람은 없다. 리더십의 법칙은 중력과도 같다. 그 중력은 당신이 믿든 믿지 않든 당신에게도 적용이 된다.

　당신이 5단계 리더가 된다면, 당신도 다른 사람들과 마찬가지로 최하위인 지위 리더십 단계의 리더에서 시작했다는 사실을 절대 잊어서는 안 된다. 그동안 당신은 관계를 구축하기 위해 열심히 노력해야 했고, 자신의 성과를 입증해 보여야 했다. 그리고 다른 사람들의 삶에 투자하기 위해 노력하지 않으면 안 되었다. 자신감을 갖되, 겸손하라. 당신이 지금 성공해 있다면, 그것은 그동안 많은 사람의 도움이 있었기 때문이다.

3. 구루 단계는 당신의 초점을 흐리게 할 수 있다

　리더들이 5단계에 이르면 그들에게 주어지는 많은 기회가 상당히 특별한 것이 된다. 사람들은 그러한 리더들이 말하는 것을 듣기를 원한다. 그러나 다양한 기회 가운데 많은 것이 실제로는 정신만 혼란하게 할 뿐이다. 그것들은 리더의 조직이나 대의명분에 도움이 되지 않는다.

　짐 콜린스는 저서인 《좋은 기업을 넘어 위대한 기업으로(Good to

Great)》에서 이런 일이 어떻게 일어날 수 있는지 하나의 이야기를 통해 설명했다. 그는 크라이슬러(Chrysler)의 전임 회장인 리 아이아코카(Lee Iacocca)의 예를 들며 다음과 같이 기술했다.

리 아이아코카는 크라이슬러를 파산 직전의 위기에서 구해 냄으로써 미국의 기업사에서 가장 유명한 반전을 이루었다. 그의 재임 중반에 크라이슬러의 주식 가치는 주식 시장 평균의 2.9배까지 올라갔다. 하지만 그는 그때 미국의 기업사에서 가장 유명한 CEO 가운데 한 사람이 되는 것에 관심을 돌렸다. 〈인베스터스 비즈니스 데일리(Investor's Business Daily)〉와 〈월스트리트 저널(Wall Street Journal)〉은 그가 토크쇼에 정기적으로 출연하고, 80개가 넘는 상업 방송에 주연으로 나오며, 미국의 대선 주자로 나설 것에 대해 생각하고 자서전을 대대적으로 광고한 사건을 시점별로 보도했다. 그의 자서전인 《아이아코카(Iacocca)》가 700만 부 이상 팔리자 그는 록스타의 위치에 올랐다. 아이아코카의 개인 주가는 급등했지만, 그의 재임 후반기에 크라이슬러의 주가는 주식 시장의 평균보다 31% 하락했다.[1]

만약 구루 단계의 리더들이 시간을 최대한 활용하고 싶다면, 그들은 최고 수준의 단계에서 자기들의 비전과 목적에 초점을 맞추고, 리드하는 것을 계속해야 한다.

유감스럽게도 나는 지금까지 내 자신의 리더십에서 종종 초점을 잃을 때가 있었다. 몇 년 전에 이큅에 있을 때도 그랬다. 우리는 회사 설립 이후 첫 8

년 동안 전 세계 100만 명의 리더를 훈련시키는 것에 초점을 맞추었다. 우리는 그것을 '백만 명의 리더 양성(Million Leaders Mandate)'이라고 불렀다. 우리는 그 일에 많은 관심을 기울이고, 그것의 성취를 위해 모든 재원을 쏟았다. 마침내 목표를 이루었고, 우리는 자축 행사를 가졌다. 나는 모든 직원과 리더십 트레이너, 중요 기부자들에게 도움에 대한 감사의 표시로 반지를 선물했다.

하지만 그때 우리는 초점을 잃었다. 우리는 리더들을 계속해서 훈련시켰지만, 퇴보를 경험했다. 나만 새로운 목표에 초점을 두지 않은 것이 아니라 우리 팀도 마찬가지였다. 그것은 커다란 실책이었다. 이는 우리가 이전의 속도대로 전진하기 위해 구축한 추진력을 사용하지 않았다는 뜻이었다. 한 가지 고무적인 사실은 이쿱의 리더들이 머리를 맞대고 우리 앞에 놓인 다음의 커다란 산을 찾아내 다시 한 번 에너지를 집중시켰다는 것이다.

지금 자신의 리더십 여정에서 어디에 와 있든 상관없이, 당신을 현재의 위치에 이르게 한 것이 당신을 다음 단계로 올라가게 해 주지 못한다는 사실을 명심해야 한다. 앞으로의 전진을 위한 모든 발걸음은 초점이 있어야 하고, 계속해서 배우고, 적응하고, 전략을 수립하고, 노력하고자 하는 강한 의지를 필요로 한다. 집중과 겸손 그리고 굳센 노력 없이는 정상의 자리에 머물 수 없다.

5단계
최선의 행동

■■■ 리더십은 언제나 리더 본인이 아니라 다른 사람에 관한 것이어야 한다. 이는 모든 단계에서도 마찬가지겠지만 5단계에서는 사람들로 하여금 깊은 존경심에 의해 따르게 해야 최고의 리더십 단계가 된다는 점을 명심해야 한다. 구루 단계의 리더들은 마력과 같은 힘을 가지고 있다. 그리고 그들은 최고 단계에 있을 때 자기 자신을 돕는 것 이상을 행하기 위해 그 힘을 잘 사용해야 한다. 그에 대해 다음과 같은 제안을 하고자 한다.

1. 최고 단계에서 다른 사람들에게 기회를 주어라

5단계 리더가 할 수 있는 가장 중요한 것들 중에 하나는 최고 단계에서 다른 리더들에게 기회를 주는 것이다. 대부분의 리더는 자신을 따르는 사람을 많이 만드는 것을 목표로 삼는다. 그러나 그러한 사람들을 모은다고 해서 다른 리더들에게 기회가 제공되는 것은 아니다. 그루 단계의 리더는 그러한 기회를 만들기 위해 별도의 노력을 기울여야 한다.

그런데 그것은 리더 개발을 시작하는 4단계에서 시작된다. 가능하면 언제든지 그것을 지속적으로 행하고 좋은 리더들을 키워 낼 때 리더들에게 기회를 주는 조직에서 긍정적인 변화 사이클을 만들어 낼 수 있다. 어떤 면에서 그것은 직관에 반하는 것으로 보일 수도 있다. 더욱 많은 리더를 갖는 것이 그러한 기회를 줄이는 것은 아닐까? 결코 그렇지 않다. 그 이유는 당신이 다른 리더들을 개발할 리더를 양성할 때 조직 전체의 규모와 능력을 증가시킨다는 점에서 최고 단계에 더 많은 기회를 만들게 되기 때문이다.

당신이 좋은 리더를 개발하고, 그들이 리드하며 영향력을 행사할 수 있는 곳을 찾도록 도와줄 때 그들에게 좋은 사람이 많이 모인다. 그 결과, 조직은 (그것의 잠재력과 함께) 성장하고, 보다 좋은 리더를 필요로 한다. 그러한 과정은 주기적인 확장과 다른 리더들에게 조직의 발전을 가속화시키는 데 유익한 최고 단계를 향한 추진력을 만들어 낸다.

구루 단계에서 리더들을 개발하는 일에는 많은 기술과 의도적인 노력이 요구된다. 리더를 개발하는 것은 쉬운 일이 아니다. 단순히 리드만 하는 것이 아니라 다른 리더들을 개발하는 것은 단지 자신을 따르는 사람들을 모으는 것보다 훨씬 더 어렵다. 나는 따르는 사람들만을 데리고 있는 리더와 어디에서도 리더의 역할을 제대로 수행할 수 있는 리더를 개발한 리더들에 대해 연구하면서 몇 가지 미묘하면서도 분명한 차이점을 발견했다. 리더들을 개발시키는 5단계 리더들의 특징을 보면 다음과 같다.

리더의 소망_ 필요한 사람보다 성공적인 사람이 된다

리더십 경력 초기에 나는 사람들이 나를 필요로 하는 것을 상당히 좋아했다. 내게는 사람들이 내가 필요하다고 말하는 것이 음악처럼 들렸다. 나는 사람들이 이런 식으로 말하면 기분이 매우 좋았다.

"당신 없이는 그 일을 할 수 없을 것 같아요."
"우리를 정말 이해해 주는 리더는 당신밖에 없어요."

한심하게도, 나는 이러한 말들을 믿었다. 사실 세상에 필요하지 않은 사람은 아무도 없는데 말이다. 리더를 개발하는 첫 단계는 당신이 없어도 성공할 수 있도록 사람들을 개발하고자 하는 소망을 갖는 것이다. 리더십 전문 저술가이자 페덱스(FeDex)의 전임 경영자였던 프레드 A. 맨스크 주니어(Fred A. Manske Jr.)는 이렇게 말했다.

"최고의 경지에 오른 리더는 사람들을 개발시켜 그들이 자기보다 지식과 능력이 뛰어나도록 만드는 자이다."
구루 단계에 있는 당신에게는 언제나 이것이 목표가 되어야 한다.

리더의 초점_ 사람의 약점 대신 강점을 개발해 준다

리더들 중에는 인재 개발과 관련하여 상담식 접근법을 사용하는 자들이 있다. 이것은 그들이 누군가 서툴거나 잘못하는 것에 초점을 두고 이러한 부분에서 바로잡도록 도와주는 일에 관심을 기울인다는 것을 의미한다. 사실 내가 처음 리더가 되었을 때, 나는 많은 시간을 사람들을 상담하는 데 사용했다. 그러나 매우 실망스럽게도, 나는 함께 일하는 사람들에게서 변화가 일어나는 것을 거의 찾아볼 수 없었다. 솔직히 말하면, 나는 훌륭한 상담자가 아니었던 것이다.

하지만 나는 우리에게 발전이 없는 중요한 이유를 깨달았을 때 '아, 그렇지!' 하고 무릎을 쳤다. 나는 사람들의 강점이 아닌 약점에 초점을 두고 있었던 것이다. 그것은 인재 개발에 아무런 도움이 되지 않았다.

당신이 사람들을 개발시키기 원한다면, 그들에게 자신의 강점을 발견하여 활용하도록 도와주어야 한다. 그렇게 할 때 성장 가능성이 가장 높아진다. 리더들에게 자기의 강점을 개발하도록 도와주는 것이야말로 세계적인 수준의 리더가 되도록 돕는 유일한 방법이다.

리더의 태도_ 자기의 권한을 고수하지 않고 나누어 준다

어렸을 때 '리더를 따르라(Follow the leader)'라는 놀이를 해 본 적이 있는가? 이 게임의 목적은 가능한 한 오래 리더 뒤에 남아서 자신의 자리를 지키는 것이었다. 게임에 이기는 아이들은 매우 적극적으로 아무도 흉내 내지 못할 일을 시도하곤 했다. 5단계 리더는 어린아이들이 자신의 자리를 지키는 데 그토록 적극적이었던 것처럼 자신의 권한을 다른 사람에게 부여하는 일에 매우 적극적일 필요가 있다. 그것에는 관대한 태도가 요구되며, 그렇게 할 때 당신은 '함께 리드하자.'라는 마음을 갖게 된다.

다른 사람들에게 권한을 부여하는 데 있어 세계적인 수준이 되어야 한다. 린 조이 맥팔랜드(Lynne Joy McFarland)는 저서인 《21세기 리더십: 100명의 최고 리더들과의 대화(21st Century Leadership: Dialogue with 100

Top Leaders)》에서 이렇게 주장했다.

리더십 권한 부여의 모델은 '지위에 의한 권한'으로부터 떠나 모든 사람에게 리더십 역할이 부여되므로 그들이 자신의 역량을 최대한 발휘할 수 있게 하는 '구성원의 권한'으로 이동하는 것이다.

리더의 시각_ 리더들의 현재 모습보다 미래 가능성에 주목한다

모든 단계의 리더 개발에 있어 중요한 열쇠가 되는 것들 중에 하나는 사람들을 현재의 모습이나 혹은 다른 사람들이 그들을 보는 것처럼 보지 않고, 그들의 장래 가능성을 보는 것이다. 사람의 현재 모습과 앞으로의 가능성 사이의 차이를 줄이는 것은 5단계의 리더들에게 있어 다른 리더들을 4단계로 끌어올리는 동기가 된다. 현재의 모습을 보는 것은 그다지 어려운 일이 아니다. 그러나 앞으로의 가능성을 보고, 그것이 현실이 되도록 도와주려면 비전과 뛰어난 상상력 그리고 기술과 헌신이 따라야 한다. 이것이 바로 5단계 리더들이 깊이 있게 다루어야 할 과제이다.

리더의 영향_ 4단계 리더의 개발을 위해서는 5단계의 리더가 필요하다는 것을 안다

리드하고, 리더들을 개발시키는 것은 결코 쉬운 일이 아니다. 뛰어난 잠재력을 가진 리더들은 능력이나 경험 혹은 이 두 가지 면에서 자기보다 나은 리더들만을 따르려 한다. 리더십이 9단인 사람은 5단인 사람을 따르려 하지 않는다. 그 때문에 구루 단계의 리더들은 장차 리더가 될 사람들에 대

한 리더십 개발 과정을 멘토받는 자들보다 능력이 떨어지는 자들에게 맡길 수 없다. 그것은 되지도 않는 일이다.

만약 당신의 조직에 앞으로 4단계 또는 5단계 리더가 될 사람들이 있으며 당신이 5단계 리더라면, 당신은 그들을 멘토링하는 데 많은 시간과 노력을 바쳐야 한다. 그렇지 않을 경우, 그들은 자기들에게 그렇게 해 줄 5단계 리더를 찾기 위해 다른 곳으로 갈 것이다. 뛰어난 잠재력이 있는 리더들은 당신이 먼저 그들에게 다가가 손을 내밀고, 당신의 단계에 올라올 수 있도록 도와주지 않으면 조직에 계속 남아 있지 않는다.

2. 5단계 리더가 될 사람들을 지속적으로 멘토하라

나는 지난 35년 동안 리더십에 대해 가르치고, 저술 활동을 해 왔다. 또한 여러 조직에서 함께 일할 수 있는 특권을 누렸다. 그 조직들은 모두 다른 조직과는 다른 특이한 문제와 요구, 조건을 안고 있었다. 그런데 한 가지 공통된 것은 보다 많은 좋은 리더를 필요로 했다는 것이다. 나는 조직원들로부터 "우리는 지금 리더가 너무 많습니다. 그리고 우리에게 있는 리더들은 우리가 원하는 것보다 우수하지요. 그들을 좀 줄일 수 있게 도와줄 방법이 있으신가요?"라는 말을 한 번도 들어 본 적이 없다.

최근에 나는 친구인 빌 하이벨스와 잭 웰치의 인터뷰 자리에 참여한 적이 있다. 빌이 잭 웰치에게 후임자와 관련한 질문을 했다. 잭 웰치는 자기가 제너럴 일렉트릭을 떠나기 전에 후임자가 될 사람을 많이 만들어 놓았다고 대답했다. 그에 따르면 후임자 리스트는 세 부류로 나뉜다

- 유리한 고지에 있는 리더
- 잠재력이 많은 리더
- 장래가 불투명한 리더

그리고 그들 중 몇 사람의 실명을 거론했다. 그가 말하는 동안, 나는 그가 유리한 고지에 있는 리더들을 어떻게 선발할지 궁금했다. 내가 깊이 생각하기도 전에 잭 웰치는 그의 후임자가 장래가 불투명한 범주에 속했던 자라는 말을 해 나를 놀라게 했다. 그것은 나로 하여금 멘토링의 중요성에 대해 생각하게 만들었다. 그리고 나는 다음과 같은 결론을 내렸다.

- 최고의 리더들을 세우기 위해서는 좋은 리더를 많이 보유해야 한다.
- 장차 5단계 리더가 될 사람들로 가장 위대한 능력을 발휘하게 하기 위해서는 그들에게 최상의 것들을 투자해야 한다.

당신의 리더십 잠재력이 무엇이든, 당신이 다른 사람들에게 투자할 수 있으려면, 4단계에 올라가기 위해 부단히 노력하지 않으면 안 된다. 그러나 만약 5단계에 오르게 되면 당신에게는 훨씬 더 큰 책임이 기다리고 있다. 5단계 리더가 아니고서는 5단계 리더들을 키울 수가 없다. 당신이 구루 단계에 오른 뒤에는 장차 좋은 리더가 될 가능성이 높은 자들에게 최선을 다해 투자하고, 그들에게 멘토링하는 것을 절대 중단하지 마라.

3. 자신을 안전하게 지켜 줄 이너서클을 만들어라

리더가 4단계에 이를 때, 그들에게는 이너서클이 커다란 도움이 된다. 이너서클의 법칙에 의하면, 리더의 장래 능력은 그와 가까운 사람들에 의해 결정된다고 한다. 이너서클은 리더들이 그들의 조직을 더욱 높은 단계로 향상시키는 데 도움이 된다. 그것은 5단계에서도 마찬가지이며, 이너서클은 또 하나의 기능을 행사한다. 앞서 설명한 것처럼, 5단계 리더들의 경우 자신의 힘을 믿기 일쑤이다. 이때 좋은 이너서클은 구루 단계의 리더들이 그러한 유혹을 피하는 데 도움을 준다.

짐 콜린스는 자신의 저서 《위대한 기업은 다 어디로 갔을까(How the Mighty Fall)》에서 대단히 성공적인 조직에서 있을 수 있는 강한 팀의 역동성이 추락하는 것에 대해 다음과 같이 기술했다.

> 대화와 토의가 질적 양적으로 현저히 감소한다. 다시 말해, 찬반 토론 과정을 거쳐 결정된 사항을 실행하기로 합의하기보다 일방적인 합의 내지는 명령적인 경영에 대한 추종만 있을 뿐이다.

이러한 사태가 일어날 때, 리더와 조직은 문제에 직면할 것이 뻔하다. 5단계에서 좋은 이너서클은 리더들에게 그들의 입장을 충분히 존중하면서도 그들에 대해 있는 그대로 직언한다. 이것은 리더로 하여금 함께 일하는 과정을 즐겁게 하고, 외롭지 않으며 자만에 빠지지 않게 한다. 덧붙여, 한 가지 고무적인 사실은 당신의 이너서클 사람들이 당신에게 가족처럼 가장 좋은 사람이 될 수 있다는 것이다.

4. 조직을 위해 5단계 리더들만이 할 수 있는 것을 하라

5단계에서는 리더가 다른 리더십 단계의 위치에서는 전혀 불가능한 것들을 보고, 행할 수 있다. 그중에는 쉽게 알 수 있는 것들이 있다. 만약에 당신이 자신의 조직에서 최고의 리더라면 그것을 당신이 해야 한다. 당신은 사람들을 소중히 여기고, 지속적인 성장을 이루고, 황금률을 실천하고, 신뢰를 얻으며, 좋은 모습을 보이고, 이치에 맞게 행동함으로써 모든 조직원에게 본을 보여야 한다.

쉽게 드러나지 않으면서 당신의 상황이나 조직에 관련된 것들이 있다. 당신은 아마 혁신적인 제품이나 서비스를 만들어 낼 수도 있을 것이다. 또한 다른 누구보다 효과적으로 가치 있는 행동이나 목적을 실천하고, 이루어야 할 수도 있다.

당신이 중요한 것을 하기 위해서는 당신을 도와줄 수 있는 사람들과의 관계 유지가 필요하다. 지난 수년 동안 당신이 행한 모든 일과 쌓아 온 모든 영향력이 당신의 손안에 고스란히 남아 있어 그것들을 통해 당신은 더 큰 일을 할 수 있다.

당신은 모든 가능성을 향해 자신의 눈과 귀와 마음을 계속 열어 놓고 있어야 한다. 현재의 성공은 당신의 노력을 통해서만 얻은 것이 아니다. 5단계 리더들은 리드하고, 설득할 수 있는 발판을 가지고 있다. 가능하면 언제든지 당신에게 도움을 준 것들을 다른 사람들에게 물려주는 데 사용하라. 리더십은 영향력이다. 그 영향력을 다른 사람들의 가치를 높여 주는 데 사용하도록 하라.

5. 성공 전략

1980년대 중반, 나는 영광스럽게도 매니지먼트 전문가인 피터 드러커와 며칠을 보낼 수 있었다. 그곳에 모인 리더들은 그와 함께 앉아 대화를 나누고, 메모를 하고, 질문을 할 수 있는 기회를 가졌다. 나는 드러커에게 훌륭한 것을 많이 배웠지만 그중에서도 나를 자극하는 질문이 하나 있었다. 드러커는 그 기간 동안 한 사람 한 사람에게 이렇게 질문했다.

"누가 당신을 대체할 수 있나요?"

그때까지 나 자신에게 그런 질문을 해 본 적이 없었기 때문에 드러커의 질문에 선뜻 대답하지 못했다. 나는 그와 헤어진 후에 그 질문에 대답할 수 있도록 살겠다고 마음먹었다. 그리고 그날 이후로 내 영향력 안에서 최고의 리더들을 성장시키고 그들이 가능한 한 높은 수준에서 리드할 수 있도록 돕는 데 전념하였다.

후임자에게 자리를 물려주는 것이야말로 리더가 조직에 줄 수 있는 가장 큰 선물이다. 리더십 전환은 릴레이 경주에서 바통을 넘겨주는 것 같이 매우 어렵기 때문에 전략을 잘 세워 수행해야 한다. 그것의 성공 여부는 둘 다 전속력으로 달리고 있을 때 다음 주자에게 바통을 전달해야 하는 리더가 어떻게 하느냐에 달려 있다.

《위대한 리더십의 최강자들》의 저자인 로린 울프(Lorin Woolfe)는 이렇게 말했다.

"리더가 치러야 할 최종 시험은 리더가 뛰어난 결정을 내리고 중대한 행동을 취하느냐가 아니라 다른 사람들을 리더가 되도록 가르치고 리더의 부재 시에도 성공을 계속 유지할 수 있는 조직을 만들 수 있느냐이다."

리더라면 자존심은 뒤로하고 자기를 뛰어넘는 후임자를 만드는 데 열과 성을 다한다. 그리고 그들은 계속해서 전력 질주하며 차분하게 리더십 바통을 건네줄 수 있는 전략을 세운다. 이미 속도가 줄어들기 시작하면 바통을 넘겨주는 것이 늦어 버린다. 어떤 리더도 자신의 만족을 위해 너무 오래 자리를 차지하다가 조직의 추진력을 해쳐서는 안 된다.

5단계 리더들이 초래하는 조직의 가장 심각한 문제는 그들이 너무 오랫동안 리더의 자리에 앉아 있다는 것이다. 당신이 5단계 리더로서 조직을 리드하고 있다면 당신을 이을 사람을 계획하고, 때가 되었다는 생각이 들기 전에 떠나야 한다.

6. 긍정적인 유산을 남겨라

누군가가 빌리 그레이엄에게 인생에서 가장 놀라운 것이 무엇이라 생각하는지 물은 적이 있다. 그때 그는 이렇게 대답했다.

"인생의 덧없음."

60대가 된 지금, 나는 그의 말에 동의한다. 젊을 때는 누구나 빨리 성공하고 싶어 한다. 성공을 거두고, 더 높이 올라가고, 더 많은 영향력을 미치고 싶어 한다. 하지만 나이가 들면 성공이 인생의 전부가 아니라는 것을 깨닫고 변화를 만들고 싶어진다. 일찌감치 고민을 시작한다면 긍정적인 유산을 남길 수 있는 기회를 갖게 된다. 내가 하고 싶은 것이 바로 그것이다. 당신도 그렇게 되기를 바란다.

후회 없이 생을 마감하는 가장 좋은 방법은 영원한 유산을 만드는 일을 하는 것이다. 당신이 5단계 리더라면, 더 나은 세상을 만들기 위해 지금 가진 영향력을 사용하라고 독려하고 싶다. 그렇다면 어떻게 실천해야 하는 것일까? 첫째, 당신이 매일 하는 일이 무엇인지 알아야 한다. 시간이 지나면 당신의 유산이 될 일 말이다. 가족들과 매일 귀중한 시간을 보내고, 돈을 모아서 매달 투자하고, 다른 사람들에게 친절을 베풀고 힘이 되는 말을 한다면 이 행동들은 결국 긍정적인 영향을 가진 유산이 될 것이다.

둘째, 어떤 것이 당신의 유산이 되길 원하는지 숙고하라. 당신은 어떻게 기억되고 싶은가? 당신의 장례식에서 사람들이 당신에 대해 어떻게 말하기를 바라는가? 당신은 남겨 주고 싶은 긍정적인 영향에 대한 비전을 가지고 있는가? 당신이 영향력을 쌓을 수 있게 돕고자 하는 잠재적인 리더들에게 당신은 무엇을 투자할 수 있는가?

셋째, 유산은 삶의 한 토막이 아니라 전체의 합이라는 것을 이해하라. 당신이 실패했어도 괜찮다. 지금껏 당신은 이상적이지 않은 삶을 살아왔는가? 상관없다. 오늘부터 올바른 방향으로 출발하고, 살아가는 방법을 바꾸어라. 당신의 미션과 비전을 성취하라. 너무 늦기 전에 지금 시작하라.

'내가 만약 다르게 살았다면 내 삶은 어떠했을까?' 하고 후회하며 스스로 마지막 날을 맞이하게 두지 마라. 당신의 삶이 어떠하기를 바라는지 오늘 결정하라. 그런 다음에 꿈을 가지고 살아가고, 유산을 남기기 위해 매일 행동으로 옮겨라.

구루 단계에서의
리더십 법칙

■■■ 5단계의 다른 면들을 고려할 때 다음의 리더십 법칙들이 어떻게 작용하는지 살펴보자.

존경의 법칙
_사람들은 본래 자신보다 더 강한 리더를 따른다

이 책의 초반에 5단계 리더십의 개요를 설명할 때 5단계를 묘사하면서 존경이라는 단어를 사용했다. 구루 단계의 리더들은 오랫동안 사람들을 아주 잘 리드해 왔기 때문에 이미 전설이 되었고, 사람들은 심지어 그와 만남을 갖기 전부터 그들의 명성에 영향을 받는다. 미국의 철학자이자 시인인 랄프 왈도 에머슨(Ralph Waldo Emerson)은 이렇게 말했다.

"모든 훌륭한 기관은 한 사람의 영향력이 확장된 것이다."

5단계 리더의 힘을 잘 설명해 주는 말이다. 그들은 존재만으로도 영향력이 있다. 리더들이 매 단계에서 존경을 받는 것은 사실이다. 그들은 1단계에서는 리드하는 기회에 대한 가치를 보여 줌으로써, 2단계에서는 관계를 발전시킴으로써, 3단계에서는 생산적인 팀을 만듦으로써, 4단계에서는 인재를 개발함으로써 존경을 받는다. 반면 5단계에서는 그동안 쌓아 온 모든 좋은 점이 합쳐져 큰 존경을 받기 시작한다. 사람들은 모두 진정으로 5단계 리더를 따르기를 원한다.

직관의 법칙
_리더는 모든 것을 리더십 직관으로 평가한다

사람들은 모두 직관적이다. 우리는 각자 재능이 있는 영역에서 강한 직관력을 가진다. 5단계 리더에게는 리더십 직관이 풍부하기 때문에 결국 그들은 모든 것을 리더십 직관으로 바라보게 된다. 좋은 리더들은 에머슨이 말한 '축복받은 충동'을 믿는 법을 배운다. 그것은 당신에게 어떤 것이 옳은지를 알려 주는 직감이다. 5단계 리더들은 이러한 직감을 믿고 그것에 의거하여 행동하는 법을 배운다.

내가 가르치는 모든 리더십 법칙 중에서 가장 어려운 것은 직관의 법칙이다. 왜냐하면 대부분의 사람은 자신이 직관을 가지고 있는 영역에서 무언가를 가르치는 데 애를 먹기 때문이다. 직관은 논리적인 사고 없이 즉각적인 통찰력을 경험하는 능력이다. 당신이 논리적인 판단으로 과업을 검토하지 않고도 옳다는 것을 알기 때문에 리더십 과업을 수행할 수 있다면, 왜 그 일을 했는지 설명하기가 쉽지 않다.

당신이 리더십에 천부적인 재능이 있을수록 당신의 리더십 직관은 더 강해질 것이다. 직관을 믿는 법을 배워라. 리더십에서 재능이 뛰어나지 않다고 해서 실망하지 마라. 당신의 리더십 직관은 천부적인 리더의 직관보다 절대 뛰어날 수는 없지만 실패와 성공에 대한 숙고와 리더십 경험에 기반을 둔 리더십 직관을 개발할 수는 있다.

타이밍의 법칙
_언제 리드하느냐는 무엇을 어디로 리드하느냐 못지않게 중요하다

타이밍의 법칙은 직관의 법칙과 밀접한 연관이 있다. 왜냐하면 타이밍은 대체로 직관에 의존하기 때문이다. 무엇을 할지 아는 것은 3단계의 유능한 리더에게는 상대적으로 쉬울 수 있다.

하지만 적절한 타이밍을 아는 것은 훨씬 더 어렵다. 거기에는 눈에 보이지 않는 요소가 많이 있기 때문이다. 종종 타이밍을 결정할 때 직감에 전적으로 의존해야만 하기 때문에 설명하기가 어려울 수 있다. 사람들은 확실한 정보를 듣고 그것을 표현하는 사람들의 관점을 존중하는 경향이 있다. 직관을 뒷받침할 만한 제대로 된 평가를 받은 입증된 실적이 없으면 직관은 제 구실을 하지 못한다.

5단계 리더들은 경험이 풍부하고 신뢰를 얻고 있기 때문에 사람들은 타이밍에 관한 한 리더의 직관에 귀를 기울인다. 당신이 아직 5단계에 와 있지 않다면 사람들은 타이밍에 대해 당신의 충고를 신뢰하지 않을 수 있다는 것을 명심하라. 하지만 절망하지 마라. 당신의 직관에 주의를 기울이고

그것이 언제 맞고 틀리는지 주목하라. 그리고 당신이 얻고 싶은 신뢰를 가져다줄 실적을 개발하라.

유산의 법칙
_리더의 영구적인 가치는 승계로 평가된다

나는 이미 5단계에서 유산을 남기는 것이 얼마나 중요한지 거론했기 때문에 여기서는 자세히 다루지 않겠다. 다만 삶의 목표는 영원히 사는 것이 아니라 영원히 살아 있을 무언가를 만드는 것이라는 나의 생각을 전달하겠다. 5단계 리더로서 그렇게 하기 위한 최선의 방법은 당신이 가진 것을 다른 사람의 삶에 투자하는 것이다.

곱셈의 법칙
_성장을 더하려면 추종자를 리드하고, 성장을 곱하려면 리더를 리드하라

잠재적인 리더를 4단계로 성장시킬 때마다 당신은 조직을 개선시키고 조직의 잠재력을 향상시킬 수 있게 된다. 그 이유는 다음과 같다.

- 당신이 추종자를 개발하면, 추종자를 얻는다.
- 당신이 리더를 개발하면, 리더와 그의 추종자까지도 얻게 된다.
- 당신이 4단계 리더를 개발하면 당신은 다른 리더들을 만들어 내는 리더를 얻는다. 그렇기 때문에 모든 리더와 그들이 리드하는 추종자들까지도 얻게 되는 것이다.

다른 사람의 4, 5단계로의 상승 돕기

■■■ 앞서 다음 단계 리더십으로 상승을 돕는 신념들을 논의했다. 하지만 구루 단계에서는 더 이상 올라갈 단계가 없다. 그렇다면 여기에서는 무엇을 다룰 것인가? 다른 사람들이 다음 단계로 상승하도록 돕는 법을 설명하겠다. 일단 5단계에 도달하면, 어쨌든 당신의 초점은 더 이상 자신을 발전시키는 데 적당히 머물러 있어서는 안 된다. 다른 사람들이 그들이 할 수 있는 한 높이 올라갈 수 있도록 돕는 것에 집중해야 한다.

리드하는 법을 배울 수 있는 비결은 무엇인가? 바로 리드해 보는 것이다. 차를 몰아 봄으로써 운전하는 법을 배우고, 요리를 해 봄으로써 요리하는 법을 배우는 것과 같은 원리이다. 모든 것이 마찬가지이다. 소설가 마크 트웨인의 블랙 유머 중에 "고양이 꼬리를 잡아당겨 본 사람이 그렇게 하지 않은 사람보다 고양이에 대해 40%나 더 알게 되었다."라는 말이 있다. 이 말은 나이가 많은 사람이 경력이 없어서 직업을 구하지 못한다고 한탄하는 것과 비슷한 딜레마처럼 들릴 수도 있다. 하지만 먼저 직장을 구하지 않았기 때문에 경험을 쌓을 수 없는 것이다. 이 점이 바로 당신이 적용할 수 있는 부분이다.

당신은 멘토로서 경험이 부족한 리더들에게 성장의 기회를 줄 수 있다. 약간의 경험은 수많은 이론보다 더욱 큰 도움이 된다. 당신은 다음과 같은 말을 들어본 적이 있을 것이다.

"돈이 있는 사람과 경험이 있는 사람이 만나면, 경험이 있는 사람은 대개 돈을 벌고 돈이 있는 사람은 경험을 얻는다."

경험이 있다면 잠재적인 리더들을 알아보고 그들에게 필요한 경험이 무엇인지 생각해 내고, 그들이 실수하고 실패하더라도 리더십 경기에서 완전히 퇴장당하지 않도록 통제된 환경에서 경험을 제공할 수 있다.

당신을 하나의 인격체이자 리더로 만들어 주고, 당신에게 유용한 리더십 교훈을 가르쳐 주었던 경험이 기억나는가? 나는 확실히 기억난다. 《리더십의 21가지 불변의 법칙(The 21 Irrefutable Laws of Leadership)》을 집필할 당시 나의 리더십 의식 안에서 각 법칙을 강화시킨 각각에 해당하는 구체적인 경험이 떠올랐다. 예를 들면, 거의 모든 사람이 불가능하다고 여겼던 목표에 도달하도록 조직을 이끌었던 1970년에 승리의 법칙이 나에게 실현되었다. 또한 내가 기대했던 것보다 성공적이지 않다는 사실을 받아들여야만 했던 마흔 살 내 생일에 이너서클의 법칙이 명확해졌다. 내가 이루고자 했던 것을 모두 성취하려면 나와 함께 일하는 다른 리더들로 구성된 이너서클을 개발할 필요가 있었다.

당신 삶의 중요한 사건들, 다시 말해 혹독한 시련의 순간들이 당신을 만들었다. 그것들은 당신에게 돌파구를 마련해 줄 것이다. 그리고 당신이 겪었던 리더십 경험들이 좋든 나쁘든 리더로서 오늘의 당신을 만들었다. 당신이 리드하고 개발하는 사람들에게도 적용되는 사실이다. 당신의 관리를 받는 동안 리더들이 가능한 한 긍정적이고 획기적인 전환을 많이 경험하도록 돕는 것은 어떤가?

최근에 나는 《MIT 슬론 매니지먼트 리뷰(MIT Sloan Management Review)》에 실린 로버트 토마스(Robert J. Thomas)의 글을 읽었다. 그 글은 리더십 개발에 대한 나의 경험을 확인시켜 주었다. 토마스는 "리더를 잘 개발하는 조직은 리더십을 개발하는 매우 집중적인 형태의 하나이다."라고 말하며 혹독한 시련의 경험을 사용한다고 주장했다.

혹독한 시련들은 때때로 다음의 모습들로 찾아온다. 어떤 때는 가족의 죽음, 이혼, 실직과 같은 좌절의 형태를 띤다. 또 어떤 때는 대학원, 신병 훈련소, 실업 심지어 감옥에 있는 동안 정체된 시기의 모습을 띠기도 한다. 마지막으로는 새로운 사회적 역할을 강요받거나 혹은 낯선 나라에서 해외 근무를 해야 하는 등 새로운 영역에서의 혹독한 경험이다.[2]

토마스는 모르몬 교회(Mormon Church)와 유명한 폭주족인 헬스 엔젤스(Hells Angels)라는 두 개의 매우 다른 조직을 예로 들어 설명했다. 이 두 조직은 리더들을 개발하고 성장시키는 데 도움이 되는 혹독한 경험들을 면밀히 조직하고 관리한다. 토마스는 다음과 같이 주장했다.

이 두 조직은 지난 30년 동안 빠르게 성장한 크고 탄탄하고 다수의 조직을 가진 복합적이고 다국적인 독립체이다. 이 둘은 영역을 한정하고 선택적으로 회원을 모집하며, 멤버들의 리더십이 나아졌음을 인정하지도 않았다. 하지만 둘 다 리더십 유전자 공급원이 빈약해서 골머리를 썩지는 않았다. 이들은 리더를 개발하기 위한 혹독한 경험으로써 특별한 활동을 활용했다.

모르몬 교회에서 가장 두드러진 혹독한 시련은 선교 경험이다. 이 경험은 교회 구성원에게 근본적인 성장 동력이 되어 주는 신앙, 정체성 그리고 리더십 재능을 시험하는 장이다. 헬스 엔젤스에서는 오토바이 폭주를 통해 혹독한 시련 경험을 쌓도록 했다. 이것은 의무적인 선교 여행과 기능 면에서 크게 다를 게 없는 굉장한 행사이다. 이렇게 조직적으로 실시하는 혹독한 시련들에 대해 간략히 분석한 결과, 그들이 얼마나 경험에 기반하여 리더 개발에 힘쓰는지 알 수 있다.[3]

그다지 극적인 형태는 아니지만, 토마스는 토요타, 보잉, GE, MIT가 리더십 개발에 경험적인 접근을 시도한 것에 대해서도 언급했다.

5단계에서 당신의 영향력을 최대한 발휘하고 싶다면 당신의 주변에 있는 뛰어난 리더들이 그들의 리더십 잠재력에 도달할 수 있도록 혹독한 시련의 순간들을 만들어야 한다. 당신이 그 일을 시작할 수 있도록 몇 가지를 제안하겠다.

1. 리더들이 반드시 배워야 하는 결정적인 리더십 교훈을 찾고 만들어라

당신은 좋은 리더라면 반드시 갖추어야 하는 핵심적인 자질과 기술을 발견하는 것에서부터 시작하라. 이것은 잠재적인 리더들이 준비되었을 때 그들을 시험하고, 중요한 경험들을 도입하는 청사진이 되어 줄 것이다. 다음은 내가 마흔 살 생일을 맞은 이후, 나의 이너서클을 개발하는 것에 전념해야겠다고 깨달았을 때 작성한 목록이다.

정직	문제 해결
비전	의사소통
영향력	창의력
열정	팀워크
섬김	태도
자신감	자기 훈련

일단 목록을 작성하고 이 영역들에서 리더들이 경험에 기초한 교훈을 배울 수 있는 상황으로 리더들을 밀어 넣을 기회를 찾기 시작했다. 예를 들어, 조직에 문제가 있을 때면 나는 스스로 해결하지 않았다. 대신 그 문제를 해결하기 위해 성장시킨 리더들 중에 한 사람을 보낸다. 후에 그 리더가 문제를 어떻게 해결했고 무엇을 배웠는지 논의했다. 나는 리더들이 준비되었을 때 의사소통 훈련을 하기 위해 그들에게 다양한 그룹, 리더들 혹은 전체 조직 앞에서 말할 기회를 주었다. 그리고 나서 잘한 점, 잘못한 점, 이후에 개선할 점에 대해 대화를 나누었다.

내가 만약 리더들이 자신의 영향력을 개발하고 팀워크를 향상시키도록 돕기 원했다면, 그들에게 행사나 프로그램을 수행할 자원 팀을 모집하고 일을 완수하기 위해 그 팀과 함께 일하라고 요청했을 것이다. 당신은 조직을 리드할 때 비전을 성취하고 일을 끝내는 것에만 초점을 맞추어서는 안 된다는 것을 이해했을 것이다. 모든 도전, 문제, 기회 혹은 계획은 잠재적인 리더들과 그들을 완전히 변화시킬 수 있는 리더십 개발 경험을 짝 지울 기회가 된다. 매일 위의 목록에 대해 생각하려고 노력하라.

2. 리더들에게 교훈이 될 혹독한 시련의 순간들을 찾아보라

사람들은 단순히 원해서 어떤 것을 배우지는 않는다. 5단계 리더들은 배움의 순간들이 그들의 삶에서 종종 '지렛대' 역할을 해 준다는 것을 이해하고 있다. 변화는 우리의 인생에서 다음과 같은 순간에 일어난다.

- 그들이 겪어야만 하는 충분한 상처(고통과 역경)
- 그들이 원하는 충분한 배움(교육과 경험)
- 그들이 받을 수 있는 충분한 지지(지원과 여건 마련)

현명한 리더들은 이 세 영역에 속하는 순간들을 찾는다. 만들어야 하는 것들도 있지만, 많은 것이 간단하게 생겨난다. 좋은 리더들은 사람들에게 올바른 질문을 하고 경험을 설명함으로써 그 순간을 최대한 활용하고 거기서 배울 수 있도록 지도함으로써 그들을 돕는다.

예를 들면, 사람들이 살면서 겪은 손실에 대해 설명할 때 나는 그저 공감하는 것에 그치지 않는다. 그들에게 그것을 통해 무엇을 배웠는지 말해 달라고 요청한다. 그것은 손실을 이익으로 바꿀 수 있는 유일한 방법이다. 손실이 클수록 리더십 개발에 도움이 되는 잠재적 교훈과 혹독한 시련의 기회는 커진다. 우리 모두가 미처 자신이 이해하지 못하는 많은 경험을 가지고 있다. 5단계 리더로서 당신이 해야 할 일은 당신이 성장시키고 있는 높은 단계 사람들이 자신의 경험을 이해하고, 그 안에서 가치를 발견하도록 돕는 것이다.

3. 당신이 겪은 혹독한 순간을 타인을 가르치기 위한 지침으로 사용하라

모든 리더는 다음 세대 리더들이 리드하도록 돕기 위해 자신이 겪었던 혹독한 시련들과 난관을 돌파했던 경험들을 이용해야 한다. 그렇게 하려면 먼저 경험들을 검토하고 거기서 당신이 어떤 교훈을 얻었는지부터 확인해야 한다. 당신 삶에서 리더십의 한계를 돌파하도록 도왔던 경험과 교훈은 다른 사람들이 한계를 뛰어넘는 데 도움이 될 것이다.

펜과 종이(혹은 컴퓨터)를 가지고 당신이 겪었던 혹독한 시련의 순간들을 정리해 보라. 그 다음 당신이 성장시키고 있는 사람들을 도울 수 있는 방법을 생각해 내라. 다음은 내가 리더십에서 겪었던 혹독한 경험들을 분석하기 위해 구분했던 영역들이다.

바닥 깨기(Ground Breakers)

사람들에게 리더십에 필요한 자질 혹은 훈련을 개발하기 시작하라고 격려하는 경험이 이에 해당된다. 예를 들면, 1972년 누군가가 나에게 내가 성장하는 데 사용한 구체적인 성장 계획을 명확히 말해 보라고 요구했다. 당시 나는 답할 수 없었다. 그날 이후 나는 성장 계획을 채택하고 매일 그것을 따르는 데 전념했다.

얼음 깨기(Ice Breakers)

이 경험들은 리더들이 정체기에서 벗어나 앞으로 나아가도록 돕는다. 예를 들면, 1980년에 나는 오랫동안 몸담았던 회사를 떠나 다른 곳에서 일하려는 어려운 결정을 내렸다. 새로운 곳은 내가 잠재력에 도달할 수 있도록 더 많은 기회를 줄 것이라 판단했다.

구름 깨기(Cloud Breaker)

이 경험들은 리더들을 더 높이 데려가 그곳에서 리더들의 앞날에 대한 모습을 보여 준다. 작은 교회 목사로서 나는 큰 교회를 방문하고 리더들을 인터뷰하기 시작했다. 그 경험은 나에게 제한적인 경험을 뛰어넘어 더 큰 세상에 대한 통찰을 주었다.

선 끊기(Tie Breakers)

이 경험들은 사람들이 자신의 리더십 방향을 정하게 해 준다. 1995년에 나는 그동안 성공적으로 리드해 왔던 조직을 떠났다. 그것은 무한한 잠재력을 가진 내 소유의 회사를 리드하기 위해서였다.

핵심 깨기(Heart Breakers)

이 경험들은 리더들이 지금 어디에 있고 어디로 가고 있는지에 대해 잠시 멈춰 점검하도록 만든다. 나는 1998년에 심장마비가 왔었다. 그 사건은 삶, 가족 일 그리고 리더십에 대한 나의 모든 관점을 바꾸어 놓았다. 그후 나는 건강으로 관심을 돌렸고, 하루하루를 어떻게 특별하게 살아갈 것인지 계획했다.

기록 깨기(Record Breakers)

기록을 깨는 경험은 자신의 리더십 한계를 뛰어넘도록 해 주기 때문에 아주 신나는 일이다. 이큅 설립 당시만 해도 거의 불가능해 보였던 100만 리더 목표에 도달했을 때, 나와 팀원들은 우리가 함께한다면 생각했던 것 이상을 해낼 수 있다는 것을 깨달았다.

리더십 영역에서 어려움을 돌파했던 경험들을 나열하고 다시 한 번 생각해 보는 것에는 다른 잠재적인 리더들과 공유하기 위한 목적이 있다. 왜 코치들은 과거에 성공했던 선수들을 팀으로 불러 과거의 승리에 대해 이야기하게 하는가? 왜 회사들은 조직을 설립한 전임 리더들을 재임 기간 이후에도 살아 있는 전설로 만드는가? 왜 교회는 믿음의 영웅들을 기억하는가? 왜 우리는 역사적으로 훌륭한 리더들을 연구하는가? 리더들은 이 이야기들을 통해 다음 세대 리더들이 자신의 잠재력에 이르도록 고무시킬 것이라는 바람을 갖고 있기 때문에 그렇게 하는 것이다.

나는 당신이 어려움을 돌파했던 경험들을 찾아내 성장시키기를 원하는 리더들에게 그것을 이야기해 주라고 독려하고자 한다. 또한 동시에 다음을 유념하라. 어떤 사람들은 당신에게 오만하고 자기중심적이라고 할 것이다. 그렇다고 포기해서는 안 된다. 다른 사람들과 중요한 진실에 대해 이야기하는 것만큼 유용한 것은 없다. 인간은 지구상에 존재해 온 기나긴 세월 동안 삶의 교훈을 가르치기 위해 이야기를 사용해 왔다. 당신의 이야기를 들려주고 다음 세대가 리더로서 자리 잡을 수 있도록 도와라.

4. 긍정적인 영향을 주는 사람들과 조직에 리더들을 노출시켜라

리더를 개발할 때 리더십 자질과 기술을 심어 주기 위해 내가 찾아낸 가장 좋은 방법 중에 하나는 좋은 리더들과 인터뷰를 하게 하는 것이다. 특정한 자질을 개발하는 방법을 찾고 질문하는 것은 사람이 성장할 수 있는 훌륭한 방법이다.

첫째, 그들은 좋은 리더들과 잘 리드되는 조직을 자세히 살펴봐야 한다. 둘째, 인터뷰를 성사시키기 위해서는 적극적으로 나서야 한다(때로는 설득력도 필요하다.). 셋째, 그들은 인터뷰를 준비해야 한다. 이것은 리더십에 대해 더 깊게 생각하도록 만들어 준다. 넷째, 직접 인터뷰를 하는 것만으로 그들은 다른 리더들의 세계로 들어가게 되고 자신들의 성장을 돕는 다른 문화에 노출되게 된다. 다섯째, 인터뷰를 분석하고 인터뷰를 지시한 리더와 함께 그것에 대해 이야기 나누는 것은 교훈을 탄탄하게 만들어 준다. 특히 그들에게 배운 것을 가르치고 적용하라고 요구했을 경우에는 더욱 그렇다.

내가 개발하는 리더들에게 인터뷰를 하라고 한 뒤 그들은 인터뷰를 끝내고 나에게 와서 여러 번 이렇게 말했다.

"그들의 삶 속에서 리더십 자질을 직접 보기 전까지는 나도 그런 것에 자신 있다고 생각했어요. 하지만 나는 아직 갈 길이 머네요."

나는 아버지로부터 훌륭한 리더들과 잘 리드되는 조직을 경험하는 것이 얼마나 중요한지 배웠다. 아버지는 내가 7학년 때 노먼 빈센트 필(Norman Vincent Peale)을 소개해 주셨다. 필 박사는 긍정적인 태도를 가진 탁월한 의사소통 전문가였다. 그는 긍정적인 태도를 유지할 수 있도록 나에게 깊은 인상을 남겼다. 아버지는 내가 고등학생 때 스탠리 존스(E.Stanely Jones)도 소개해 주셨다. 기독교 신앙의 거장인 스탠리 존스는 선교사이자 작가이며 교회 갱신 운동의 창시자였다. 아버지가 만들어 주신 다양한 경험은 내가 아직 세상 물정 모르는 어린아이에 불과하다는 것을 알게 해 주었다.

나는 가족과 지낼 때든 조직의 리더들과 함께 있을 때든 비슷한 방식으로 아버지를 따라하려고 노력했다. 예를 들어, 나의 아들 조엘이 열여섯 살 때, 마거릿과 나는 조엘을 인도에 있는 테레사 수녀와 만나게 해 주려고 기회를 마련했다. 지금까지도 조엘이 가장 애지중지하는 것은 테레사 수녀와 단 둘이 찍은 사진이다. 그리고 1990년대에는 교회의 성장을 위해 비전을 확장시켜 나가야 했을 때, 나는 100명의 리더를 데리고 당시 세계에서 가장 큰 교회를 방문하기 위해 한국에 갔다. 그 경험은 리더들의 관점을 완전히 바꾸어 놓았다.

5단계 리더들은 그들이 개발하는 리더에게는 아직 없는 리더십, 조직, 기회, 경험을 이용할 수 있다. 그들이 혜택을 받도록 이것들을 최대한 활용하라. 당신이 아직 구루 단계가 아니라 하더라도 얼마든지 가능하다. 그것을 나누어라. 당신 리더들의 앞으로의 삶에 영향을 미치고 미래 세대에도 계속해서 리더십의 효과를 파급시킬 수 있는 경험들을 제공할 수 있다. 그 기회를 놓치지 마라.

구루 단계 리더로서, 당신이 4단계 리더를 성장시킬 때마다 얼마나 큰 영향력을 미치게 될지는 당신도 알 수 없다. 다음을 기억하라. 고대 그리스 시대의 리더인 소크라테스를 모르는 사람은 아마 없을 것이다. 소크라테스는 권위 있는 철학자이지만 그 어떤 것도 글로 남기지 않았다. 그럼에도 오늘날까지 영향력을 끼치고 있으니 놀랍지 않은가. 하지만 그의 제자 중 한 명인 플라톤(Plato)은 소크라테스와 다르게 자신의 학교를 만들어 다른 리더들과 사상가들을 가르치고 지도했다. 그의 젊은 리더들 중 한 사람이었던 아리스토텔레스(Aristotle)는 아마도 오늘날 가장 유명한 고대 그리스 철학자이자 사상가일 것이다.

아리스토텔레스가 젊었을 때 마케도니아(Macedonia)의 왕 필립포스 2세(PhilipposⅡ)가 열세 살 난 아들의 교사를 구하려고 그를 찾아왔다. 그 열세 살의 소년이 바로 서양 세계사에서 가장 위대한 장군이자 정복자인 알렉산더(Alexander)이다. 우리는 그를 알렉산더 대왕으로 알고 있다. 아리스토텔레스가 어린 알렉산더를 얼마 동안 지도했는지에 대해 전문가들의 의견은 일치하지 않는다. 어떤 사람은 1년밖에 지도하지 않았다고 주장하고, 어떤 사람은 8년이나 지도했다고 주장한다. 하지만 플라톤의 제자인 아리스토텔레스가 자신의 어린 제자에게 지대한 영향을 미친 것만은 확실하다.

한 번은 알렉산더가 아리스토텔레스에게 이렇게 물었다.

"하나는 얼마나 많은 수인가요?"

매우 간단한 질문이었지만 알렉산더는 어리석은 제자가 아니었기에, 아리스토텔레스는 어떻게 대답해야 할지 고민했다. 그의 대답은 철학적이었을까? 수학적이었을까? 신학적이었을까? 희곡 작법을 적용한 것이었을까?

아리스토텔레스 "내일 대답해 주겠다."라고 대답한 뒤 다음날에 "하나는 아주 많은 수가 될 수 있단다."라는 답을 주었다. 다시 말해, 하나는 커다란 영향력을 가질 수 있는데, 특히 그 하나가 리더일 때는 굉장해진다. 알렉산더의 경우, 하나는 어마어마한 영향력을 가져왔다. 그는 서른 살이 되기도 전에 서방 세계를 정복했다.

리더를 성장시킬 때마다 당신은 세상을 변화시키고 있는 것이다. 그리고 당신이 자신이 배운 것을 가지고 다른 리더들을 개발하는 리더들을 성장시킨다면, 당신이 얼마만큼의 영향력을 가지게 될지 그리고 그 영향력이 얼마나 오래 지속될지는 아무도 알 수 없다.

5단계
최고 리더를 위한 가이드

■■■ 구루 단계와 관련된 긍정적 측면, 부정적 측면, 최선의 행동 그리고 신념들을 되짚어 볼 때 리더로서 당신의 성장을 돕고 다른 리더들이 4단계 리더가 되도록 성장시키는 데 도움이 되는 다음의 지침들을 활용하라.

1. 겸손하고, 배우려는 자세를 가져라

5단계까지 나아가는 데 내부의 가장 큰 잠재적 위험은 자신이 이미 도달했고, 모든 답을 알고 있다고 생각하는 것이다. 이것은 당신과 당신의 조직을 실패로 이끌 가능성이 있는 오만함을 초래한다. 오만함에서 자신을 지키는 가장 좋은 방법은 계속해서 배우는 것이다. 그 자세를 개발하고 유지하기 위해 다음의 세 가지를 행하라.

- 매일 되새기고 따를 배움의 신조를 작성하라. 당신이 배우기 위해 마음에 새길 수 있는 태도와 행동이 잘 드러나야 한다.
- 리더십에서 당신보다 앞서 있고 정기적으로 만나서 배울 수 있는 사람을 한 명 이상 찾아라.
- 시간을 들일 가치가 있되 큰 도전이 되고 당신을 겸손하게 만들어 주는 취미, 과업 또는 신체적 활동에 전념하라.

이 세 가지 활동은 당신이 아직 도달하지 못했고, 배울 것이 많다는 사실을 상기시켜 줄 것이다.

2. 당신의 중요한 초점을 유지하라

당신이 구루 리더십 단계에 도달했다면, 구루 단계로 당신을 이끈 강점 영역인 주요한 기술들을 보유하고 있을 것이다. 그것을 사용하면서 집중력이 흩어지지 않게 하라. 핵심 강점이 무엇인지 알아내 향후 몇 년 간 그것을 최대한 활용할 수 있도록 면밀히 전략을 세워라.

3. 올바른 이너서클을 만들고 현실감을 유지하라

성공적인 리더들은 모두 비전을 성취하기 위해 함께 일하게 될 이너서클을 원한다. 그들은 리더들이 여정을 즐기고 현실감을 유지하도록 돕는다. 당신의 삶에서 이 역할을 수행할 사람들은 누구인가? 그런 사람들을 찾아서 당신의 삶과 리더십에 초대하라. 나에게 이너서클은 삶에서 가장 큰 기쁨 중 하나가 되었다. 나는 그들에게 다음과 같이 해 줄 것을 요청했다.

- 무조건 나를 좋아할 것
- 나의 가치에 따라 나를 대변할 것
- 나를 보살필 것
- 나의 약점을 보완해 줄 것
- 계속 성장할 것
- 탁월하게 자신의 책임을 완수할 것
- 나에게 솔직할 것
- 내가 듣고 싶어 하는 것이 아니라 들어야 하는 것을 말할 것
- 짐이 되지 말고 짐을 나누어 지도록 할 것
- 팀으로 함께 일할 것
- 나에게 가치를 더할 것
- 나와 함께 여정을 즐길 것

이너서클 사람들은 그렇게 해 주었고 나는 성실, 애정, 보호의 형태로 보답했다. 다시 말해, 경제적으로 보상해 주고 리더십 안에서 그들을 개발하며 기회를 주고 축복해 주었다.

4. 당신만이 할 수 있는 것을 하라

조직과 부서, 팀을 위해 최고의 리더들만이 할 수 있는 일들이 항상 있다. 당신의 몫은 무엇인가? 당신은 그것을 충분히 생각해 보았는가? 그런 적이 없다면 지금 당장 생각하라. 그리고 반드시 그 일의 실행에 최우선 순위를 두어라.

5. 더 효과적인 리더십 개발 환경을 만들어라

5단계 조직을 만드는 가장 주요한 요인 중 하나는 리더들이 끊임없이 성장할 수 있는 환경을 개발하고 유지하는 것이다. 당신이 조직을 리드할 때 책임지고 그런 환경을 만들어야 한다. 그러한 환경을 조성하고 조직의 모든 수준에서 리더십 개발을 장려할 수 있는 방법을 빈틈없이 고안해야 한다. 그리고 당신의 가장 훌륭한 리더들이 다른 사람들을 개발하는 데 시간을 보내도록 반드시 놓아 주어라. 그것은 가외의 일이 아니라 그들이 중점적으로 해야 할 책임이다.

6. 정상에 자리를 만들어라

당신의 조직도를 보라. 위로 올라가길 원하는 유능한 리더들을 위한 빈자리가 있는가? 조직도에서 가장 윗부분에 있는 사람들을 살펴보라. 그들의 능력은 무엇인가? 그들은 얼마나 오랫동안 그 자리에 있을 것 같은가? 그들의 자리가 너무나 확고해서 아래에 있는 유능한 리더들이 승진할 희망은 없는 것인가? 만약 공석이 없고 기존 리더들이 어디에도 가려 하지 않는다면, 잠재적인 리더들이 올라갈 수 있는 자리는 없는 것이다.

우리는 어떻게 그 자리를 만들 수 있는가? 기존의 최고 리더들이 다른 이들에게 자신의 지위를 내줄 수 있도록 그들에게 새롭게 도전해야 할 것은 무엇인가? 당신의 조직은 리더를 늘릴 수 있는 사업 확장과 계획으로 어떤 것이 있는가? 성장하고 있는 리더들을 위해 정상에 자리를 마련하지 못하면 당신은 잠재력을 상당 부분 허비하게 되고, 결국 당신의 진취적인 재능들도 잃게 될 것이다.

7. 당신의 최고 리더들을 개발하라

5단계 리더들은 조직에서 최고 리더들을 개발하는 데 전념해야 한다. 당신만큼 잘(혹은 심지어 더 낫게) 리드하는 잠재력을 가진 누군가가 일대일 멘토링 상대로 당신의 레이더에 잡혀야 한다. 최고 중의 최고와 함께 시작하라. 이 리더들과 함께 일하기 위해 매주 시간을 따로 비워 두지 않았다면 오늘부터 바로 시작하라. 그리고 반드시 다음 사항을 실천하며 혹독한 시련의 순간들을 사용하여 그들을 성장시켜라.

- 좋은 리더들이 배워야 하는 교훈들을 찾아라.
- 각각의 교훈을 가르칠 방법을 고안하라.
- 당신의 혹독한 시련의 순간들을 이용해서 가르쳐라.
- 긍정적인 영향을 미칠 수 있는 사람들에게 리더들을 노출시켜라.
- 예상치 못한 혹독한 시련의 순간들을 기회로 삼아라.

8. 당신의 후임자를 찾아라

이미 언급했듯이, 피터 드러커는 나에게 조직의 승계에 대해 생각해 보라고 했던 유일한 사람이다. 그가 질문하기 전에는 솔직히 나는 그것에 대해서 많이 생각하지 않았다. 당신은 어떠한가? 당신이 그 자리를 떠날 경우, 당신의 리더십 지위를 이어 받을 수 있는 사람에 대해 생각해 본 적이 있는가? 당신이 4단계 리더들을 많이 성장시켰다면 그 다음에 할 일은 당신의 뒤를 이을 가능성이 큰 몇몇에 초점을 맞추는 것이다. 만약 당신이 능력이 뛰어난 리더들을 개발했다면 거기에서 시작하라. 당신의 3단계 리더들이 4

단계로 올라갈 수 있도록 돕기 시작하라.

9. 당신의 유산을 구상하라

스웨덴의 발명가인 알프레드 노벨(Alfred Novel)은 신문에 잘못 나온 자신의 부고 기사를 읽은 뒤에 폭약을 제조하던 일을 버리고 평화와 발전에 기여한 지도자와 과학자들에게 보상하는 것으로 자신의 초점을 돌렸다는 일화가 있다. 그는 자신이 살아 있는 동안 긍정적인 유산을 만들고 싶다고 생각했다.

당신은 어떤 유산을 남기고 싶은가? 당신이 리더십 영역에서 노력한 것들과 이룬 업적들 중에서 무엇이 당신의 최종적인 결과가 되기를 원하는가? 다른 누군가가 당신 삶의 의미를 정의하게 기다리지 마라. 아직 당신이 그것에 영향을 미칠 수 있을 때 그것을 정의하고 당신의 유산을 만들어 내기 위해 노력해야 하는 것은 무엇이든 하기 시작하라.

10. 더 위대한 일을 위한 발판으로 당신의 성공을 활용하라

당신이 구루 리더라면 당신의 조직과 분야 밖의 사람들도 당신을 존경할 것이다. 그리고 당신에게 많은 신뢰를 가져다주는 명성을 쌓게 될 것이다. 그것을 어떻게 사용할 것인가? 당신 자신의 일보다 더 훌륭한 것에 기여할 수 있는 어떤 기회들이 있는가? 그것에 대해 곰곰이 생각하라. 그러고 나서 당신의 직접적인 영향력 바깥에 있는 사람들이 도움 받을 수 있도록 당신의 능력을 지렛대로 활용하라.

옮긴이의 말

리더라면 누구나 훌륭한 리더십을 꿈꾸고, 리더를 따르는 사람들은 자신의 리더가 본받을 수 있는 뛰어난 리더이길 바란다. 하지만 반드시 리더만이 리더십을 발휘해야 하는 것은 아니다. 누구나 자신의 삶을 리드하고 있고, 어떤 형태로든 리더가 되는 경험을 하기 때문이다. 그런 면에서 이 책은 리더뿐 아니라 잠재적인 리더가 성장하는 데에도 큰 도움이 될 것이다.

이미 국내에도 잘 알려진 이 책의 저자 존 맥스웰은 세계 최고의 리더십 전문가로서 훌륭한 리더들의 친구이자 동반자이다. 저자는 수많은 경험과 연구를 통해 리더십의 5단계를 개발하여 교육해 왔다. 이 책은 바로 그 교육의 결정체로, 리더십의 효과와 훌륭한 리더로 성장하는 전략에 초점을 맞추어 구체적인 지침들을 제공해 준다.

먼저 각 단계별로 체크리스트를 제시하여 독자가 어느 수준에 있는지 스스로 진단할 수 있도록 돕는다. 때로는 객관적으로 자신의 상태를 파악하는 것만으로도 성장의 기반을 마련할 수 있다. 그 다음에는 지위, 관계, 성과, 인재 개발, 구루 리더십으로 이어지는 5단계 리더십의 각 단계에서 긍정적 측면과 부정적 측면, 최선의 행동, 리더십 법칙, 다음 단계로의 상승을 돕는 신념들을 상세히 다룬다. 이를 통해 독자들은 훌륭한 리더십 교육 프로그램에 참여하고 있는 듯한 느낌을 받을 수 있을 것이다.

더욱이 리더가 취할 수 있는 행동 지침과 기저에 깔린 법칙을 함께 설명해 주고 있어 독자들은 5단계 리더십의 모델이 얼마나 체계적이고 현실성 있게 개발되었는지 확인할 수 있다. 다시 말해, 5단계 리더십에 대한 신뢰를 가지고 한 단계 한 단계 리더십의 계단을 올라가며 성장의 기쁨을 맛볼 수 있을 것이다.

이 책의 번역을 마치면서 이 세상에는 좋은 리더와 나쁜 리더가 있는 것이 아니라 어느 정도 성장한 리더와 앞으로 더 많이 성장해야 하는 리더가 있다는 것을 깨달았다. 사람의 뇌는 자신이 되고자 하는 모습을 머릿속에서 구체적으로 상상하면 실제로 그런 방향으로 행동하도록 구조화되어 있다. 그래서 우리는 긍정적인 미래, 이상적인 자신의 모습을 매일 그려 보면서 스스로를 북돋우기도 한다. 이런 측면에서 저자가 제시하는 5단계 리더십은 훌륭한 리더의 모습을 대단히 잘 보여 주고 있다. 독자들은 이 책을 읽는 것만으로도 리더십에 대한 통찰을 얻고, 앞으로 나아가야 할 방향을 습득하게 되는 효과를 얻을 수 있을 것이다.

이 책은 누구나 지침으로 삼고 따를 수 있는 필독서이다. 내내 옆에 두고 적용해 가면서 자신의 위치를 점검해 보기 바란다. 분명 당신이 앞으로 나아가도록 돕는 성장의 길잡이가 되어 줄 것이다.

Notes

Warming up
1. John C. Maxwell, The 21 Irrefutable Laws of Leadership: Revised and Updated 10th Anniversary Edition(Nashville: Thomas Nelson, 2007).

1단계
1. D. Michael Abrashoff, It's Your Ship(New York: Warner Books, 2002), 4.
2. "Trouble Finding the Perfect Gift for Your Boss— How About a Little Respect?" Ajilon Office, 14 October 2003, http://www.ajilonoffice.com/articles/af_bossday-101403.asp, accessed 25 September 2006.
3. See Today Matters(Nashville: Center Street, 2004) for the twelve areas I focus on and the habits I use daily to manage my life.
4. Cartoon copyright © 2010; reprinted courtesy of Bunny Hoest.
5. John C. Maxwell, Leadership Gold(Nashville: Thomas Nelson, 2008).
6. Cartoon copyright © 2001 by Randy Glasbergen.
7. "Gallup Study: Engaged Employees Inspire Company Innovation," Gallup Management Journal, 12 October 2006, http://gmj.gallup.com/content/24880/Gallup-Study-Engaged-Employees-Inspire-Company-Innovation.aspx; accessed 2 July 2010.
8. Marco Nink, "Employee Disengagement Plagues Germany," Gallup Management Journal.

2단계
1. Janet Lowe, Jack Welch Speaks: Wit and Wisdom from the World's Greatest Business Leader(New York: Wiley, 2007), 89.
2. I bid.
3. "Active Listening," U.S. Department of State, http://www.state.gov/m/a/os/65759.htm; accessed 28 July 2010.
4. Martin Kalungu-Banda, Leading like Madiba: Leadership Lessons from Nelson Mandela(Cape Town, South Africa: Double Story Books, 2008), 13–15.
5. Bill Hybels and Mark Mittelberg, Becoming a Contagious Christian(Grand Rapids, MI: Zondervan, 1996), 57.
6. Warren Bennis and Burt Nanus, Leaders: Strategies for Taking Charge(New York: HarperBusiness, 1997), 52.
7. Matthew 7:12(NKJV).
8. Hadith of an-Nawawi 13.
9. Talmud, Shabbat 31a, quoted in "The Universality of the Golden Rule in World Religions," www.teachingvalues.com, 23 September 2002.

10. Udana-Varga 5, 1, quoted in ibid.
11. Mahabharata 5, 1517, quoted in ibid.
12. Shast-na-shayast 13:29, quoted at www.thegoldenrule.net, 23 September 2002.
13. Analects 15:23, quoted at ibid.
14. Epistle to the Son of the Wolf, 30, quoted at www.fragrant.demon.co.uk/ golden, 23 September 2002.
15. Sutrakritanga 1.11.33, quoted at ibid.
16. Ibid.
17. Proverbs 27:6(NAS B).
18. Pauline Graham, ed., Mary Parker Follett: Prophet of Management(Baltimore: Beard Books, 2003).

3단계

1. Joel Weldon, "Jobs Don't Have Futures, People Do," The Unlimited Times(e-newsletter), http://cmaanet.org/files/shared/CONTROLLA BLES .pdf; accessed 19 August 2010.
2. Walt Mason, "The Welcome Man," in It Can Be Done: Poems of Inspiration, ed. Joseph Morris and St. Clair Adams(1921; Project Gutenberg, 2004), http://www.gutenberg.org/files/10763/10763-8.txt; accessed 19 August 2010.
3. Source unknown.
4. Jim Collins, Good to Great: Why Some Companies Make the Leap and Others Don't(New York: HarperCollins, 2001), 139.
5. Henry Ford in interview The American Magazine(July 1928), vol. 106.

4단계

1. Drucker, Peter, On the Profession of Management(Cambridge, MA: Harvard Business Review, 2003).
2. George Barna with Bill Dallas, Master Leaders: Revealing Conversations with 30 Leadership Greats(Carol Stream, IL : BarnaBooks, 2009), 61.
3. James A. Belasco and Ralph C. Stayer, Flight of the Buffalo: Soaring to Excellence, Learning to Let Employees Lead(New York: Warner Books, 1994), 19.
4. Everett Shostrom, Man, The Manipulator(New York: Bantam, 1980).
5. "The Little Boy and Sugar," Storytime for Children, Gandhi Memorial Center, Washington D.C., http://www.gandhimemorialcenter.org/for_children, accessed 8 April 2011.
6. George Barna with Bill Dallas, Master Leaders(Wheaton, IL : Tyndale, 2009), 62.
7. David Sedaris, Naked(New York: Back Bay Books, 1997), 215.

5단계

1. Collins, Good to Great, 29.
2. Robert J. Thomas, "Crucibles of Leadership Development," MIT Sloan Management Review 49, no. 3(Spring 2008), 15.
3. Ibid, 16.